"十四五"国家重点图书出版规划项目

新版《列国志》与《国际组织志》联合编辑委员会

主　　任　谢伏瞻
副 主 任　李培林　蔡　昉
秘 书 长　马　援　谢寿光
委　　员（按姓氏音序排列）

| | | | | | | |
|---|---|---|---|---|---|---|
| 陈东晓 | 陈　甦 | 陈志敏 | 陈众议 | 冯仲平 | 郝　平 | 黄　平 |
| 贾烈英 | 姜　锋 | 李安山 | 李晨阳 | 李东燕 | 李国强 | 李剑鸣 |
| 李绍先 | 李向阳 | 李永全 | 刘北成 | 刘德斌 | 刘新成 | 罗　林 |
| 彭　龙 | 钱乘旦 | 秦亚青 | 饶戈平 | 孙壮志 | 汪朝光 | 王　镭 |
| 王灵桂 | 王延中 | 王　正 | 吴白乙 | 邢广程 | 杨伯江 | 杨　光 |
| 于洪君 | 袁东振 | 张倩红 | 张宇燕 | 张蕴岭 | 赵忠秀 | 郑秉文 |
| 郑春荣 | 周　弘 | 庄国土 | 卓新平 | 邹治波 | | |

列国志

GUIDE TO
THE WORLD
NATIONS

新版

游滔 安春英
编著

GABON

# 加 蓬

社会科学文献出版社
SOCIAL SCIENCES ACADEMIC PRESS (CHINA)

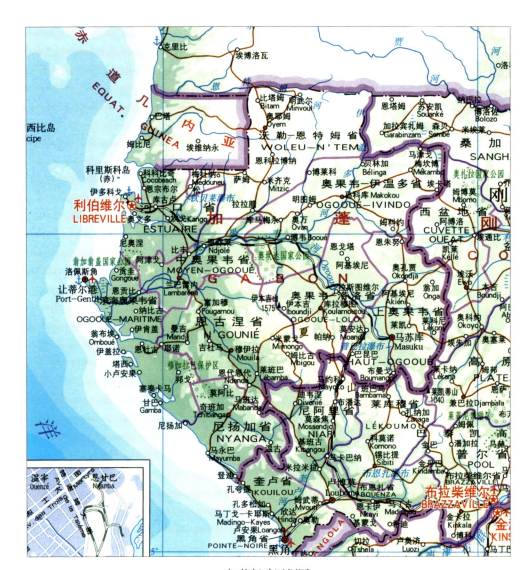

加蓬行政区划图

加蓬国旗

加蓬国徽

阿尔伯特·史怀哲医院

奥马尔·邦戈大学（巫春峰　摄）

奥马尔·邦戈大学图书馆（巫春峰 摄）

奥马尔·邦戈大学校园一角（巫春峰 摄）

奥马尔·邦戈大学孔子学院（巫春峰　摄）

奥马尔·邦戈大学孔子学院活动（巫春峰　摄）

绿丝带国际学校（巫春峰　摄）

绿丝带国际学校文化节（巫春峰　摄）

利伯维尔的幼儿园（巫春峰　摄）

曼德拉中小学（巫春峰　摄）

中国援建的职业技术学校（一）（巫春峰　摄）

中国援建的职业技术学校（二）（巫春峰　摄）

藤桥（张振山　摄）

利伯维尔港

# 出版说明

　　《列国志》编撰出版工作自1999年正式启动，截至目前，已出版144卷，涵盖世界五大洲163个国家和国际组织，成为中国出版史上第一套百科全书式的大型国际知识参考书。该套丛书自出版以来，受到社会各界的广泛好评，被誉为"21世纪的《海国图志》"，中国人了解外部世界的全景式"窗口"。

　　这项凝聚着近千学人、出版人心血与期盼的工程，前后历时十多年，作为此项工作的组织实施者，我们为这皇皇144卷《列国志》的出版深感欣慰。与此同时，我们也深刻认识到当今国际形势风云变幻，国家发展日新月异，人们了解世界各国最新动态的需要也更为迫切。鉴于此，为使《列国志》丛书能够不断补充最新资料，更好地服务于社会各界，我们决定启动新版《列国志》编撰出版工作。

　　与已出版的144卷《列国志》相比，新版《列国志》无论是形式还是内容都有新的调整。国际组织卷次将单独作为一个系列编撰出版，原来合并出版的国家将独立成书，而之前尚未出版的国家都将增补齐全。新版《列国志》的封面设计、版面设计更加新颖，力求带给读者更好的阅读享受。内容上的调整主要体现在数据的更新、最新情况的增补以及章节设置的变化等方面，目的在于进一步加强该套丛书将基础研究和应用对策研究相结合，将基础研究成果应用于实践的特色。例如，增加了各国有关资源开发、环境治理的内容;特设"社会"一章,介绍各国的国民生活情况、社会管理经验以及存在的社会问题,等等;增设"大事纪年",方便读者在短时间内熟悉各国的发展线索;增设"索引",便于读者根据人名、地名、关键词查找所需相关信息。

顺应时代发展的要求,新版《列国志》将以纸质书为基础,全面整合国别国际问题研究资源,构建列国志数据库。这是《列国志》在新时期发展的一个重大突破,由此形成的国别国际问题研究与知识服务平台,必将更好地服务于中央和地方政府部门应对日益繁杂的国际事务的决策需要,促进国别国际问题研究领域的学术交流,拓宽中国民众的国际视野。

新版《列国志》的编撰出版工作得到了各方的支持:国家主管部门高度重视,将其列入"'十二五'国家重点图书出版规划项目";中国社会科学院将其列为创新工程学术出版资助项目,王伟光院长亲自担任编辑委员会主任,指导相关工作的开展;国内各高校和研究机构鼎力相助,国别国际问题研究领域的知名学者相继加入编辑委员会,提供优质的学术指导。相信在各方的通力合作之下,新版《列国志》必将更上一层楼,以崭新的面貌呈现给读者,在中国改革开放的新征程中更好地发挥其作为"知识向导"、"资政参考"和"文化桥梁"的作用!

新版《列国志》编辑委员会

2013 年 9 月

# 前　言

　　自 1840 年前后中国被迫开关、步入世界以来，对外国舆地政情的了解即应时而起。还在第一次鸦片战争期间，受林则徐之托，1842 年魏源编辑刊刻了近代中国首部介绍当时世界主要国家舆地政情的大型志书《海国图志》。林、魏之目的是为长期生活在闭关锁国之中、对外部世界知之甚少的国人"睁眼看世界"提供一部基本的参考资料，尤其是让当时中国的各级统治者知道"天朝上国"之外的天地，学习西方的科学技术，"师夷之长技以制夷"。这部著作，在当时乃至其后相当长一段时间内，产生过巨大影响，对国人了解外部世界起到了积极的作用。

　　自那时起中国认识世界、融入世界的步伐就再也没有停止过。中华人民共和国成立以后，尤其是 1978 年改革开放以来，中国更以主动的自信自强的积极姿态，加速融入世界的步伐。与之相适应，不同时期先后出版过相当数量的不同层次的有关国际问题、列国政情、异域风俗等方面的著作，数量之多，可谓汗牛充栋。它们对时人了解外部世界起到了积极的作用。

　　当今世界，资本与现代科技正以前所未有的速度与广度在国际流动和传播，"全球化"浪潮席卷世界各地，极大地影响着世界历史进程，对中国的发展也产生极其深刻的影响。面临不同以往的"大变局"，中国已经并将继续以更开放的姿态、更快的步伐全面步入世界，迎接时代的挑战。不同的是，我们所面临的已不是林则徐、魏源时代要不要"睁眼看世界"、要不要"开放"的问题，而是在新的历史条件下，在新的世界发展大势下，如何更好地步入世界，如何在融入世界的进程中更好地维护民族国家的主权与独立，积极参与国际事务，为维护世界和平，促进世界与人类共同发展做出贡献。这就要求我们对外部世界有比以往更深切、全面的了解，我们只有更全面、更深入地了解世界，才能在更高的层次上融入世界，也才能在融入世界的进程中不迷失方向，保持自我。

与此时代要求相比，已有的种种有关介绍、论述各国史地政情的著述，无论就规模还是内容来看，已远远不能适应我们了解外部世界的要求。人们期盼有更新、更系统、更权威的著作问世。

中国社会科学院作为国家哲学社会科学的最高研究机构和国际问题综合研究中心，有 11 个专门研究国际问题和外国问题的研究所，学科门类齐全，研究力量雄厚，有能力也有责任担当这一重任。早在 20 世纪 90 年代初，中国社会科学院的领导和中国社会科学出版社就提出编撰"简明国际百科全书"的设想。1993 年 3 月 11 日，时任中国社会科学院院长的胡绳先生在科研局的一份报告上批示："我想，国际片各所可考虑出一套列国志，体例类似几年前出的《简明中国百科全书》，以一国（美、日、英、法等）或几个国家（北欧各国、印支各国）为一册，请考虑可行否。"

中国社会科学院科研局根据胡绳院长的批示，在调查研究的基础上，于 1994 年 2 月 28 日发出《关于编纂〈简明国际百科全书〉和〈列国志〉立项的通报》。《列国志》和《简明国际百科全书》一起被列为中国社会科学院重点项目。按照当时的计划，首先编写《简明国际百科全书》，待这一项目完成后，再着手编写《列国志》。

1998 年，率先完成《简明国际百科全书》有关卷编写任务的研究所开始了《列国志》的编写工作。随后，其他研究所也陆续启动这一项目。为了保证《列国志》这套大型丛书的高质量，科研局和社会科学文献出版社于 1999 年 1 月 27 日召开国际学科片各研究所及世界历史研究所负责人会议，讨论了这套大型丛书的编写大纲及基本要求。根据会议精神，科研局随后印发了《关于〈列国志〉编写工作有关事项的通知》，陆续为启动项目拨付研究经费。

为了加强对《列国志》项目编撰出版工作的组织协调，根据时任中国社会科学院院长的李铁映同志的提议，2002 年 8 月，成立了由分管国际学科片的陈佳贵副院长为主任的《列国志》编辑委员会。编委会成员包括国际片各研究所、科研局、研究生院及社会科学文献出版社等部门的主要领导及有关同志。科研局和社会科学文献出版社组成《列国志》项目工作组，社会科学文献出版社成立了《列国志》工作室。同年，《列国志》项目被批准为中国社会科学院重大课题，新闻出版总署将《列国志》项目列入国家重点图书出版计划。

在《列国志》编辑委员会的领导下，《列国志》各承担单位尤其是各位学者加快了编撰进度。作为一项大型研究项目和大型丛书，编委会对《列国志》提出的基本要求是：资料翔实、准确、最新，文笔流畅，学术性和可读性兼备。《列国志》之所以强调学术性，是因为这套丛书不是一般的"手册""概览"，而是在尽可能吸收前人成果的基础上，体现专家学者们的研究所得和个人见解。正因为如此，《列国志》在强调基本要求的同时，本着文责自负的原则，没有对各卷的具体内容及学术观点强行统一。应当指出，参加这一浩繁工程的，除了中国社会科学院的专业科研人员以外，还有院外的一些在该领域颇有研究的专家学者。

　　现在凝聚着数百位专家学者心血，共计141卷，涵盖了当今世界151个国家和地区以及数十个主要国际组织的《列国志》丛书，将陆续出版与广大读者见面。我们希望这样一套大型丛书，能为各级干部了解、认识当代世界各国及主要国际组织的情况，了解世界发展趋势，把握时代发展脉络，提供有益的帮助；希望它能成为我国外交外事工作者、国际经贸企业及日渐增多的广大出国公民和旅游者走向世界的忠实"向导"，引领其步入更广阔的世界；希望它在帮助中国人民认识世界的同时，也能够架起世界各国人民认识中国的一座"桥梁"，一座中国走向世界、世界走向中国的"桥梁"。

《列国志》编辑委员会

2003 年 6 月

# CONTENTS
# 目 录

# CONTENTS
## 目 录

# CONTENTS

# 目　录

# CONTENTS

# 目　录

# CONTENTS
目 录

# CONTENTS
# 目 录

# CONTENTS

## 目 录

7

# CONTENTS
## 目 录

# 第一章

# 概　览

　　加蓬共和国（La République Gabonaise），简称加蓬。"加蓬"一名源于服装名称。15世纪下半叶（1472年），葡萄牙殖民者首次越过赤道，发现了加蓬海湾。在他们看来，这个海湾的形状与水手们穿的一件衣服caban（卡膀）相似，遂将这一海湾地区称作加蓬（gabað）。其在当时主要指科莫河河口两岸和利伯维尔，后逐渐成为加蓬全境的称谓。

　　加蓬是撒哈拉以南非洲中部美丽富饶的发展中国家，国土面积267667平方公里，其中陆地面积257667平方公里，海洋面积10000平方公里，海岸线长约800公里。2022年全国人口约为222万人。首都为利伯维尔。

## 第一节　国土与人口

### 一　地理位置

　　加蓬地处非洲中部，横跨赤道，位于东经9°~15°、北纬2°30′~南纬3°55′。东西跨度约600公里，南北平均距离约为550公里。西面濒临大西洋，海岸线长885公里，北面与喀麦隆交界（298公里），西北和赤道几内亚接壤（350公里），东面和南面与刚果（布）为邻（1903公里）。①

---

　　① 加蓬与以上3国的边界线是1885~1946年法国、德国和西班牙依据在该地区控制实力的消长变化，根据重要河流的流域，以及部族群体的不同生活区域，经多次调整后划定的。1885年12月12日，法国和德国草签条约，确定加蓬北疆与喀麦隆的分界线，这一分界线在1894年3月15日的法、德会谈中得到再次确认。1908年4月18日，（转下页注）

加蓬的地理位置优越。洛佩斯角犹如一个巨大的码头突出在大西洋上，是大西洋航线上的重要中途站。早在18世纪，欧洲航海家就以此为探险的"桥头堡"，逐步实现向中部非洲内地的殖民扩张。19世纪，法国、英国和德国等国家的商人纷纷在此建立商业公司，通过这里把掠夺的中部非洲地区的木材、象牙等资源运回国内，加蓬成为殖民者的重要贸易通道。由于加蓬重要的战略位置，其早在15世纪就成为殖民先锋——"探险家"的目的地之一，首都利伯维尔是法国统治中部非洲殖民地的政治、经济和军事中心。加蓬与喀麦隆、刚果（布）相接的公路则是大西洋沿岸国家进入中部非洲内地的重要通道。这些优越的地理条件在今天对加蓬的发展同样起着十分重要的作用。

## 二 行政区划

加蓬全国划分为9个省，下辖48个州、27个专区、150个区、737个镇和2423个自然村。

加蓬全国划分的9个省分别是沃勒-恩特姆省（首府奥耶姆）、奥果韦-伊温多省（首府马科库）、河口省（首府利伯维尔）、中奥果韦省（首府兰巴雷内）、奥果韦-洛洛省（首府库拉穆图）、上奥果韦省〔首府弗朗斯维尔（即马苏库）〕、恩古涅省（首府穆伊拉）、滨海奥果韦省（首府让蒂尔港）和尼扬加省（首府奇班加）。著名城市如下。

**（一）利伯维尔（Libreville）**

加蓬共和国的首都和最大城市，全国的政治、文化中心，第二大经济

---

（接上页注①）加蓬与喀麦隆的分界线被微调为沿河流所经之路径。1911年11月4日，加蓬北部的一部分地域被划割给德国。1919年，《凡尔赛和约》规定，所划割土地重归法国。加蓬与赤道几内亚两国的国界线是法国和西班牙于1900年6月商定下来的，双方同意加蓬、赤道几内亚两国以木尼河为界，1924年又对此进行了微小调整。加蓬与邻国刚果（布）之间的国界线则划定于1946年10月16日，法属赤道非洲的宗主国法国当时判定：克韦卢地区和尼阿里（Niari）地区的迪韦涅（Divenie）被永久性地划归刚果（布）（1918年以前属于加蓬），而上奥果韦地区则归属加蓬〔1925~1946年属于刚果（布）〕。根据非洲统一组织（2002年被非盟取代）边界不可更改的规定，加蓬的国境线一直延续至今。

中心城市，交通枢纽以及河口省首府。位于西部大西洋加蓬湾北岸、几内亚湾东岸，属于东一区，比北京时间晚 7 个小时。面积 4780 平方公里，城南离赤道只有 46 公里。2005 年的人口为 578156 人，2012 年增至 797003 人，2020 年达 834000 人，是加蓬人口密度最大的城市。

利伯维尔始建于 1849 年。早在 15 世纪末，西方殖民者已来到加蓬沿海一带从事罪恶的奴隶贸易。1839 年，法国船长布埃骗取了加蓬河口两岸大片土地的主权。1846 年，殖民者在加蓬河口北岸建成一座商业城镇，以用于掠夺加蓬丰富的自然资源。这座商业城镇便是利伯维尔的前身。1849 年，法国人在此城镇附近截获了一艘偷运黑奴的巴西船，船上的黑奴被安置在此处。布埃因而将该城镇命名为利伯维尔（自由之城）。

利伯维尔属于海滨城市。热带雨林气候下的利伯维尔炎热潮湿，雨季长而旱季较短。全年温差不大，平均温度为 26℃，每年 6 月至 8 月为旱季，9 月至翌年 5 月为雨季。1974 年，利伯维尔建成深水港口奥文多。其位于市东南 16 公里处，水深 11.5 米，拥有 3 个长达 450 多米的码头，可同时停泊 3 艘 2 万吨级货轮。1987 年又在此修建了矿石港，仓储能力为 60 万吨，可同时停泊 6 艘 4 万吨级矿石船。如今，利伯维尔是加蓬的第二大港口。它是一个驳运港，共有 3 个码头，以输出木材及其制品为主。

利伯维尔是一座中非地区的国际都市。有 8 家航空公司在此经营，利伯维尔国际机场是加蓬的主要机场。利伯维尔国际机场有埃塞俄比亚航空公司经营的航班（可转机布拉柴维尔、黑角等地）。此外，埃航与北京泛源国际运输服务有限公司签署货运代理合同，建立起利伯维尔与中国大城市的交流纽带。34 个国家在此设有大使馆（非洲 17 国、亚洲和欧洲各 7 国、美洲 3 国），另有十余国在此建有领事馆或设名誉领事。在此设代表机构的还有联合国下属机构、欧盟和一些非洲地区性组织。加蓬政局稳定且有一定的经济基础。近年来，利伯维尔逐渐成为撒哈拉以南非洲的政治、经济和文化中心之一。1995 年法国总统希拉克访非时曾在此召集中非国家小型首脑会议。近年来，利伯维尔先后承办了非洲法郎区十四国首脑会议、非加太国家-欧盟议员磋商大会第十九届会议、第一届非洲贸易与投资大会、第 31 届中非关税和经济联盟首脑会议、几内亚湾小型首脑会议、撒哈拉以南非洲国家发展与减贫首脑会议以及中部非洲国家经济共同体会议和中部非洲经济与货币共同体会议等多个国际和地区会议。

利伯维尔是一座奇妙海上景色和现代化城市风景与热带园林风光浑然一体的典型非洲城市。从利伯维尔国际机场起有一条20多米宽的滨海高速公路，公路沿着海边平原延伸到市中心，全长约15公里，沿途景色美不胜收。高速公路西侧是大西洋，东侧是起伏的丘陵。热带植物丛掩映着低矮精巧的别墅群以及式样别致的高层现代化旅馆，其中有国宾馆"三月二十日宫"、国际会议大厦、奥库梅宾馆及其他60多家宾馆和饭店。"三月二十日宫"建在海拔56米的山岗上，是来访的外国元首下榻之处。国际会议大厦雄伟壮观，具有现代化的风格，附设有宴会厅和剧场，其与周围供各国领导人下榻的宾馆构成一个整体。奥库梅宾馆高达10层，内设的所有家具皆由加蓬特有树种奥库梅树的木料制作而成，显得尤为雅致。滨海高速公路后面是环城马路，这一带的建筑富有浓厚的阿拉伯民族色彩和非洲古城的风貌。与滨海高速公路并行的是著名的邦戈大道，又称独立大街。独立大街是利伯维尔的行政和商业中心，因纪念加蓬的独立而得名。大道两边矗立着政府各部门的办公大楼，中国援建的国民议会大厦雄伟壮丽，耸立其间，成了邦戈大道上最亮丽的风景，也是利伯维尔的标志性建筑。这里同时也是出售加蓬工艺品最集中的地方，店铺林立，象牙制品、木雕、服装、民族乐器琳琅满目。

加蓬的著名建筑如利伯维尔大学、国家科学和技术研究中心、民族博物馆、综合体育场等也位于利伯维尔。法国尼斯市是利伯维尔的友好城市。

**（二）让蒂尔港（Port-Gentil）**

加蓬第二大城市，经济首都和第一大港口，石油和木材工业中心，滨海奥果韦省的首府。位于奥果韦河三角洲西端，在洛佩斯角附近的一个近岸岛屿曼基岛（Mandji Island）上，但曼基岛附近的大陆都是森林地区，没有桥梁连接两地，因此让蒂尔港与其他城市无陆路相通。2012年10月，中国路桥工程有限责任公司与加蓬共和国投资促进、公共工程、交通、住房和国土整治部签署加蓬让蒂尔港—翁布韦（Omboue）段公路和奥果韦（Ogooue）河布韦（Booue）桥梁建设工程项目设计施工总承包合同。该项目的建成将使让蒂尔港首次与内陆公路网相连，改善沿线交通、居住环境，实现加蓬人民长久以来的愿望。

让蒂尔港的人口近 20 万人，年平均气温为 25.7℃，盛行西南风，全年降水量为 2180 毫米。让蒂尔港沿奥果韦河全年通航至兰巴雷内，雨期通航至拉斯图维尔。港口以洛佩斯角为天然屏障，但水深有限（12.8 ~ 14.6 米），仅作为渔港和驳运港，沿岸泊位仅供驳船停靠，装卸作业全部通过驳船进行，港口主要输出石油、木材等，有 3500 平方米的货仓。让蒂尔港设有一个石油专用码头，加蓬 90%的石油从这里出口到世界各地。2010 年 7 月，让蒂尔港与温州结为友好城市。

由于让蒂尔港地理位置的重要性，早在 18 世纪，法国殖民者便觊觎这一地区。1873 年 8 月，法国人骗取了这片土地的主权。1894 年，法国政府在此设置海关。1903 年，随着商业活动的开展，在这个海角上逐渐形成了一座城市，其以时任法属赤道非洲总督埃米尔·让蒂尔的名字命名。1956 年，该地区发现石油和天然气，自此，让蒂尔港迅速发展起来。由于紧靠奥果韦河，地理位置有利，让蒂尔港逐渐成为加蓬的经济中心。

让蒂尔港渔业兴盛，工业门类主要有锯木、化工、炼油、纺织、水泥、鱼类加工等。世界第二大胶合板厂——加蓬林业公司胶合板厂就位于让蒂尔港。该厂产品的一半以上远销中国内地和香港地区，部分销往欧洲国家及美国、加拿大、日本等国，其余在本国被加工成板材等半成品后再出口。让蒂尔港附近为全国最大油田，自 1956 年起开始采油。石油炼制业较为发达，著名的法资埃尔夫石油公司和英荷壳牌石油公司在加蓬的总部均设在让蒂尔港。

让蒂尔港也设有国际机场。让蒂尔港国际机场是加蓬第二大机场，有一条沥青跑道，长 2800 米。

### （三）弗朗斯维尔（Franceville）

加蓬东南部山城，矿区贸易中心，被誉为"矿产之城"，上奥果韦省首府。坐落于奥果韦河上游右岸，是加蓬铁路和 N3 公路的终点，距离加蓬最大的锰矿区莫安达仅 45 公里，同时还靠近非洲最大的铀矿区之一穆纳纳。公路可通至拉斯图维尔和邻国刚果（布），其丰富的矿产资源经铁路和公路运输出口，创造了良好的经济效益。

1880 年，该地区形成最早的人口定居点，现有人口约 11 万人。弗朗斯维尔地处热带，但气候并不炎热，全年气温变化小，年平均气温为 24.5℃，全年降水量约为 1863 毫米。食品工业发达，盛产菠萝、杧果、木瓜、油梨等热带水果以及咖啡，拥有全国最大的果园，是咖啡集散地。

市内有新建的独立广场、独立大道、商业区和居民区。奥果韦、勒戈尼和勒波尼三条河流绕城而过，穿行于山谷之间，形成连绵的瀑布。其中，布巴哈瀑布上凌空架起的吊桥是当地居民用坚韧的藤条编结而成的，不仅反映了山区桥梁就地取材的特色，也是游客到加蓬旅游时必看的一处美景。

虽然弗朗斯维尔的条件相较于首都利伯维尔逊色许多，但因为一所全球顶级医学研究机构的存在而受到世界瞩目。P4 实验室是生物安全等级最高的实验室，造价极高，专门研究埃博拉出血热以及新冠肺炎等传染病，目前全球建成和在建的 P4 实验室有 50 多家，但真正投入运行的不多。而由老总统哈吉·奥马尔·邦戈·翁丁巴在 1979 年建立的弗朗斯维尔国际医学研究中心便拥有非洲仅有的两家 P4 实验室之一，来自全球的科学家在此工作。除此以外，加蓬两所综合性大学之一——马苏库科技大学也设在弗朗斯维尔。该校医学学科较为有名，设有医学博士点。目前，中国参与援建的弗朗斯维尔中加友谊医院是加蓬最先进的医院之一。

**（四）兰巴雷内（Lambaréné）**

中奥果韦省的首府。位于加蓬中西部奥果韦河中的一个岛屿上，城市建于奥果韦河畔雨林区，北距利伯维尔 150 公里，距赤道仅数公里。该城市拥有由诺贝尔奖获得者——著名医学博士阿尔伯特·史怀哲设立的世界著名的医院，因此而享有盛名。

兰巴雷内是棕榈油、香蕉、咖啡、木材等产品的集散中心，主要工业是渔业。城市附近有大型油棕种植园。有榨油（棕榈油）、锯木等工业。交通便利，汽轮全年西通让蒂尔港，雨季东通拉斯图维尔。设有内河港，对开发内陆矿产资源有着重要意义。20 世纪 80 年代，在兰巴雷内东部发现了储量丰富的铌矿资源。

兰巴雷内是以奥果韦河为主的泛舟旅游基地。游客若泛舟前往奥果韦河上游的布耶或梅坎博，便可享受独木舟行经激流、穿越原始大森林的旅游乐趣。

### （五）莫安达（Moanda）

位于加蓬上奥果韦省，北距穆纳纳铀矿区21公里。周围为著名大型优质锰矿区，锰矿储量超过4亿吨。开采的矿产资源全供出口。

作为殖民者曾在扎伊尔最早建立的据点之一，莫安达依旧保留着当初关押奴隶的小屋。现被改造为旅游中心。著名的"红树林"旅馆便位于莫安达。

## 三 地形特点

加蓬的国土位于大西洋和刚果盆地西北部的山地之间，地势崎岖，其地形可分成平原、高原和山地三个主要的自然区域。

西部沿海平原地带，地势低平，平原南北纵长800公里，东西狭窄，宽30~150公里（最宽处位于奥果韦河河口）。海岸地区的平原地带是由新生代第四纪的冲积层构成，平均海拔不超过300米。平原地区并不是一马平川，部分地区形成了低洼的沼泽地。平原的北部形成了锯齿形的海岸线，从赤道几内亚北部国界到洛佩斯角的海岸线上分布着众多的海湾。从洛佩斯角往南至刚果（布）边境的海岸上则形成了一片绵延的海滩。沿海平原地带由于广布着腐殖质丰富的冲积土，土壤肥沃，宜于农耕。

内陆高原地区，位于加蓬的东部和北部。由于被河流切割，分成若干不同的山块，并有多条流向海岸的河川。内陆高原的海拔为300~800米。奥果韦河流域的广阔盆地位于内陆高原中部，平均海拔400米，该盆地周边地形缓升，海拔渐增至600余米。

中央山脉位于海岸地区和奥果韦河内陆盆地之间，纵贯加蓬南北。这些山地是在中生代和新生代间因地壳运动挤压而形成的。山地的海拔大多在800米以上，总体山势走向为南高北低。主要山地有西北部从赤道几内亚入境的克里斯特山地、西南部的马永巴山地、东部的凯莱高地以及东南部的比罗固山地等。位于加蓬中南部的迪夏于山地，气势雄伟，东翼的伊布基尔山高达 1580 米，是加蓬最高峰。

加蓬的大部分沿海平原不仅蕴藏着丰富的石油资源，而且是重要的农业区域；内陆高原和众多山地则埋藏着储量丰富的金属矿产。

四　河流与湖泊

加蓬是个多河流国家，水网密布，水域面积达 10000 平方公里。奥果韦河是其最大的河流，该河发源于刚果共和国的扎纳加附近，全长 1200 公里，流域面积约为 22 万平方公里。奥果韦河自东向西流经加蓬全境，首先直流西北，然后弯曲流至沿海平原，最后在让蒂尔港附近注入大西洋，并在入海口附近形成三角洲，分布着众多的湖泊。该河在兰巴雷内的水流量为 4670 米³/秒，其中每年 11 月水流量达最高值，为 7240 米³/秒；8 月水流量最小，为 1970 米³/秒。奥果韦河在加蓬境内呈弧形分布，支流众多，重要支流有左岸的洛洛河、莱科科河、莱尤河、奥富埃河和恩古涅河，右岸的穆巴萨河、塞埃河、伊温多河、俄加诺河和阿巴尼西河等。从总体看，奥果韦河由于支流众多，又位于赤道多雨地带，水流量较大，而且水量变化小，水深流缓，有利于通航。每年 5~6 月和 10~11 月，水流量处于高峰期，适宜巨轮航行。就局部而言，该河由于上游流经高原山地，水流湍急，水力资源丰富。

除奥果韦河外，加蓬还有多条河流直接流入大西洋，如木尼河、科莫河、昂波恩可米河、昂波恩多古米河和尼扬加河等。与奥果韦河相比，这些河流发源于西部山地，源短流浅，仅具有局部意义。

五　气候

加蓬位于赤道两侧，北部属于热带雨林气候，炎热湿润，全年气温变化不大，年平均气温为 26℃ 左右。每年 1 月至 5 月中旬为大雨季，5 月中旬至 9 月是大旱季；10 月至 12 月为小雨季，12 月至次年 1 月是小旱季。年平均降水量达 2000~3000 毫米。沿海是全国降水量最多的地区。南部属于热带草原气候，分干湿两季，5 月至 10 月为干季，11 月至翌年 4 月为湿季。

首都利伯维尔最热月份是 1 月，气温为 23℃～31℃；最冷月份是 7 月，气温为 20℃～28℃。在西部沿海一带，由于本格拉（Benguela）寒流经过，气温相对较低；在内陆高原，受地形的影响，年均气温有所降低，一般为 24℃左右。另外，由于受海洋信风的影响，全国湿度由沿海向内陆递减，年平均相对湿度为 85%。

加蓬的降水量与湿度变化相一致，年均降水量为 1359 毫米。沿海地带受海洋性气团交互的影响，降水较多，年均降水量在 3000 毫米以上。内陆地区受地形雨的影响明显，大部分地区的降水量在 2000 毫米以下。

## 六　人口、民族、语言

### （一）人口

1. 人口规模

据美国中情局的统计数据，2020 年加蓬全国总人口为 2230908 人，在全世界居第 145 位，[①] 其中城市人口占总人口的 90.1%。人口主要集中在利伯维尔、让蒂尔港、弗朗斯维尔和奥耶姆等，其中首都利伯维尔约有 83 万人。

加蓬的石油收入使它成为撒哈拉以南非洲人均收入最高的国家之一，但财富分配不均，失业率居高不下。15～24 岁青年的失业率高达 36%（2010 年），其中男性失业率为 30.5%，女性失业率相对较高，为 41.9%。[②] 总和生育率为 3.41，平均每个妇女养育超过 3 个孩子，可见加蓬的青年人口将继续增长，并进一步加剧加蓬的工作供应与劳动技能之间的不匹配现象。

自 20 世纪 60 年代以来，加蓬一直吸引着来自邻国的移民，原因是其

---

① 对该国人口的估计数明确考虑了艾滋病造成的过高死亡率的影响。这可能会导致人口预期寿命降低，婴儿死亡率总体呈现下降趋势，人口增长率略低于撒哈拉以南非洲国家平均水平。

② CIA，World Factbook 2019—Gabon，https：//www. cia. gov/library/publications/the－world－factbook/geos/gb. html.

发现了石油，且木材和矿产资源丰富，以及该国政治稳定。尽管如此，由于收入不平等和高失业率，利伯维尔出现了大量贫民窟，这些贫民窟里挤满了来自塞内加尔、尼日利亚、喀麦隆、贝宁、多哥和西非其他地区的移民工人。2011 年，加蓬宣布终止其在 1997 年至 2003 年刚果民主共和国内战期间提供庇护的 9500 名剩余的刚果民主共和国国民的难民身份，其中约有 5400 名难民获得了在加蓬居住的许可证。

加蓬的人口总量虽在不断增加，但近年来，加蓬人口已进入低速增长阶段。2020 年，加蓬总和生育率为 3.41，人口出生率为 26.3‰，死亡率为 5.9‰，人口增长率为 2.2%，在全世界居第 25 位。仅以近 20 年为例，2001 年加蓬人口出生率为 40‰，婴儿死亡率为 83.2‰。2000 年，加蓬原始出生率（每 1000 名活产）为 33.4‰，5 岁以下儿童死亡率（每 1000 人）为 11.6‰。而到了 2021 年，原始出生率（每 1000 名活产）降低到 29.5‰，5 岁以下儿童死亡率（每 1000 人）下降为 6.5‰，也就是说实际存活的 5 岁以下儿童比以前增加 5.1 个千分点。[①] 加蓬的人口总量虽在不断增加，但近年来，人口出生率不断降低，并且由于艾滋病等疾病在非洲大陆包括加蓬的蔓延，加蓬人口死亡率有所增长。从未来人口发展的趋势来看，加蓬人口仍将继续保持低速增长。

2. 人口结构

从人口年龄结构看，2020 年加蓬 14 岁及以下人口占总人口的 36.45%，15~65 岁人口占 59.57%，65 岁及以上人口仅占 3.98%。少儿抚养比为 62.9%，老年抚养比为 6%，[②] 这体现了加蓬人口结构的年轻化特点。

根据世界银行的统计，2021 年加蓬全国总人口 227.9 万人。2021 年劳动力总计 68.9 万人，占当年总人口的 30.2%，劳动力参与率（劳动力

---

[①] African Development Bank, "Indicators on Gender, Poverty, the Environment and Progress Towards the Sustainable Development Goals in African Countries 2022," p. 41, https: //www.afdb.org/en/documents/gender-poverty-and-environmental-indicators-african-countries-2022.

[②] 参见维基百科，https: //zh.wikipedia.org/wiki/%E5%90%84%E5%9B%BD%E4%BA%BA%E5%8F%A3%E5%B9%B4%E9%BE%84%E7%BB%93%E6%9E%84%E7%9A%84%E5%88%97%E8%A1%A8。

总数占 15 岁及以上人口的比重）为 48.3%。据世界银行的统计数据，2021 年加蓬城镇人口占总人口的 90.4%，0～14 岁人口占总人口的 37.4%，15～64 岁人口占总人口的 59.1%。[①]

**3. 人口分布**

加蓬人口相对较少，分布在全国各地。加蓬人口地域分布极不平衡。2020 年，加蓬人口密度是每平方公里 8.3 人，大部分人口集中在沿海平原和城市周围。加蓬人口城市化进程发展迅猛，城市人口集中程度不断提高。近 20 年来，加蓬城市人口呈阶梯式递增。尤其是利伯维尔、让蒂尔港、弗朗斯维尔、兰巴雷内等城市，人口尤为集中。这些城市是加蓬的政治、经济中心，工商业相对发达，是全国最有活力的地区，人口密度较大。农村人口则主要集中在沃勒-恩特姆省北部。以首都利伯维尔为例，利伯维尔是人口密度最大的城市。2020 年，利伯维尔面积虽不到全国的 0.2‰，但总人口约占全国总人口的 37.4%，人口密度高达每平方公里 12748 人，这充分反映了加蓬人口地域分布极不平衡的特点。

**（二）民族**

加蓬是多民族国家，实行民族平等政策，反对地方民族主义。全国共有 40 多个民族，主要有芳族、埃希拉族等。

俾格米人是加蓬最早的居民，早在埃及法老时代就有关于他们的记载，古希腊荷马史诗也曾提到过俾格米人。该族男子身高 1.4～1.5 米，女子身高 1.0～1.3 米，腿短而粗壮，胸膛宽阔，鼻子扁平，薄嘴唇，大脑袋，双眼炯炯有神，全身呈古铜色。他们散居在奥果韦河上游热带雨林的深处，总人数约为 3000 人。由于长期受班图文化的影响，俾格米人已失去本族的语言，他们操马卡、科塔、邦吉利等班图语，保持万物有灵信仰，盛行巫术、占卜，行一夫一妻制，主要从事狩猎和采集。

除俾格米人以外，皮肤黝黑、卷头发、厚嘴唇以及宽鼻梁，持西北班图语和刚果班图语的班图人是加蓬的主要居民。约在公元前 1000 年，

---

[①] 商务部国际贸易经济合作研究院等编《对外投资合作国别（地区）指南：加蓬》，中华人民共和国商务部网站，http://www.mofcom.gov.cn/dl/gbdqzn/upload/jiapeng.pdf.

班图人从北部和东部边境迁入加蓬境内。目前，班图人有 40 多个分支，居住于全国各地。根据法国人类学家马塞尔·索雷（Marcel Soret）的研究成果，这 40 多个分支可划分为 9 个民族。

1. 芳族（Fang）

加蓬最大的民族，约占全国人口的 40%，居住在加蓬的北部。1800 年，芳族从喀麦隆中部的萨纳加河（Sanaga River）地区迁徙至此。他们主要讲芳语，也会法语。大多数人信仰基督教，部分人保持万物有灵信仰。从生活方式来看，芳人主要居住在茂密的热带雨林中，以农耕和狩猎为生，种植可可和咖啡等经济作物，也从事渔业。随着基督教的传入和一夫一妻制的广泛宣传，芳人的社会结构也发生了变化，一些芳人以核心家庭（nuclear family）形式独立生活，而原来的大家庭（extended family）则组成村社（village），村社外的芳族家庭组成宗族，实行酋长制，构成加蓬政治体系的一部分。婚姻制度以一夫多妻制为主。

2. 埃希拉族（Eshira）

加蓬第二大民族，约占全国总人口的 25%，属西北班图人的南支。有埃希拉人（Eshira）、恩戈韦人（Ngowe）、瓦拉马人（Varama）、瓦恩古人（Voungou）、巴普努人（Bapounou）、隆布人（Loumbou）、巴比西人（Babuissi）和马桑戈人（Massango）8 个分支。巴普努人是其中最重要的一支，约占全国人口的 22%，主要分布在奥果韦河中游以南地区，讲尼亚比语。巴普努人大多信奉天主教，部分人保持原始宗教信仰。主要以农业、狩猎和渔业为生。社会结构属于母系社会。

3. 奥米耶内族（Omyéné）

也称米耶内族（Myéné）。有姆庞圭人（Mpongwe）、阿屯巴人（Adyumba）、埃南加人（Enenga）、加洛阿人（Galoa）、奥伦古人（Orungu）和恩科米人（Nkomi）6 个分支。居住在沿海平原的姆庞圭人在这一族群中最为强大。他们早在 15 世纪就抵达加蓬河口地区，在中世纪曾是刚果王国的臣民，在加蓬国家发展史上起过重要作用。姆庞圭人主要从事渔业、狩猎、农耕以及商业活动，讲姆庞圭语和芳语，信仰天主教，按母系续谱和继承财产，保持从舅居住的生活方式。

4. 塞凯族（Séké）

分为塞凯人（Séké）、邦加人（Benga）和巴克约勒人（Bakouélé）3
支。塞凯人主要生活在科科比奇的北部和木尼河的东部地区，少量塞凯人
定居在利伯维尔和兰巴雷内。主要从事易货贸易，也曾参与奴隶贸易活
动。信仰天主教。

5. 巴克勒族（Bakélé）

这个民族没有分支，居住在兰巴雷内及周边地区。19 世纪，巴克勒
人在加蓬中奥果韦地区定居，建立了村庄。他们擅长捕象取牙，曾与欧洲
人进行橡胶等商品贸易。在美国海外传教团的影响下，巴克勒人信仰
新教。

6. 巴科塔族（Bakota）

也 称 科 达 族（Kota）。有 巴 科 塔 人（Bakota）、马 翁 格 韦 人
（Mahongwé）、萨 凯 人（Shaké）、当 博 莫 人（Dambomo）、萨 迈 人
（Shamai）、敏达萨人（Mindassa）和伍姆博人（Woumbou）7 个分支，属
刚果班图人。主要居住在加蓬东北部。19 世纪，巴科塔人从刚果境内迁
徙至此。他们擅长制作各类铁制武器和工具。

7. 特克族（Téké）

也称巴特克族（Batéké）。有富马人（Fuma）和西西人（Xixi）2 个
分支。居住在加蓬东南部。15 世纪，巴特克人生活在刚果河流域，后来
成为跨境民族。语言属于刚果班图语族，讲巴特克方言，信仰原始宗教，
相信人死后可以复生。主要经济活动是农耕、狩猎和捕鱼。在殖民者到来
之前，酋长氏族制是巴特克人的最基本的政治组织形式，后来发展为村
社，每个村社规模较小，仅有 40 人左右。

8. 姆贝代族（Mbédé）

有奥邦巴人（Obamba）、姆巴马人（Mbamba）、恩杜穆人（Ndoumou）、
卡尼吉人（Kanigui）、恩扎比人（Nzabi）、巴特桑吉人（Batsangui）、阿万吉
人（Awandji）和阿多马人（Adouma）8 个分支。姆贝代人主要分布在奥果韦
河上游及其支流奥卡诺河与利文多河之间，讲尼亚比语，信奉天主教。也有
部分姆贝代人保持万物有灵信仰，信奉传统宗教。他们主要从事农业和开发

森林，也从事狩猎和渔业，按母系组织社会。

9. 维利族（Vili）

主要居住在加蓬西南部，语言属于刚果班图语族。主要从事农耕、狩猎和渔业，也有部分维利人从商。信仰天主教。

**（三）语言**

加蓬的官方语言为法语。民族语言有芳语、米耶内语和巴太凯语。

第二次世界大战以前，会使用法语的加蓬居民比例较小，仅仅是从事商务活动或政务的管理人员会讲法语。第二次世界大战以后，法国注重在非洲小学进行法语教育，一般小学生入学后要接受 2~3 年的法语学习，它也组织年轻人学习法语。20 世纪 70 年代以来，加蓬政府不仅在小学开设了法文课，而且在中、高等教育机构也设置法语专业，法语普及率有所提高。

加蓬土著语言为班图语。约在 2000 年前，在非洲中部、南部广泛使用的班图语流传到加蓬。班图语又分为芳语、米耶内语、巴普努语、巴科塔语、尼亚比语等多种方言，但均无文字。19 世纪 40 年代，来自美国、法国的基督教传教士曾用姆庞圭人、巴克勒人、邦加人和芳人的部族语言试译过基督教经典著作——《圣经》。在法国殖民统治时期，宗主国倡导当地居民学习和使用法语，因此在当时班图语多在家庭内部使用。20 世纪 70 年代以来，在加蓬政府的支持下，教育部及国立大学均展开对班图语的研究工作，一些小学和中学也用班图语授课。

## 七　国旗、国徽、国歌、国花

**（一）国旗**

1960 年 8 月 17 日，在独立庆典仪式上，升起了加蓬共和国国旗。国旗自上而下由绿、黄、蓝 3 个长方形组成。国旗中的绿色象征森林，黄色象征赤道的阳光，蓝色象征海洋。三色旗象征加蓬是濒临大西洋、横跨赤道的森林之国。

**（二）国徽**

1963 年，由瑞士纹徽专家路易斯·米勒曼设计。国徽主要由一棵奥库梅树、一个盾形和动物图案等组成。盾面的图案由国旗的绿、黄、蓝三色构成。国徽正中镶嵌着一棵根深枝茂、高大笔直的奥库梅树。奥库梅树是加蓬的标志，它象征加蓬丰富的森林资源。盾面上部为长方形，绿地上排列着三个金黄色的圆形，象征加蓬丰富的矿产资源。盾面下部则呈现一幅美丽的画面，一只悬挂着加蓬国旗的帆船在碧波荡漾的大西洋上乘风破浪，象征民族进步的意志和海上活动对该国的重要性。盾徽两侧各有一只黑豹，两豹前爪扶持盾徽，后爪立于蓝色的饰带和蔓延生长的树根之上。盾徽上方的白色绶带上用黑色拉丁文写着"万众一心，奋勇前进"，盾徽下方的蓝色饰带上则用黄色法文写着"团结、勤劳、正义"。

**（三）国歌**

1960 年，《团结歌》被定为加蓬国歌，词曲作者是乔治·达玛斯。歌词大意为：

黎明多灿烂，
光彩又夺目，
永远驱散了
无理和屈辱。
祝愿消除恐惧，
继续向前方迈步，
祝愿弃恶扬善，
不再响起战鼓。
团结又和睦，
亲密如手足，
起来吧加蓬，
曙光已显露。
振奋精神，
激励鼓舞，
最终我们会获得幸福。[1]

———————
① 徐惠民译。

15

加蓬国歌体现了加蓬人民重获新生的豪迈情怀，以及催人奋进的强劲动力。

**（四）国花**

火焰树（Spathodea Campanulata），又称苞萼木，紫葳科火焰树属落叶乔木。该树喜温暖、潮湿和阳光。火焰树绿荫如盖，花朵为杯形，外面为红色，里面为黄色，花瓣呈卵圆形。美丽的火焰树花广泛盛开在加蓬的林荫道旁及公园、园林之中。

# 第二节　宗教与民俗

## 一　宗教

加蓬政府历来实行宗教信仰自由政策。加蓬人民拥有宗教信仰自由的权利，信徒可以建立宗教团体。宪法保护依据法律规定条件组织的宗教团体的权利，而宗教团体须在尊重国家主权和公共秩序的原则限度内，独立规定其规章和执行其事务。加蓬宪法明确提出：加蓬申明宗教与国家分立；加蓬共和国保证全体人民在法律面前，不分门第、种族或宗教信仰，一律平等，共和国尊重一切信仰。加蓬内务部负责宗教事务，包括宗教团体登记事宜。

与其他大多数非洲国家一样，宗教多元化是加蓬社会的一个基本特征。在欧洲殖民者来到加蓬以前，加蓬人多信仰传统宗教。但随着殖民者对加蓬地区的入侵，以天主教、新教为主体的基督教逐渐为大多数居民所接受。

早在15世纪，天主教便传入加蓬。新教传入加蓬的时间则晚于天主教，在加蓬共分为加蓬福音派教会（Evangelical Church of Gabon）、南加蓬福音派教会（Evangelical Church of South Gabon）和福音派五旬节教会（Pentecostal Evangelical Church）三大教会。穆斯林在加蓬政治生活中具有一定影响力。前总统哈吉·奥马尔·邦戈在1973年访问利比亚后皈依伊斯兰教，并在总统府附近建立了一座规模较大的清真寺，一直坚持到清真寺做礼拜。前总统阿里·邦戈也是一名穆斯林，另有其他一些政府要员也信仰伊斯兰教。除此以外，加蓬还是伊斯兰合作组织的成员国，近年来，加蓬重视与伊斯兰国家的联系，沙特阿拉伯、阿联酋和伊朗政府均出资在加蓬援建了清真寺及伊斯兰教经学校。近年来，穆斯林人数有了大幅度上升，加蓬约50%的居民信奉天主教，20%信奉新教，10%信奉伊斯兰教，其余信奉传统宗教。[①]

尽管现今基督教、伊斯兰教等现代宗教对加蓬居民的意识形态产生了一定影响，但仍有相当数量的各族人民信仰传统宗教。

加蓬盛行拜物教，相信万物有灵。该国居民的崇拜物有天空、森林、飞禽走兽以及人体的某一器官，如俾格米人相信太阳是上帝的宫殿；加洛阿人崇拜巨兽"亚西"。所有加洛阿人都以亚西起誓。他们认为亚西是一个形状和颜色类似蜥蜴的可怕精灵，住在远方的森林里。为了求得它的欢心，人们必须跳假面舞或敬酒。妇女和小孩最怕亚西。一旦一个妇女因为不敬亚西，说出了它的名字，就会因此而失去生命。一个加洛阿男子如果用了亚西起誓，他的妻子就必须服从，否则就得挨打，甚至被处死。

魔法师（男巫）被认为具有操纵个人命运和国家重大政治事件的超能力，在当代加蓬人的生活中起着重大作用，有时也会被邀请与加蓬一些政府官员共同商讨国家要事。

与非洲其他国家相类似，加蓬自古以来就有各种秘密团体，包括男性和女性的秘密会社。会社成员可以通过祖先和自然力量的神灵得到冥冥之中的保护，这些会社也有助于培养民族凝聚力。如起源于米索戈人和阿万吉人的男性秘密会社——布维蒂（Bwoiti），在19世纪中叶，逐渐为中奥果韦地区各族（奥米耶内族除外）和河口到塞泰卡马的沿海广大地区居民所接受，尤其是芳人更加崇尚布维蒂。20世纪30年代末至50年代初，芳人把一些基督教的仪式和信条融合到布维蒂礼拜仪式中。布维蒂的入会仪式较复杂，其中不可或缺的程序之一是要求参加的人必须吞服一定数量

① 中华人民共和国驻加蓬共和国大使馆经济商务处网站，http://ga.mofcom.gov.cn/article/ddgk/zwminzu/201301/20130100013269.shtml。

的"伊博加"（iboga），这是一种能引起人幻觉的植物的树皮，服用后人们似乎可以与先祖沟通。20世纪60年代以来，布维蒂发展为5个不同分支，全国约建造了100座礼拜堂。另外，受历史上母系氏族传统的影响，在加蓬大多数民族中也流行女性秘密会社——内杰姆毕（Njemobe）。此外，还有关注自然保护的男性组织——穆维瑞（Mwiri）。其入会仪式很严格，也很神秘。新入会的人须在胳膊和手腕上刻上带有凸起花纹的特殊标志。穆维瑞通过建立各种"自然保护区"，划定打猎、捕鱼或采果的禁区，起到了保护生态环境的作用。

## 二 民俗

### （一）村落与家族

加蓬的各个村落由纵横交错的山川河流或道路连接起来。一般来说，居住在同一村落的居民都属于同一氏族，村长即族长，其职位是世袭的。村子的中央有一个正方形广场，广场一侧是公房，主要是村民聚会议事和休闲的地方。它是全村最高大的建筑，一般高2.5米、宽3米、长3米。房子朝向广场的一侧涂有黑红相间的颜色，立柱上雕着妇女的形象，体现了母系氏族传统。村民的房子环绕在四周，整齐地排成两三层。

加蓬人的家族观念强烈。许多部落仍保留着浓厚的母系氏族传统，孩子是母亲家的成员，男子也视其姐妹的孩子为自己的孩子。虽然部落的酋长由男子担任，但其权力是由母亲家赋予的，其职位也由其同胞弟或其姐妹之子继承，而不能父传子继。

### （二）婚姻与丧葬

加蓬处在传统婚姻与现代婚姻并存的阶段。城市盛行现代婚姻，男女自由恋爱，结婚要依法到政府有关部门登记，这被称为公证结婚。公证结婚后，在教堂举行宗教仪式。凡不举行任何仪式的人都被称为秘密结婚，许多男子在娶第二个妻子时，一般采取这种方式。

农村则大部分为传统婚姻。许多部族实行一夫多妻制。男子娶结发之妻时需遵循父母之命，本人没有选择权。但从娶第二个妻子开始，本人便可做主。娶妻一般要送女方家彩礼，彩礼总额高达15万~20万中非法郎。对于一个年收入仅 8 万中非法郎的农民来说，这是一笔不菲的费用。因此，换亲之事时有发生。同时，婚后如女方无端提出离婚，她必须归还男方家送的彩礼。结婚后，夫妇以核心家庭方式生活。在现代文明的洗礼下，加蓬的许多夫妇在银行设立了各自的账户，在经济上保持双方独立。

俾格米人与加蓬其他各部族不同，实行一夫一妻制。女子以嫁给猎手为荣，彩礼也特殊。男子看上了谁家的姑娘，只要把一张新弓、200 个箭头、一杆矛、两块兽皮、一串玻璃珠子、两瓶涂箭用的毒液和两个铁锅作为聘礼赠送给女方的父母，便可以娶姑娘为妻。在一些母系社会色彩浓厚的部族，按传统习惯，妻子去世后，丈夫必须娶其妻姐妹续弦，否则要将其子女送回外婆家抚养。一些父系社会的部族还保留兄弟同妻的习俗，即使兄长健在，弟弟也可以娶其嫂为妻。

由于宗教原因，加蓬法律禁止火葬。按传统习惯，加蓬人实行土葬。在下葬之时，举行超度亡灵的仪式。妻子死后，其夫要头缠黑布守灵 3 天。三年后，丈夫才可续弦。

### （三）房屋住宅

在加蓬主要城市，如作为非洲美丽城市的首都利伯维尔，现代化高层建筑林立，西式别墅掩映在热带植物丛中。而在乡下，百姓仍居住在传统房屋内。

由于地处赤道，加蓬终年高温潮湿。为适应自然环境，加蓬各族人民的传统住房一半是就地取材，人们因陋就简，因地制宜地建造了独具特色的房屋。如俾格米人，由于生活漂泊不定，经常搬家，他们一般是在森林中用树枝、茅草搭建窝棚以遮阳避雨。搭建窝棚的材料取之不尽，也不甚费时费力，搬家时弃之亦不足惜。奥米耶内人的房屋则用木头作为材料，搭成似中国南方少数民族的"干栏式"建筑。芳人的建筑材料也是木材，但其房屋被建成正方形，房顶是四个斜坡，用茅草、瓦或铁皮覆盖。房舍四周是竖起的木桩，木桩之间用枝条编成篱笆，再抹上泥就成了墙壁。屋顶使用棕榈叶或树皮覆盖而成。有钱人家也有用瓦或铁皮盖顶的。这些房屋一般比较低矮，屋顶高约 2 米，门户方方正正，宽、高各约 1.3 米。由于芳人实行一夫多妻制，妻妾各拥有自己的住房，几座房子又组成十分别致的院落。住房之外有主房，其中央设有炉灶，炉灶的两侧各有一间通风很好的小间用于制作风干肉。

**（四）服饰**

加蓬人的服装特色鲜明，属于典型非洲服饰，多用颜色鲜艳的当地布料制成。

加蓬人的服装十分艳丽。参加公务活动时，人们一般着西式服装。在婚礼等礼仪场合，人们常穿西式礼服，打领结。人们在参加葬礼时则换上黑色西装，女士不化妆、不佩戴饰品。

加蓬终年长夏无冬，男子日常服装讲求简单舒适，一般穿花衬衫配长裤，足蹬一双拖鞋，或者干脆赤足。女装不论哪种款式，其布料均是透气、吸水性好的纯棉布。当地流行装饰华丽的鱼尾连衣裙或套裙，并常常配以鲜艳头巾包头。加蓬妇女必不可少的是五颜六色的头巾。头巾一般是从前额缠起，顺耳上两侧向后，有的人将它在头上绕几圈再塞进去，有的人图省事，干脆在脑后打一个结。加蓬妇女有头顶重物的习惯，所以她们的头巾，既可以保护秀发，又可以帮助维持平衡。加蓬妇女以长发为美，她们从小就用细黑线从发根绕起，一直绕到发梢，将头发扎成许多小辫。其不同的发型不仅表明她们的年龄和社会地位，而且也可传递未婚和已婚、未生育和已生育、服丧守孝等不同状况的信息。妇女也喜欢佩戴首饰。有的佩戴用熟铁和黄铜制成的项圈，有的则戴金银或宝石制品。耳环、手镯和脚镯更是常见的装饰品，与色彩鲜艳的服装相映，给人一种耳目一新的感觉。男子通常蓄胡须，留短发。流行的男装为用花布制成的衬衫、长袍等，正式场合男士多着西装。此外，加蓬有一定数量的穆斯林，穆斯林长袍在当地也很流行。

**（五）饮食**

加蓬以西餐为主，同时也有一些有特色的本地小吃。在首都利伯维尔有数家中餐馆。

在广大乡村，村民常以山药、芋头、芭蕉、木薯为主食；城市居民则食用大米、面包等舶来品。副食多种多样，涵盖蕨类、蘑菇等山货以及飞禽走兽、鱼鳖虾蟹等，如野牛、疣猪、羚羊、大象、野猪。法式餐饮在当地影响较大，常常被用来招待外宾。富有民族特色的菜肴有时也会被端到国宴上，如鸡肉曼巴（食材有鸡肉、辣椒、大蒜、番茄、胡椒、秋葵、棕榈油以及味道浓郁的非洲黄油）、油炸青蛙腿等都是大受欢迎的上等国宴佳肴。当然，最能反映加蓬饮食特色的还是汤类，加蓬人善于制作各式各样的汤，如芳人喜食的纳尼汤，是用肉末、葱头、辣椒烧成的；用野杧果仁做成的奥迪卡酷似巧克力；贡波树叶炖芋头汤香甜可口；棕榈果核汤清香爽口；等等。

加蓬人喜食辣椒。但由于辣椒有刺激性，若主人向客人主动提供辣椒，则被认为是不友好的行为。主人一般将辣椒放在旁边桌上，由客人根据饮食习惯自取。客人最好取吃一些，并说一些赞美辣椒味道的言辞，这可以增进同主人的感情。过着原始渔猎和采集生活的土著居民俾格米人可烹饪独特的菜肴，如活烧乌龟、油炸蛇和毛虫等。

### （六）禁忌

加蓬注重礼宾礼仪。出席正式场合和约见政府成员、企业代表、重要客人时一般须着西装或传统服装以示尊重。热情好客的加蓬人非常讲究礼节，城市地区流行欧洲方式的见面礼节，人们多是握手相互问好，称男性为"先生"，称女性为"女士"、"夫人"或"小姐"。在农村地区，迄今仍然沿用非洲式传统称呼。男子遇见与自己年龄相仿的客人，爱称其为兄弟，而对年长的客人，则多称其为"爸爸""妈妈"。当地流行"碰头礼""贴面礼"。熟人见面，多是点头躬身致意或两人左右额角轻轻相碰以示友好。老友久别重逢，常常互相拥抱、贴面，长时间地问候、寒暄。

加蓬的各个社团，不论是女子社团，还是男子社团，均有其独特的礼仪。外人不能参加其活动。不可随意对着人拍照，男子不可主动与年轻女子搭讪。不论是探访还是被邀请到加蓬人家里做客，客人进入主人家前都要摘下帽子及墨镜。参加婚礼时，忌穿黑、白色连衣裙。加蓬人特别是妇女死后，其遗体是神圣不可侵犯的，其亲人再不得目睹。

加蓬有足足一半的居民信奉天主教，和他们接触时，首先应注意他们的宗教禁忌。早晨 7 点前和下午 7 点以后，是天主教徒同家人团聚或用于祈祷的时间。避免在此时间段内进行会客、拜访和宴请。除此以外，他们还忌讳数字 13 和星期五。而在穆斯林聚居的地区，不能谈论猪的话题，也不能出现猪皮制品及标有猪的图案的物品。

加蓬人认为左手不洁，不用左手与人握手、送礼、传递食物，在接触脏物时一律用左手，右手则用于接触入口的东西。因此，送礼或递东西时，最好用右手。与他们交谈时，在言谈举止上须尊重对方的宗教信仰，不要过多涉及历史和宗教方面的问题，尽量多夸赞他们优美的自然环境和心灵手巧。请客吃饭或举办冷餐会时须考虑对方的宗教信仰和饮食禁忌，是否上猪肉制品需要视客人的情况而定。

### 三　节　日

加蓬节日较多，既有天主教、伊斯兰教等宗教节日，也有当地节日。一般节日放假一天，报纸上会提前刊登节日放假的消息。加蓬的公共节假日包括公历新年、五一国际劳动节以及国庆日。加蓬的国庆日又称独立日，在每年的 8 月 17 日。除此以外，天主教徒和新教徒过圣诞节、耶稣受难节、复活节、圣灵降临节、万圣节等。穆斯林过古尔邦节（宰牲节）、开斋节等。加蓬法定节假日共有 13 天（见表 1-1）。由于复活节与圣灵降临节与周日重合，还有其他重合情况，全年实际假日为 10 天左右。如果法定假日与周日重合，则不另行补假，除主管部门另行通知外。

表 1-1　加蓬法定节假日

| 节日名称 | 时间 | 假期 |
|---|---|---|
| 新年 | 1 月 1 日 | 1 天 |
| 开斋节 | 斋月结束后第二天 | 1 天 |
| 古尔邦节（宰牲节） | 伊历 12 月 10 日 | 1 天 |
| 复活节 | 3 月 21 日或其后月圆后第一个周日 | 2 天 |

| 节日名称 | 时间 | 假期 |
|---|---|---|
| 五一国际劳动节 | 5 月 1 日 | 1 天 |
| 圣灵降临节 | 复活节后第 7 个周日 | 2 天 |
| 圣母升天节 | 8 月 15 日 | 1 天 |
| 国庆节 | 8 月 17~18 日 | 2 天 |
| 万圣节 | 11 月 1 日 | 1 天 |
| 圣诞节 | 12 月 25 日 | 1 天 |

# 第三节　自然资源

## 一　矿物

加蓬矿产资源与地质发育及地层分布密切相关。

### （一）地质构造

在地质构造上，加蓬处于刚果克拉通地块①的西北边缘。可分为三大地质构造，即太古代基底、元古代沉积岩（二者约占国土面积的 75%）和显生宙②沉积盖层（主要由白垩纪或更新纪的岩石组成）。前寒武纪岩石地层是加蓬矿产资源的主要蕴藏地层，这些矿产资源包括锰、铀、铁、黄金、金刚石等。

1. 太古代基底（>25 亿年）

这个古老基层由结晶质和结晶千枚状杂岩合成。它由三部分组成：古代基底核心——紫苏花岗岩；基底本身——花岗岩状片麻岩、混合岩、双峰式片麻岩和各种侵入岩（多为花岗岩，含有一些长英质、镁铁质和超镁质岩石）；以含镁铁质的岩浆岩和超基性岩浆岩为主要成分的火山沉积岩。

---

① 地壳上相对不活动的稳定地区，构成大陆或海洋中心盆地等的核心地块。
② 地质时期的一部分，在其相应岩石中含有丰富的生命形迹，特别是高等生命形态的形迹，基本上属于前寒武纪以后的时期。

2. 元古代沉积岩 (5.4亿~25亿年)

这些岩石填充了太古代基底的凹陷和向斜。主要成分是变质的岩屑和化学沉积物。后来其在若干沉积旋回后被褶皱运动分开，加蓬国土被分成几个沉积地块。

3. 显生宙沉积盖层 (<5.4亿年)

分布在沿海，与克拉通边缘或克拉通内的其他构造单元有一定关系。沿海沉积盆地被白垩纪时期形成的基底地垒分成大小不等的两部分。东部地块主要形成于上古生代与中白垩纪间，由陆地和湖中沉积物构成；大洋盆地或西部地块主要是在白垩纪中前期与第四纪间由沿海沉积物构成的。高原地层由第三纪陆相岩组成，与元古代地层呈不整合接触。

**(二) 主要矿产**

加蓬矿产资源十分丰富，目前探明的主要矿产资源有石油、天然气、锰、铀、铁、黄金、金刚石、铌等。

1. 石油和天然气

加蓬已探明的石油储量约为22亿桶，油田分布在沿海陆地以及离海岸线不远的海域，大部分集中在让蒂尔港和马永巴地区。目前加蓬的油田中陆上油田占1/3，其他2/3属于海上油田，其中较大的陆上油田有拉比－昆加 (Rabi-Kounga)、甘巴－伊温加 (Gamba-Ivinga)、埃希拉 (Echira)、库卡尔 (Coucal) 和阿沃切特 (Avocette)，海上油田有布德罗伊－马林 (Boudroie-Marine)、阿布勒特 (Ablette)、鲁塞特 (Roussette)、平古因 (Pingouin)、麦鲁 (Merou)、卢奇纳 (Lucina)、梅鲁 (Merou) 和布莱梅 (Breme) 等。大多数油田的原油重度为30°~35°API，少数油田的原油重度为25°API。其原油油质轻、含硫低，自喷能力强，便于开采。加蓬已探明的天然气储量足足有283.2亿立方英尺 (1立方英尺约合0.028立方米)。2017年，加蓬天然气产量为4.01亿立方英尺，居世界第74位。[①]

---

① CIA, World Factbook 2019—Gabon, https://www.cia.gov/library/publications/the-world-factbook/geos/gb.html.

加蓬的石油开采主要由外国公司经营。根据石油输出国组织（OPEC）的数据，加蓬近年来的石油产量持续走低，2019年加蓬日产原油约21.8万桶，远远低于1997年37万桶的峰值。[①] 道达尔加蓬公司、英荷壳牌加蓬公司和佩伦科加蓬公司是加蓬三大上游生产商。从让蒂尔港海上采购油田之后，佩伦科从1992年开始在加蓬开展生产运营。除了生产的石油占国内石油产量的约31%，佩伦科在加蓬的天然气市场中也发挥着重要作用，2015年天然气产量约为5000万立方英尺。[②]

2. 铀

加蓬铀金属储量估计为2500万吨，仅次于尼日尔，居非洲第二位，[③]铀是该国重点开发的矿产资源。铀矿主要蕴藏在位于弗朗斯维尔盆地西部边缘的沙石中，集中在穆纳纳地区。加蓬的铀矿质量好，品位高，每吨铀矿砂的含铀量高达38%，是世界上含铀量最高的铀矿砂。加蓬的铀矿开采始于1961年，法国的弗朗斯维尔铀矿公司垄断了该国的铀矿生产与加工，年生产能力为1500吨。1999年6月，加蓬的铀矿资源枯竭。

3. 锰

加蓬是世界第四大锰生产国，锰矿蕴藏量为2亿吨，占全球已探明储量的1/4。加蓬的锰矿发现于1949年，1961年开始开采。主要矿区位于弗朗斯维尔附近的莫安达。加蓬锰矿品位高达50%~52%，居世界前列，高于乌克兰的43%。

4. 铁

加蓬的铁矿均为地表矿床。铁矿储量为8亿~10亿吨，品位在60%以上。奇班加铁矿储量为1.5亿吨，品位为44%左右。贝林加矿区是世界上最大的铁矿资源富集地之一，可采储量8.5亿吨，铁矿品位更高，达64%。

5. 黄金

金矿位于拉斯图维尔附近。加蓬沙金的矿化分为四类，即石英矿脉、

---

① OPEC, *Annual Report 2019*, Vienna：OPEC Public Relations and Information Department, 2020.

② Oxford Business Group, *The Report：Gabon 2016*, London, 2016.

③ 以下矿产资源储量均出自以下网址：http：//www.mines98.com/country/ga/3.htm。

砾岩、网状脉和硅化带及其他浸染状。这些沙金多分布在与世隔绝的森林中，因此加蓬的黄金资源尚未得到有效开发，以小规模的人工开采为主。加蓬黄金总储量约为 390 万吨，矿石含金量为 6.4 克/吨，1937 年首次开采。自 1998 年以来，加拿大的寻金资源公司（Searchgold Resources Inc.）与加蓬当地的黄金资源公司（Ressources Golden Gram Gabon）合作开发加蓬的金矿。这些小规模的采矿活动发生在河岸和山坡上，法国国家赤道矿业公司经营着一个贸易网络，向人工采矿者购买黄金。这些小型作业每天可收集约 10 克黄金。值得注意的是，为遏制非法淘金活动，加蓬政府曾于 2021 年取缔手工采金。2023 年 4 月，加蓬政府通过了关于黄金开采活动具体规定的草案，以加强黄金资源开发的规范管理。

6. 金刚石

加蓬的金刚石分布较广，约占国土面积的 1/4，但最重要的产地是南部的马孔戈尼奥（Makongonio），另外在北部的米齐克地区也有少量发现。但目前勘探工作仍在进行，大部分地区蕴藏的金刚石资源尚未得到开发。

7. 铌

主要分布在兰巴雷内东部地区，于 1986 年首先发现。储量为 40 亿吨，占世界总储量的 5%，仅次于巴西，居世界第二位。

8. 重晶石

主要分布在奇班加西部的杜雷基基（Dourekiki）。已确认的加蓬重晶石储量在 300 万吨以上。

此外，加蓬还蕴藏着其他矿产资源，如磷酸盐、铅、锌、钽、钾、含镁的石灰石、滑石和大理石等。

## 二 植物

加蓬的森林面积占全国土地总面积的约 85%，全国有 200 万公顷林地被列为保护林区。林业资源丰富，出产 800 多种木材，其中 60 多种有开采价值，如奥库梅木、奥兹戈木、桃花心木、黄梨木、铁木等。尤其是两种热带原木，即奥库梅木和奥兹戈木，是高级珍贵木材，占加蓬木材出口额的 3/4。加蓬原木储量约为 4 亿立方米，居非洲第三位,[①] 其中奥库梅木的储量为 1.3 亿立方米。

**（一）奥库梅木**

奥库梅树也称加蓬榄，是加蓬特有的树种，属橄榄科。该树木生长较快，一般 5 年后可长至 20 多米。树木挺拔笔直，无疤节，成材树木可高达 40~50 米。树枝一般生长在离地面 30 米处，树干直径均在 1.5 米以上。奥库梅树的成材率很高，每棵树一般可得到 6 吨左右的良好木材。奥库梅木呈浅粉色，气味芳香，纹理直，木质结构细密。木材重量轻（基本密度为 0.37 克/厘米$^3$），而且软硬适中，具有防蛀、防水的性能，因此被当地人称为"树中之王"。奥库梅木被广泛用于生产单板、高级家具、细木工、包装箱、盒、木模板、纸浆、乐器和工艺美术品等。用这种木材制成的家具表面光滑，花纹美观，结实耐用，在涂上清漆后自然地呈透亮的棕红色，是国际市场上的畅销货。奥库梅树对自然条件的要求较高，其喜阳光，但阳光又不能十分强烈，最理想的地方是密林环绕的空间以及草原上的低矮灌木林区。奥库梅树的幼苗在生长过程中既不能被高大的树木遮挡，也不能同其他树苗混杂生长，要求群生。其既需要充足的雨水，又要在每年 10 月开花之前经历 50 天左右的旱季，因而只能在加蓬沿海及一些河谷、山川地区生长。由于过去大量采伐，奥库梅树急剧减少。独立后，加蓬政府十分重视保护这种名贵木材，除严格按计划采伐外，大力进行人工栽植。

**（二）奥兹戈木**

属蜡烛木属。成材树木高达 24~37 米，直径为 0.7~1.0 米，而且主干直、圆满，无板根。木材具有一定光泽，无特殊气味。木质坚韧，年轮密，纹理交错，结构均匀。木材重量和强度适中，易于使用锯、刨等工具加工操作，但不耐腐蚀，干燥后易变形。奥兹戈木多用于制造单板、胶合板、家具部件、车辆、船舶、室内装修材料、楼梯、包装箱、盒、模板及

---

[①] 《加蓬国家概况》，中华人民共和国外交部网站，2023 年 7 月 18 日，http://mfa.gov.cn/web/gjhdq_ 676201/gj_ 67623/fz_ 677316/1206_ 677800/1206XO_ 677802/。

纸浆等。

除上述两种木材，加蓬还盛产其他木材和经济林。主要经济树种有特氏古夷苏木、铁木豆、绿柄桑木、非洲紫檀、筒状非洲楝木、良木非洲楝木、虎斑楝木、卡雅楝木、毒籽山榄木、猴子果木、金莲木、两蕊苏木、红铁木、黄胆木、香脂苏木、白梧桐木、赛油楠木、赛鞋木豆、凹果豆蔻木、西非苏木、吉贝木、单瓣豆木、橄榄木、丛花柞木、帽柞木、毒箭木、阿林山榄木、乔蔸麻木、四鞋木、盆架木、科特迪瓦榄仁木、崖椒木、洞果漆木、木棉木、厚皮木、尼日利亚短盖豆木等。

三 动物

加蓬适宜的自然气候条件使众多动物在此繁衍生息。加蓬政府为保护该国丰富的动物资源，建立了动物保护区，如洛佩斯动物保护区等。陆地上主要有鸟类和哺乳动物等。法国和加蓬的科学家考察发现，加蓬境内有626种鸟类，其中东北部约有410种。生活在加蓬的陆生动物有角嘴海雀、彩虹八色鸫、松雀、斑翅食籽雀、树熊猴和戴胜鸟等。水生动物有柠檬鲨、玳瑁、丽龟、虎鲸、等指海葵、海月水母、伊氏石斑鱼等。哺乳动物包括野牛、猴子、大猩猩、黑猩猩、大象、蟒蛇、蜥蜴等。加蓬保留了大量适合大象生存的原始栖息地，加蓬的热带森林有非洲最大的尚未受侵扰的大象群。非洲象是陆地上最大的哺乳动物，体长6~7.5米，肩高3~4米，体重5~7.5吨，寿命可达60~70年，主要食用香蕉、树叶、树皮和果子，孕期为21~23个月，每胎仅产1仔，性情较为温和，喜欢群居。非洲象现今已被美国濒危物种法案和世界自然保护联盟列为濒危物种。为推进大象的保护工作，加蓬制定了一项名为"基督之前的保育"的五年综合发展计划，其目的是发展保护区网络工作系统及观察大象数量，并通过其他计划如建立合理的森林工业以赢得地方政府对保护工作的支持、培训义警等方式，加强对大象的保护。此外，加蓬近海还广布着各种鱼类资源和贝类或软体甲壳类海洋动物。

# 第二章

# 历　　史

按照马列主义观点来看，人类发展历史是以原始社会、奴隶社会、封建社会、资本主义社会和社会主义社会来划分的，但加蓬等撒哈拉以南非洲国家比较特殊。在 19 世纪中叶，欧洲殖民者的入侵打破了加蓬正常的历史发展进程。因此，我们在划定该国的历史发展阶段时，应充分考虑不同时代的基本特征、重大历史事件等因素，以更清晰地表述该国的历史，进行具体的划分，而不是抽象地、简单地划定其历史发展阶段。[①]

## 第一节　欧洲人到来之前的加蓬（远古到 1471 年）

### 一　史前史

加蓬位于世界上与人类史前发展密切相关的地区，早期古生物学家由此推测，猿类进化也许就在此处发生，但没有任何发现能支持这一假设。现今能够确定的是，拥有热带雨林气候和土壤容易沙化的加蓬没有数千万年前的人类遗迹。唯一能证明加蓬在悠久的史前时代就有人类存在的证据源于 20 世纪 80 年代考古发现和收集到的一些史前古器物，其证实了在加蓬热带丛林和高原腹地有早期人类活动的遗迹。关于加蓬史前史的研究，目前缺乏足够的文字记录和口头传说资料。在班图文化国际中心工作的考古学家贝纳德·克利斯特（Bernard Clist），通过对遗址的考察与分析，将

---

① David E. Gardinier, *Gabon*, Oxford, England; Santa Barbara, California: Clio Press, 1992, p. xⅸ.

加蓬史前史分为 6 个历史时期。

**（一）中石器时代（公元前 38000 年至前 7000 年）**

考古发现证实，在加蓬发现的最古老的工具是距今至少 40000 年前生活在中奥果韦省中部高原地带、从事采集和狩猎的远古居民制作的。

**（二）晚石器时代（公元前 7000 年至前 5000 年）**

很多学者认为："在非洲，10000 年前，是一个适宜于人类发展的湿润时期。"[①] 的确，考古出土的工具被确定属于约公元前 6000 年"湿润时期"的森林居住者，很可能是今天的俾格米人。在奥果韦-伊温多省和河口省也发现了一些晚石器时代石器，经放射性碳素测定，这些石器的存在年代为公元前 5680±80 年、公元前 5500±90 年等。加蓬晚石器时代工具的制作特点有别于刚果（布）南部和喀麦隆北部同时代的石器，石斧（刀）呈波浪形，形成具有特点的榫舌。[②]

**（三）新石器时代早期（公元前 3000 年至前 1000 年）**

新石器时代的标志特征之一是人们开始定居生活，从事农业和畜牧业。据目前考古资料，在加蓬河口地区从事采集和狩猎、住所相对固定的居民可以追溯到公元前 2800 年至公元前 2400 年。

**（四）新石器时代晚期（公元前 600 年至前 200 年）**

在公元前 1000 年左右，班图人从尼日利亚和喀麦隆高原向南迁移，经过漫长的迁徙过程，逐渐到达加蓬境内并定居一段时间，而后又继续迁徙。班图人在定居加蓬期间从事种植业，传播新石器时代文化。考古学家在加蓬对各遗址进行地层研究，最终在利伯维尔附近的沿海地区发现了新石器时代的村庄，证实这是公元前 400 年至前 200 年班图人生活的遗迹。另外，在此地还发现了新石器时代晚期文化地层，并出土了磨光的斧子、陶器和石英碎片。[③]

---

① 杨人楩：《非洲通史简编》，人民出版社，1984，第 12 页。
② 〔上沃尔特〕J. 基-泽博编辑《非洲通史》第一卷，中国对外翻译出版公司，1984，第 417 页。
③ 〔埃〕G. 莫赫塔尔主编《非洲通史》第二卷，中国对外翻译出版公司，1984，第 483 页。

**（五）早铁器时代（公元前 500 年至公元 1000 年）**

考古学家在加蓬发现了多处冶炼铁制工具的遗址，如在上奥果韦省的莫安达（熔铁炉的考古年代为公元前 350 年至前 300 年）、沃勒-恩特姆省的奥耶姆（熔铁炉的考古年代为公元前 280 年至前 220 年）和河口省利伯维尔东南 91 公里处的坎戈（Kango）（熔铁炉的考古年代为约公元 100 年）都发现了熔铁炉。莫安达的熔铁炉上方配置了高 1~2 米的烟囱。一些学者认为铁器制作工艺是从加蓬的东部和南部边境传到该国境内的，但大多数历史学者认为源自加蓬北部边境班图人的迁徙活动。这两种说法均未得到科学证实。

**（六）晚铁器时代（公元 1000 年以后）**

具体情况未见记载。

## 二 加蓬境内的早期居民

**（一）俾格米人**

15 世纪以前，谁是加蓬境内最早的定居者，迄今为止仍不得而知。人们普遍持有的观点是，中非热带丛林地区新石器时代晚期狩猎采集者的后裔——俾格米人，是加蓬最早的土著居民。这个观点没有得到任何考古学上的证据支持，却有着详尽的遗传学、语言学等理论依据。很难想象加蓬境内的史前人类会在没有留下任何后代的情况下完全消失。而关于俾格米人是一个外来民族，其消灭或吸收了加蓬史前人类后代的观点似乎不太可能，因为这样就意味着俾格米人有着技术上的优越性，然而真实情况却刚好相反。除此以外，俾格米人是唯一一个保持和加蓬史前人类相近生活方式的民族。估计至少在 2000 多年前，俾格米人的祖先在广阔的森林中生活，他们从事原始农业，狩猎动物，采集植物。他们广泛分布在赤道雨林中，为邻近的黑人农民干活或与他们进行交换活动。他们没有自己特有的语言，每个族群和邻近的黑人农民团体使用同一种语言。俾格米人身材矮小，和黑人一样有着深色的皮肤和浓密的鬈发，和黑人不同的是，他们的皮肤中黑色较少，微红色较多，脸上和身体上毛发较多，前额、眼睛和牙齿较为突出。通过对他们生活习性的观察可以推断出，加蓬境内的大部分俾格米人是从该国南部、东部边境迁移至此的，小部分俾格米人源自北部边境。至于俾格米人的社会经济生活情况，前面已谈及，这里不再赘述。

### （二）姆庞圭人

15 世纪下半叶至 16 世纪初，姆庞圭部落从非洲内陆迁到加蓬河口地区，包括今天的利伯维尔。15 世纪下半叶，葡萄牙人发现的定居在加蓬河口两岸的居民就是姆庞圭人。他们被认为是加蓬河口地区最古老的居民。

当时的姆庞圭部落分为恩迪瓦（Ndiwa）、阿盖格瓦（Aguégwa）、阿齐瓦（Azuwa）等 20 多个家族。其中恩迪瓦是姆庞圭部落到达加蓬海湾并占据两岸的第一个家族。姆庞圭部落除分为各个家族外，每个家族内部又分成不同的等级。这些等级依次为：①自由人或本地孩子——双亲都是纯血统的姆庞圭人；②自由人——姆庞圭男人与外族女人所生的孩子；③安邦巴——姆庞圭男人和做奴隶的女人所生的孩子；④阿沃加——从外族迁居到姆庞圭地区的自由人；⑤安邦巴·萨扎卡——奴隶的孩子；⑥阿扎卡——奴隶。[①] 姆庞圭部落各家族划分等级的目的是禁止自由身份的妇女与奴隶或奴隶的儿子通婚。姆庞圭部落同时规定，任何等级的成员都要祭祀氏族的祖先魂灵，成员之间有互相紧密团结的义务，共同捕捉杀人犯，分担嫁妆费、各种赔偿费等。

氏族家长制是姆庞圭人的唯一政治形式。部落之下分为若干个氏族，这些氏族再分为一些村子，每一个村子都是自治的，首领也是独立的。家族或部族的首领称作"奥加"（oga），首领以下还设有管理层，如阿卡加（司令官）和奥康比（审判官或法官）。统治者的职位多是世袭的，通常由首领传给他的亲兄弟，偶尔也实行推举制，被推选的首领一般也是家族中高贵而且年长的人。姆庞圭部落的最高领导人是首领，但他的权力受到极大的限制。无论是世袭还是推举出来的首领，其行使的权力都仅限于一般性的事务；关系到整个部落的重大或紧急事务，则由村子里的耆老开会决定，其甚至对首领人选有否决权，这是原始社会残余的表

---

① 〔加蓬〕安德烈·拉蓬达·瓦尔克尔：《加蓬史略》，山东大学翻译组译，山东人民出版社，1975，第 115 页。

现。首领之下设咨议机构，由村子里各主要家庭中年龄最大的人组成，他们在首领之下行使权力。

姆庞圭人赖以生存的生产资料——土地，实行公有制。土地属于氏族，而不属于个人。氏族中的每个成员都可以在他认为适合的地方进行耕种，从而取得土地使用权。总的来说，姆庞圭人早期的农业生产水平较低，采集和狩猎是其主要生产活动，其同时也饲养羊、猪等小牲口，以及鸡、鸭等家禽。

自 15 世纪下半叶至今近 6 个世纪的历史长河里，姆庞圭氏族内部虽有不少家族消失，但氏族整体仍生生不息，延续至今。随着姆庞圭人在加蓬湾的定居和发展，塞凯人、邦加人和巴克勒人陆续抵达海边，芳人最后到达海边。

## 三 洛安戈王国

洛安戈王国的核心地带是在今天刚果（布）境内的刚果河沿岸区域，其疆域的南部至安哥拉的卡宾达（Cabinda）部分地区，它的北部延伸至加蓬的南部地区。就加蓬而言，洛安戈王国的势力影响可至位于伊盖拉（Iguéla）湖地区的恩戈韦人、塞泰卡马和马永巴的隆布人的居住区，生活在巴尼奥潟湖（Banio Lagoon）地区的一部分维利人也受该王国的统治。

洛安戈王国起源于 15 世纪末期，向上可追溯至班图文明。由于班图人在迁徙过程中相互流动和融合，加上战争的需要，原始氏族逐渐瓦解，从而建立起大的部落联盟甚至国家。班图人建立的国家主要分布在刚果河流域、东非大湖地区、赞比西河和林波波河之间。洛安戈是在东非大湖地区建立的国家，地处山区，交通困难，建国时已处于铁器时代。虽然洛安戈王国在加蓬境内的政治统治仅仅是名义上的，但其商路网一直活跃至19 世纪。维利人控制了洛安戈沿岸和恩古涅河河谷地区的商贸活动，主要在荷兰和法国商人之间开展贸易往来，商品贸易包括布匹、象牙、铜器、铁器等。加蓬出产的布匹十分精美，以椰布最负盛名。布匹作为经济生活中的关键性资源推动了洛安戈王国社会、政治、经济的持续发展。在17 世纪，在洛安戈王国维利人居住地区，维利人还充当欧洲人和东印度公司与其他外国人之间的产品交易的掮客。

19世纪末，由于欧洲殖民者侵入加蓬腹地，在该国境内建立了多处贸易商站，加上罪恶的奴隶贸易对洛安戈政治、经济、社会结构的破坏性打击，洛安戈中央政府的权力逐渐弱化。1883年，洛安戈地区被法国殖民统治，直到1918年才重新成为加蓬领土的一部分。

# 第二节　欧洲人在加蓬的早期活动（1472~1886年）

自古以来，加蓬各族人民就在这块美丽富饶的土地上繁衍生息，过着平静的生活。当人类社会进入15世纪，随着第一批欧洲人到来并开始与当地土著建立贸易关系，加蓬对大西洋世界急剧开放，商业活动的发展及最有害的奴隶贸易形式加速了新的社会和政治突变。

## 一　欧洲人在加蓬的"探险"与传教活动

15世纪，欧洲各国迅速发展，地理大发现业已开始。资本主义的发展、探索新航路以寻求宝藏的贪欲使葡萄牙、荷兰、英国、法国，以及后来的美国纷纷把触角伸向当时神秘而未知的非洲大陆，进行"科学考察"。欧洲对加蓬的"地理大发现"属于15世纪和16世纪欧洲各国海外扩张政策的一部分，葡萄牙在其中发挥了先锋作用。

### （一）探险船驶入加蓬河口

1470~1480年，首批出洋的葡萄牙航海家来到加蓬海岸，寻找通往印度、中国和整个远东的新航线。1471年，葡萄牙人费尔诺·戈麦斯（Fernao Gomez）和他的船长们为了寻找可种植糖料作物的土地而来到圣多美岛和普林西比岛。被称为"大西洋历史中的里程碑"的圣多美岛位于赤道地区，毗邻当时与葡萄牙结盟的刚果王国，在当时仅是一座无人居住的岛屿。第二年，葡萄牙人瓦斯康塞洛斯（Vasconcello）抵达科莫河河口，将其命名为"加蓬"（Gabon）。1473~1474年，洛波·贡萨尔夫（Lopo Goncalvez）继续对加蓬海岸进行探索，并发现了洛佩斯角（Cap Lopez）。1475年，吕·德·塞盖拉（Ruy de Sequeira）来到圣卡特琳角

（Cape St. Catherine）。1480 年，费尔南·瓦兹（Fernan Vaz）到达昂波恩克米（Rembo Nkomi）河河口的一个盐湖，该湖被他命名为费尔南·瓦兹盐湖。在 15~17 世纪，葡萄牙、荷兰、美国等的商船，利用各贸易商站，带着鹦鹉毛、河马牙等舶来品定期抵达加蓬，再从当地运走象牙、棕榈油等商品，从中谋取可观的利润。

随后，荷兰、英国、法国等国家的其他欧洲探险家蜂拥而至。1600 年以后，荷兰相继占据科尼凯岛（Koniquet Island）、埃洛贝岛（Elobey Island）和科里斯科岛（Corisco Island），并在科里斯科岛上建立了一个小炮台。法国探险家虽晚于葡萄牙探险家来到加蓬，但其考察船在加蓬的活动却很频繁，呈后来者居上之势。自 1515 年起，法国人开始探访加蓬河口。1837 年，法国船长福德·多马尔在加蓬河口进行第一次旅行，1843 年 6 月 18 日，该船队抵达加蓬河口右岸，并建立了多马尔堡。

15 世纪 70 年代至 19 世纪上半叶，欧洲强国基本完成了对加蓬河口及周围沿海地区的地理"考察"。一些海军军官、冒险家和商人在"考察"中也发表了一些著作，叙述了加蓬沿海地理及社会状况，这唤起了法国、英国、美国、德国、西班牙等国探险者对加蓬腹地进一步"考察"的热望。

**（二）深入加蓬内陆的"探险"**

19 世纪上半叶，欧洲国家已进入自由资本主义时期，殖民列强觊觎非洲的资源与市场，急于了解加蓬腹地的情况。西方各国都派人到非洲进行"探险"活动，当时作为欧洲三大强国之一的法国表现得最为积极。法国政府不能忍受其对手在赤道非洲势力的日益增长，于是法国紧锣密鼓、步步为营，进入加蓬内陆进行勘探"考察"。海军军官和探险家们由此冒险深入了前所未见的热带雨林内部。

科莫河是列强对加蓬内陆"考察"的第一站。1844~1860 年，大批法国海军军官沿着注入加蓬河口的科莫河，以及其各支流进行广泛的"考察探险"。1844 年，海军上尉鲁道夫·达瑞科（Lt. Rodolphe Darricau）沿科莫河"探险"，直至科班格伊（Cobangoi）。1846 年 9 月，让·皮热亚上尉（Lt. Jean Pigeard）和德尚斯（Deschamps）工程师到达坎戈地区，探察科莫河上游。皮热亚上尉除了搜集地理资料，还勘探了这个地区的经济资源，尤其是各种名贵树木。皮热亚根据勘探结果写了一份详细的"考察报告"，并建议政府着手组织开发这个国家的自然资源。1860年，法国的加斯东·鲁莱特（Gaston Roullet）、图沙尔上尉（Lt. Touchard）和路易斯·热诺耶（Louis Genoyer）证实了科莫河河源及流程。

对木尼河的"考察"始于法籍美国侨民保罗·迪夏于（Paul du Chaillu）。1856年，他声称受美国宾夕法尼亚州国家科学研究院指派，开始对木尼河流域进行地理"考察"。他探访了木尼岛的科里斯特山，搜集了一些动植物资料，并首次与居住在科里斯特山脚下的芳人接触。法国海军上尉布拉乌埃泽克和热诺耶在1857~1859年，继完成对科莫河的"考察"后，"考察"了木尼河和蒙达河（Mondah River）。这些探险者在"考察"后得出结论，木尼河和蒙达河的上游没有延伸至加蓬内陆。

加蓬最重要的河流——奥果韦河的"考察"活动的先锋当数美国新教传教士伊拉·普雷斯顿（Ira Preston）和威廉姆·瓦尔克（William Walker）。他们于1854年抵达奥果韦河的纳扎雷湾（Nazareth Bay）。此后，法国探险家保罗·迪夏于分别于1855~1859年和1863~1865年，从桑加唐加（Sangatanga）出发，直下赤道以南，走遍了北自洛佩斯角、南至圣卡特琳角一带的地区，他是进入姆波娄尼埃河（Mpoulounié River）的第一人。继而，他又上溯到昂波恩克米河，探索了恩古涅河流域，恩古涅河右岸的山峰因他而得名夏于山。1874年至1885年，为了和比利时国王利奥波德二世争夺一部分刚果的控制权，法国政府派遣海军军官皮埃尔·萨沃格南·德·布拉柴（Pierre Savorgnan de Brazza）先后三次（1875~1878年、1880~1882年、1883~1885年）在奥果韦河流域进行"考察"。在布拉柴的领导下，法国探险家终于抵达了奥果韦河的上游。在第一次"考察"中，布拉柴证实了奥果韦河与刚果河为不同河系，并发现了奥果韦河支流穆巴萨河及阿利马（Alima）河的河源。在第二次"考察"期间，他在穆巴萨河和奥果韦河的汇合处建立了弗朗斯维尔基地（1880年6月）。1880年9月，他到达刚果河北岸。1883年，他"考察"了奎卢河（Kouilou River）与尼阿里河下游河谷。布拉柴的三次"考察"，探明了整个奥果韦河上游地区和它的大部分支流，并且他沿途建立哨所，占领大片土地，为法国进一步侵占加蓬奠定了基础。

从 15 世纪 70 年代至 19 世纪末 20 世纪初，以法国为代表的欧洲强国基本完成了对加蓬河口及沿岸地区和奥果韦河的地理"考察"，提供了有关加蓬在地理学、人类学、民俗学和历史学方面的重要资料。

### （三）欧洲人在加蓬"探险"活动的侵略实质和后果

虽然这些探险家通过深入加蓬内地的"探险"在地理学、语言学、历史学、人类学、民俗学等方面提供了很多重要的一手文献资料，但我们必须清醒地认识到，所有这些"探险"或"考察"活动都是以国家和资本家的商业组织为后台的，实质是殖民侵略的一个组成部分，是为殖民主义利益服务的。法国为了侵略，不惜以巨资来装备"探险"队，让其深入加蓬腹地，以获得足够的地理知识。"考察"途中，他们建立的各种据点，不仅为殖民者掠夺加蓬财富提供了便利条件，而且作为军事据点，成为殖民者继续扩张的中心。欧洲商人、矿权追求者、传教士随探险家接踵而来，殖民势力也随之扩张至加蓬国土。

### （四）为殖民侵略服务的传教活动

除"探险"和"考察"外，欧洲人还通过向加蓬派遣传教士的方式，令其充当殖民侵略的先锋或配合殖民军队活动。在 19 世纪前，法国的传教活动是很不活跃的。19 世纪 50 年代，随着"考察"活动在加蓬逐步开展，加蓬的传教士逐渐增多，传教活动才日趋活跃。1848 年，改组后的法国"圣灵神甫团"进入塞内加尔，在加蓬一带传教，60 年代中期，美国的传教士进入非洲，以利比里亚为中心传教，接着深入加蓬。总的来说，17~19 世纪，在加蓬影响力较大的宗教团体有法国的"马利圣心会"、"圣灵神甫团"、"无玷始胎修女会"和"美国海外传教团"。

教会只是一种幌子，其实质也是殖民侵略的工具。这些传教士借助所谓的"学术工作"搜集殖民侵略所需的有关语言学、人类学、历史学和地理学的知识，掩盖其侵略实质。他们和加蓬人生活在一起，深入当地社会中，与加蓬各族人民接触，了解各族人民的经济、社会情况及意识形态，通过开展教育与医疗工作等博得部分居民的信任。他们充当酋长们的顾问，成为殖民侵略者和加蓬人之间的翻译。他们是殖民侵略的先锋，在加蓬进行奴化教育，在文化侵略中起主导作用。他们受本国政府的保护，一旦"殉道"，就可成为其国家直接侵略加蓬的借口。西方殖民侵略，由传教士先行，教师、医生紧随其后，接着是政府官员和士兵。在有文字可考的历史上，政府和宗教或以和平手段或以暴力手段的扩张就是借此方式相互联系在一起的。因此，传教士这支队伍在殖民统治中充当着举足轻重的角色，发挥着至关重要的作用，此后的所有侵略活动几乎都与传教士有关。

"探险"活动为传教活动开辟了道路，不少传教士本身同时就是探险家，传教士与探险家的活动交互推动，不仅为西方殖民者侵占加蓬铺平了道路，而且为后来加蓬社会的基督教化奠定了基础。

## 二　奴隶贸易

15 世纪，资本主义进入原始积累时期。走上资本主义发展道路的欧洲国家开始领土扩张，以奠定殖民主义体系的基础。随着殖民者涌向亚洲和美洲，黄金、钻石耀眼的光芒，咖啡、烟草、蔗糖和棉花背后隐含的财富，使欧洲各国冒险家和商人蜂拥而至。持续四个多世纪的非洲奴隶贸易时期不仅是非洲史上，也是人类史上一段极其黑暗的时期。在这个时期，几乎所有在海上从事贸易活动的欧洲国家都在非洲大陆从事这项被马克思称为"贩卖人类血肉"的肮脏勾当。与此同时，加蓬的社会发展正处于氏族部落制阶段，并未形成统一强大的国家组织。利欲熏心的欧洲殖民者在对加蓬早期的侵略与掠夺中，将包括加蓬在内的非洲国家变成了猎获黑人的商业性场所，西方列强靠此大发横财，非洲则因此饱受蹂躏，加蓬从此陷入奴隶贸易时期，长期处于混乱和无序之中。

### （一）奴隶贸易在加蓬

大西洋奴隶贸易始于 16 世纪初。1492 年哥伦布发现新大陆"奠定了贩卖黑奴的基础"。1501 年，第一船非洲奴隶从西非海岸横渡大西洋，此后奴隶贸易变得愈发重要，规模也日益扩大。在非洲西海岸，从摩洛哥西南部到安哥拉沿岸的海岸线，几乎全部向葡萄牙、荷兰、英国和法国等国家开放。尤其是西非沿海的塞内冈比亚地区以及沃尔特河与尼日尔河之间的下几内亚湾地区，包括今加纳、多哥和贝宁的沿海地区及尼日利亚西部海岸，被称为"奴隶海岸"。400多年的奴隶贸易期间，虽然加蓬不像塞内加尔、安哥拉和刚果（布）等国成为大西洋奴隶贸易的主要猎获场所，但也不可避免地被卷入其中，深受其害。跨越大西洋的奴隶贸易的兴起深深影响了加蓬与更广大世界长达数百年的关系。

自15世纪（1472年）葡萄牙人发现加蓬海湾以后，西班牙、荷兰、英国、法国等国的商船陆续来到加蓬沿海地带，与当地人交易各种产品，但主要是买卖从内地运来的黑奴。在奴隶贸易时期，加蓬沿海的奥果韦河三角洲和洛安戈地区是最主要的贩奴场所，居住在加蓬河口地区的姆庞圭人和洛佩斯角的奥伦古人以及加洛阿人曾被卷入罪恶的奴隶贸易之中。这个地区的奴隶主要来自阿多马、埃希拉、米索戈、恩扎比、马桑戈、萨凯等族。奴隶贩子将在奥果韦河三角洲设立的通商处或堡垒作为中转站，把掠取来的众多奴隶输出到美洲种植园。据统计，从加蓬河口和洛佩斯角贩运的奴隶量如下：1780~1790年，每年贩卖500名奴隶；1800~1815年，每年贩卖1500名奴隶；1815~1830年，每年贩卖几千名奴隶。[①] 19世纪40年代，英国和法国禁止在加蓬的河口地区和洛佩斯角进行奴隶贸易，于是奴隶贩子把贸易重点移至马永巴和巴尼奥潟湖地区的班巴，并在两地建立了奴隶收容所。总的来说，从加蓬掠走的奴隶主要被运到南美的巴西和西印度群岛的古巴，少量奴隶经圣多美岛和普林西比岛抵达北美。

西方殖民者经营的奴隶贸易是按照一整套所谓的"贸易制度"进行的。贩奴初期，欧洲殖民者多采用强盗方式劫掠当地非洲人。欧洲殖民者亲自登陆所猎获的奴隶往往数量不多，且遭到了当地非洲居民的强烈反击，因而欧洲殖民者此后一度采用同非洲酋长"结盟"的方式来获取奴隶。阴险狡诈的奴隶贩子采用离间方式，唆使当地各部族互相残杀，他们利用非洲人的部落战争，以提供枪械和兵力的形式帮助沿岸的部落酋长向

① David E. Gardinier, *Historical Dictionary of Gabon*, Second Edition, London: Scarecrow Press, 1994, p. 298.

内地进攻，而他们在此过程中趁机猎取奴隶。例如，1810~1850年，奥伦古人首领罗贡贝（Rogombé）在任期间，多次同姆庞圭人、恩科米人、加洛阿人进行残酷的战争，用战俘换取血腥的财富。"结盟"逐渐发展成"贸易"后，以上方式便很少被采用了。欧洲殖民者发现，通过类似"一支枪换一个奴隶，一匹马换十几个奴隶"的买卖方式，能够稳定持续地获得更多的奴隶。当地统治阶级成了奴隶贸易在非洲的组织者和执行者，欧洲人用来交换的商品也主要是枪械、火药、丝毛棉麻织物、酒类、珠子或小型装饰物、铜铁等金属、食品和少数非洲统治阶级所需要的奢侈品。[1] 例如，19世纪40年代，在圣卡特琳角通商处，一个15岁的男子的卖价是一桶约100升的白酒、几米布和很多珠子；女子的卖价较高，为1支枪、1个大铜盘、60米布、2根铁棒、2把刀、2面镜子、2把锉刀、2个盘子、2根铁门闩、1桶火药、几颗珠子和一些烟草。[2] 值得一提的是，正是由于枪械弹药的输入，非洲的奴隶贸易才愈演愈烈，最终发展到难以遏止的地步。17世纪每年运往美洲的非洲奴隶最多不超过1万人，但到了18世纪，头30年里运往美洲的非洲奴隶人数就增长了300%以上，到了18世纪后半叶和19世纪初，奴隶贸易更是达到了每年约10万人的顶峰。

　　非洲奴隶越过大西洋被运输到新世界的过程常被称作"中途"。"中途"始于奴隶船抵达有等待运往美洲的奴隶的港口、城镇或居民点。"奴隶海岸"附近多处建有永久性的贸易城堡，定居其中的欧洲商人往往充当交易中间人。大批奴隶被关押在奴隶储存处（被称为"工厂"）。被铁链紧锁的奴隶在严密监视下登上奴隶船，被关押在甲板下。热带地区的酷热使得甲板下的温度远超100华氏度（38摄氏度），奴隶的头顶上方都是隔板，他们被铁链锁在一起，被迫躺在没有垫褥的木板上，无法站立。到处都是呕吐物、尿液和粪便，传染病在这种恶劣的生存环境下通过人的排

---

[1] Hugh Thomas, *The Slave Trade：The History of the Atlantic Slave Trade, 1440-1870*, New York：Picador, 1997, p.363.

[2] 〔加蓬〕安德烈·拉蓬达·瓦尔克尔：《加蓬史略》，山东大学翻译组译，山东人民出版社，1975，第177页。

泄物、身体接触和潮湿的热空气迅速蔓延。船队为奴隶提供的食物和水也很有限。一方面，船队出于对最大可能利润的追求，尽可能多装人，少装食物和水。另一方面，提供少量且粗劣的食品和水会引起奴隶间的争夺，减少集体暴动的频率；也会削弱奴隶的体力，减少其反抗的可能性。除此以外，由于海上环境的不可控因素太多，航行过程中可能会遇到不利风向，风暴等坏天气也可能会拖延航行时间，在这种情况下如果由食物不继导致奴隶饥渴而死，船队就会遭受巨大经济损失。

　　奴隶贩子和奴隶主有着共同的目的，那便是追逐利润。在此过程中，他们为了行为正当性，否认了奴隶的基本人类属性和权利。奴隶贸易下的非洲人民遭受着极大的肉体和精神折磨，他们的身上被打上表明买主的烙印，这在被迫为奴的人心中引起的愤怒、痛苦和屈辱是难以言喻的。

　　罪恶的奴隶贸易自 16 世纪发端，至 18 世纪末开始走向衰落。1760年，牙买加科罗曼丁的奴隶起义，这是历史上奴隶首次公开反对奴隶制度。1790 年，圣多明各岛上的奴隶举行武装起义。到了 19 世纪初，欧美国家纷纷宣布禁止奴隶贸易。英国和丹麦是第一批宣布禁止本国公民参与奴隶贸易的国家，虽然废除奴隶贸易的议题在 18 世纪 90 年代的法国大革命时期就已引发广泛民众讨论，但直到 1817 年法国政府才下令禁止奴隶贸易。然而，宣布禁止奴隶贸易和实际意义上的终止奴隶贸易之间并不能画上等号，奴隶贸易禁令的执行极其困难。追求暴利的欲望往往会战胜人性的良善和对法令的敬畏，奴隶贸易虽然在表面上被废止了，但仍在悄悄进行。除英国外的其他欧洲国家都在暗中进行奴隶贸易，特别是在赤道以南地区，输出的奴隶人口甚至比过去还要多。"非法"的奴隶贸易一直持续到 19 世纪末，甚至到 20 世纪初。

### （二）"合法"贸易

　　从欧洲人的探索旅行开始，从前分离的地区和地区贸易体系渐渐开始被合并到一个发展中的世界体系中。18 世纪 90 年代中期开始，奴隶起义屡见不鲜，革命风暴席卷欧洲，全球海运航线被严重破坏。非洲不再仅仅被视作奴隶劳动力的来源地，而更多地被视作原材料供应地和北半球工业化背景下的巨大贸易市场。"合法"贸易越来越替代了人的出口，非洲出口的原材料和自然资源等进一步推动了北半球的工业化，欧洲的制造商也在积极开拓海外市场。在废除奴隶制度广泛引发社会关注和民众讨论的背景之下，非洲协会（1788 年成立于伦敦）主张将非洲大陆和奴隶贸易断开，建立起多样化的贸易和互利、进步和文明的关系；在改变欧洲和非洲经济联系的同时，寻求切实的收益。[①] 非洲人和欧洲人都相互致力于刺激商品出口，使之成为奴隶贸易的"合法"替代品。在这样的贸易背景下，加蓬也参与了棕榈油、橡胶等商品的出口。但棕榈油等商品在生产和运输的过程中需要大量的劳动力，由于几个世纪的奴隶贸易发展，劳动力短缺的加蓬不得不更多地使用奴隶来满足生产的需求，女性奴隶的数量尤为增长。

加蓬本土的贸易网络从内陆沿水路延伸至沿海地区，逐渐扩充了海外版图。与大西洋世界贸易关系的建立，导致了本土手工业的衰落和当地社会思想观念的转变。随着奴隶贸易的肆虐和欧洲产品的泛滥，加蓬在经济上逐渐依赖欧洲商品。娜塔莉·皮卡德-托里奇（Nathalie Picard-Tortorici）和米歇尔·弗朗索瓦（Michel Francois）估计，仅在 17 世纪，就有 125460~164000 名非洲土著居民被抓获并作为奴隶卖到今天的加昂（Gaon）地区。这不仅对当地的生产造成了负面影响，而且随着包括奢侈品在内的欧洲商品的到来，导致当地人放弃了传统的手工艺产品，转向了消费替代产品，增加了他们对大西洋三角地区的经济依赖。

这种贸易的影响之一是出现了不可逆转的文化进程，在受影响最直接的沿海民族中，这一点体现得尤为强烈。他们开始消费欧洲产品，讲欧洲语言，并采用欧洲的习俗和礼仪。它还导致了一种基于物质财富积累的新的社会分层，新的私有财产形式取代了曾经相对平等的公有财产制度。基于血缘关系和亲属关系的旧班图社会结构逐渐被基于物质财富、私有财产和财富地位的新社会结构所取代。伴随着这些经济、文化、社会的变化而来的是政治组织的深刻变革。在沿海地区，出现了以更集中的权力结构为

---

① 〔英〕巴兹尔·戴维逊：《现代非洲史：对一个新社会的探索》，舒展等译，中国社会科学出版社，1989，第 32 页。

基础的较大的政治实体。16 世纪上半叶，洛安戈王国征服了河口地区和奥果韦河之间的沿海地区。到 17 世纪末，恩科米王国巩固了对奥果韦河南部沿海酋长领地的统治。而到了 19 世纪，姆庞圭联邦通过一个大氏族联盟将政治权力集中在河口一带。

在加蓬内地，村落国家仍然是政治组织的基本形式。加蓬腹地并不直接参与欧洲商人的贸易活动，而是通过沿海商人（中间人）进行间接交易。因此，热带雨林地区的居民没有经历过同种程度的物质主义和欧洲文化入侵，其政治组织仍然和欧洲人到来之前大致相同，加蓬内地没有像沿海地区一样出现大王国。然而，由于渴望从与欧洲人的直接贸易中获益，内陆人民开始集体向沿海地区迁徙。其中规模最大的是 18 世纪末和 19 世纪的芳族南下和沿海迁徙，其影响涉及加蓬北部大部分地区。芳人寻求与欧洲商人进行直接接触，这也是其他在同一时代向南部海岸迁徙的内陆民族的共同目标。

虽然相较于惨无人道的奴隶制度，"合法"贸易给了非洲大陆一个喘息的机会，但新的贸易体系实际上意味着，长远而言欧洲以损害非洲为代价获得了经济权力，非洲自身的经济并未得到发展。自由和不自由的劳动力都被束缚于出口贸易领域，个人的自由程度下降，从欧洲进口的商品对加蓬当地经济的发展没有作用，从长期来看甚至削弱了当地经济。

### （三）　对加蓬社会的影响

加蓬地处大西洋沿岸，400 多年来一直是奴隶贸易的受灾区之一，而不像一些西方学者所言，受影响不大。[1] 著名黑人学者杜波依斯曾深刻地指出："奴隶贸易在人类的历史上造成了史无前例的经济、社会和政治灾

---

[1]　参见 David E. Gardinier, *Historical Dictionary of Gabon*, Second Edition, London: Scarecrow Press, 1994, p. 297。此书从地理因素解析了奴隶贸易对加蓬的"有限"影响。加蓬约 75%的国土覆盖着热带雨林，20%是牧草地，其余是沿海沼泽地带，人口稀疏，居住分散。加蓬境内虽河流密布，但多是急流险滩，阻碍了船只的航行，加上孑孓蝇等热带疾病的威胁，欧美商人不得不弃船，改为步行。这些因素使得加蓬无法进行大规模的奴隶贸易。

难……它满足了美洲和欧洲的需要，榨干了整个非洲的血液，将非洲拒之于文明之外。"①

大西洋奴隶贸易是近代史上唯一一次大规模劳动力的强制迁徙，对非洲大陆造成的政治和社会影响可以说是绝无仅有的。奴隶贸易使加蓬损失了大量人口，破坏了生产力的发展，社会经济的发展被遏阻。关于殖民者在加蓬贩奴的数量及由贩奴引起的加蓬人口的损失，目前没有准确的文字记载，从加蓬运到各接收地的奴隶总数为 15 万～25 万人。② 如果加上猎奴战争和捕获奴隶过程中的死伤、从内地长途跋涉去沿海途中的损失、囚禁在沿海商站或奴隶储存处等待装运而死去的人数和漂洋过海时船上的死亡人数以及为争取自由而死的人数等，其人口损失将加大。奴隶贸易初期平均死亡率达到 20% 左右，到了奴隶贸易后期，死亡率显著降低，但平均死亡率仍接近 10%。

人口持续的大量损失必然会破坏生产力的发展，更何况被贩运的黑人大多是青壮年，是一个社会最具生产性的成员，这在很大程度上影响了加蓬的人口增长，加蓬的生产潜力遭到严重破坏。被贩运的男子年龄一般是10～35 岁，女子是 10～25 岁，其中，男子的数量要比女子多一倍，这就使得加蓬丧失了最好、最强健的劳动力。人力资源主体的锐减，意味着维系加蓬社会正常运转的经济生活难以为继。猎奴战争使得加蓬许多地区的畜牧业、手工业、农业遭到了沉重的打击，村镇房屋遭到破坏。奴隶贸易引发民众恐慌，人们为了逃脱被贩卖的厄运而四处逃亡，频繁的人口迁徙使得正常的生产中断。人口迁徙加上劳动力短缺，导致正常的生产停顿，田园荒芜。加蓬人长期处于朝不保夕的境地，生产积极性被严重打击，生产力长期无法提高，这严重破坏了加蓬整体生产力的发展。

奴隶贸易打断了加蓬各族人民的社会发展进程，严重摧毁了原有的社会基础。同时，扩张性的欧洲移民群彻底改变了加蓬社会的人文前景，使

① 转引自〔苏〕斯·尤·阿勃拉莫娃《非洲：四百年的奴隶贸易》，陈士林、马惠平合译，商务印书馆，1983，第 303 页。
② David E. Gardinier, *Historical Dictionary of Gabon*, Second Edition, London：Scarecrow Press, 1994, p. 300.

其长期与世界其他地区相对隔离的状态结束，新的农作物、技术和经济制度给加蓬的经济、文化和政治生活带来了决定性影响。例如，曾一度兴旺的洛安戈王国，在 19 世纪末已走向衰落，原因之一是维利人原有的生产秩序被打乱，其赖以为生的传统生产技艺被弱化，商品出口贸易不再活跃，人民的生活在很大程度上从属于奴隶贸易的需要。

奴隶贸易使加蓬的社会伦理道德被严重摧残。欧洲人借猎奴战争煽动加蓬各民族相互斗争，肆意践踏加蓬人民的人性和尊严，给加蓬人的心理带来严重的消极影响。为了美化奴隶贸易，非洲黑人被重新定义为"既无智慧又无道德的劣等种族"。欧洲白人否定了非洲黑人最基本的人类属性和权利，使非洲人民普遍生活在恐惧和贫困之中，承受着"黑人是天生低人一等"的种族歧视，他们却借此将奴隶制度美化为控制非洲人并使其有益于社会的唯一方法。奴隶贸易还将殖民征服的思想灌输给加蓬人民，削弱了加蓬各民族对欧洲人的反抗性，它是阻碍民族解放运动发展的一个重要因素。猎奴战争造成加蓬各民族之间深刻仇恨。许多民族为逃避被贩卖的厄运，只得不断地迁徙，据说芳人的迁徙就与奴隶贸易有关。猎奴战争分裂了各个民族，民族间的战争使他们彼此互相侵犯和互不信任，当他们遭受外来侵略时，各民族无法联合团结，形成强大的整合力量，抵抗殖民侵略。

## 三　侵占加蓬及殖民竞争

18 世纪末开始的主要是在 19 世纪完成的对加蓬沿海及内地的地理"考察"是使加蓬遭到殖民征服的重要前提之一。法国等欧洲列强已经在加蓬各地获得商业利益并发挥了相当的影响力，然而其在那里的直接政治控制很有限。此时，欧洲列强正从自由资本主义向垄断资本主义阶段过渡。在这一历史时期，垄断资本家殖民掠夺的内在动力比以往更加强烈。法国探险家布拉柴对奥果韦河的"考察"使法国的殖民扩张的热情愈加高涨，法国将加蓬划定为法国的势力范围，并进一步与之订立"保护"条约，以此建立正式统治。而 19 世纪中叶的加蓬，在奴隶贸易的影响下，生产遭到严重破坏，社会处于停滞不前的状态，这就为法国殖民主义的入侵创造了有利的条件。法国对加蓬的殖民统治始于加蓬沿海地区的商人，紧随其后的是内陆地区的探险家、传教士和军事征服者，最后是行政人员。

### （一）法国确立对加蓬的控制

法国对加蓬的殖民征服初期，主要是通过"考察"和"探险"并建立贸易商站和传教区，取得势力范围的。而法国最终确立对加蓬的殖民统治权则是在 1839~1885 年，它采用订立政治条约的方式，诱使加蓬各部落首领交出主权以换取所谓的"保护"。

19 世纪中叶，法国海军舰队欲在加蓬海湾建立打击贩奴巡逻船只的休养点。1839 年，为了使法国在非洲中部拥有能停靠船只的港口，法国舰长福德·多马尔与姆庞圭部落阿冈波族首领丹尼斯·拉蓬雄博（Denis Rapontchombo）签订了条约，姆庞圭人出让部分土地，允许法国人在加蓬海湾左岸地区驻扎，并保证法国船只通行自由；同时法国人有保护姆庞圭部落首领的义务。这个条约的签订，标志着法国在加蓬开始站稳脚跟，通往加蓬内地的门户从此打开。由于法国人不能适应加蓬海湾左岸的潮湿气候，1841 年 3 月，福德·多马尔与居住在加蓬湾右岸的姆庞圭部落阿盖卡扎族的首领路易斯·昂吉莱·多韦（Louis Anguile Dowe）签订条约，法国通商处迁移至此，路易斯·昂吉莱·多韦以自己的土地换得法国政府对自己的保护。1843 年 6 月，路易斯·昂吉莱·多韦又把一部分土地让与法国，法国在此建立了其在加蓬的第一个炮台——多马尔炮台。1852 年，法国同样采用缔结条约的方式，吞并了原属邦加人的埃斯特琳角。1862 年，法国又取得了洛佩斯角附近的土地所有权。1845~1885 年，法国将蒙达河和木尼河据为己有。1867~1885 年，法国马不停蹄，又相继占领奥果韦河下游及其支流附近的加蓬广大内陆区域，还有伊盖拉湖、塞泰卡马和洛安戈等加蓬沿海地带。至 1886 年，法国一步步完成了对加蓬大部分地区的征服与占领。1891 年，法国占领加蓬全境。那些签约的加蓬各部落首领原本希望通过欧洲强国获得政治优势，但实际结果往往不如人愿。法国自实行对加蓬的"保护"后，划定势力范围，将之作为其进一步进行殖民征服的地盘。

### （二）帝国主义对加蓬的瓜分

缔结条约和自由占领是法国殖民者征服加蓬的第一阶段，法国逐渐将条约权利变成主权权利。其不再满足于一般地拥有势力范围，甚至不能容忍加蓬拥有半殖民地地位，而竭力剥夺其残余的名义上主权，垄断地占有加蓬才是法国的最终目的。这表明帝国主义对非洲的侵略在广度和深度上发生了变化。

1884~1885年的柏林会议决定了欧洲列强何时以及如何在非洲领土实现其权利，解决了相互竞争的欧洲人在非洲大陆不同地区的权利分配问题，避免了争夺土地的欧洲列强之间直接的刀剑相向。法国因此加快了对赤道非洲的扩张步伐，经过长期的讨价还价，法国取得了热带西非洲广大土地的宗主权，并划定了殖民地的边界。1894年3月，根据《法德协定》，法德确定了法属加蓬北部与德属喀麦隆的边界。1900年，法国与西班牙确定了法属加蓬北部沿海争议地区与西属几内亚的边界。1911年，德国觊觎法国在摩洛哥的土地，欲在摩洛哥西岸立足。此举遭到法、英两国的坚决反对。为了平衡利益得失，1911年11月，德法签订协定：德国承认法国对摩洛哥的"保护权"；法国则把法属赤道非洲的27.5万平方公里土地（其中包括加蓬北部的一部分领土）给予德国作为补偿，从而使德属喀麦隆同刚果河连接起来。1914年，第一次世界大战爆发后，德国在非洲的殖民地陆续被英、法等国占领和重新瓜分，法国又收回了这些土地。这些欧洲列强之间的外交协定所造成的一个共同后果是，无辜的非洲原住民发现自己被外国势力瓜分，而外国势力的领土要求几乎都不尊重土著居民的现有居住地布局。例如，殖民列强在加蓬北部和西北部划定的边界，使得芳人被划定为法属加蓬、德属喀麦隆和西属几内亚的臣民。同样，加蓬南部及东部与法属中央刚果殖民地的边界也分裂了维利族、特克族、巴科塔族和姆贝代族（包括恩扎比人）。

总而言之，自1886年法国宣布加蓬成为法属殖民地之日起，加蓬各族人民即进入黑暗的殖民统治时期，直至1960年加蓬独立，加蓬人民才真正重获新生。

# 第三节　殖民统治时期（1886～1945 年）

法国殖民者逐步征服和占领加蓬全境之后，建立起殖民制度，使加蓬发生了根本性变化。在殖民奴役下，加蓬人民举起了反抗殖民者的大旗，争取民族解放。

## 一　法国对加蓬的殖民统治

### （一）殖民统治制度

法国对加蓬殖民地的政治统治随其在非洲殖民地的实力变化而有所不同。加蓬殖民地是法国军事征服的成果，1843～1886 年，法国基本完成了对加蓬的占领与殖民化，由法国海军军官代管所占领地，这些海军军官均受设在巴黎的海军部领导，由法属西非殖民地当局管辖，他们用武力保护试图绕过沿海商人的欧洲商人，使他们能够直接与加蓬内陆人民打交道，并惩罚袭击欧洲商人的土著。土著对殖民统治的反抗，在加蓬与法国签订第一批条约后就出现了。每项条约都遇到了加蓬当地极其强大的阻力，法国人不得不采用武力克服这些阻力，如 1867 年艾梅斯击败埃南加人等。加蓬爆发了许多武装冲突。1862 年和第一次世界大战期间，武装冲突持续不断，从科莫盆地周围的简单小规模冲突、土著与殖民占领军的争吵到法国真正意义上的为镇压抵抗运动开展的军事行动，法国对加蓬的征服变得越来越血腥，如针对恩乔莱（N'Djolé）地区的芳族（1895 年）、米索戈族（1903 年）、巴普努族（1906 年、1909 年）和奥耶姆地区的芳族（1907 年、1909 年）的战争。加蓬这些民族的抗战运动使得武装斗争达到了顶峰。但可惜的是，这些抗战运动到最后都是法国人凭火力优势赢得了胜利。加蓬人在军事上惨败后，各地开始纷纷出现其他规模较小的起义。然而第一次世界大战后，所有的本土抵抗活动都被镇压了。

1886 年，法国任命布拉柴为驻法属刚果特派员并兼管加蓬事务。1888 年，法国宣布加蓬和刚果合并，直至 1910 年，加蓬由法属刚果政府特派员管辖。1910 年，法国完成了对乌班吉沙立（现在的中非共和国）

和乍得地区的占领，宣布将上述 4 个地区合并为法属赤道非洲，并将联邦首都从利伯维尔迁至中央刚果的布拉柴维尔。加蓬在政治上的重要性因而减弱。第一次世界大战爆发后，加蓬殖民地仅有约 45 万名居民，是西非和中非地区人口密度最低的国家之一。

法国在非洲殖民地实行高度的中央集权制。法国总统和国民议会为行政领导系统的最高层，下一层是殖民部①的部长，法属赤道非洲大总督或高级特派员由殖民部管理，大总督府设在中央刚果的布拉柴维尔。加蓬作为殖民领地国之一，主要接受总督或副总督的管理。一切有关殖民地的法令以及大总督、总督的任命均由法国总统发布。大总督、总督集殖民地政治、军事大权于一身，但无立法权，立法权仍属法国国民议会。

这里需要指出的是，法国在加蓬的政治统治基本上采用"直接统治"的政策，但也吸收了英国"间接统治"政策的优点，即重视利用当地显贵的作用。对此，法国殖民官员罗贝尔·德拉维涅曾指出："任何殖民化都少不了土著政策，任何土著政策都少不了对领土的控制，任何领土控制都少不了在殖民政权与当地居民之间发挥联系作用的当地酋长。"②1910~1946 年，法国在加蓬成立了由部落酋长代表组成的"名流会议"，这种团体只起咨询作用，并无实际权力。其主要目的是调解法国殖民当局与加蓬本土人之间的摩擦，充当殖民统治的工具。随着第二次世界大战的结束，"名流会议"逐渐退出加蓬历史舞台。

### （二）殖民掠夺与经济剥削

处于垄断资本主义发展阶段的法国，为满足垄断资本家攫取殖民地高额利润的欲望，对所属殖民地采取各种经济剥削方式，使加蓬成为殖民主义矿业和农业原料的供应基地。

#### 1. 建立特许公司

19 世纪末，法国殖民者为了进一步控制加蓬的经济命脉，自 1899

---

① 1894 年 3 月，殖民部从海军部分离出来，成为独立的政府部门，专门负责法国海外殖民地的管理。

② A. Adu Boahen, ed., *General History of Africa*, Vol. Ⅶ, Paris: UNESCO, 1990, p. 317.

年起在加蓬设立了 40 多家特许公司。法国殖民地在特许权制度实行期间（1898~1930 年）出现了最严重的虐待和不公正现象，顾名思义，这一制度将加蓬所有的土地权利出售给拥有私人特许权的外国经营者，并间接将其居民的控制权交给外国经营者，这实际上剥夺了土著人民的土地权。这些特许公司享有开发自然资源（尤其是土地资源和矿产资源）方面的特权以及贸易垄断权（这一点与 17、18 世纪曾存在的"西印度公司"有所不同），特许公司是垄断公司的特殊形式，体现了国家资本主义的特点。

上奥果韦贸易、农业和工业公司（SHO）是当时加蓬境内规模最大的特许公司。1894 年，在布拉柴"探险"活动的刺激下，马里于斯·塞莱斯坦·多马（Marius Celestin Daumas）创办了上奥果韦贸易、农业和工业公司，并代理马赛公司从事商业活动，该公司取得巨大经济效益，后来发展壮大，成为加蓬最重要的特许公司。1893~1930 年，上奥果韦贸易、农业和工业公司拥有加蓬境内 104000 平方公里土地的经济活动专营权，占加蓬全境国土面积的 38.9%。特许公司主要利用殖民政府颁发的特许状，压价收购加蓬的农矿产品，再以较高价格把加蓬生产的原料出口到欧洲国家，从中赚取超额利润。例如，加蓬当地人需 4 个工作日才能采集 1 公斤橡胶，1 公斤橡胶可换取 1 公斤盐或 2 根针，而 1 公斤橡胶在欧洲市场上的售价为 15 法郎（时价相当于 3 美元）。[①] 由此可见，法国的特许公司是如何聚敛钱财、榨取加蓬人民血汗的。在法国官员和西非民兵的支持下，这些拥有特许权的经营者系统地清空了加蓬农村所有的可用资源，包括木材、橡胶、象牙和黄金。人头税翻了一番，导致数以万计的非洲人逃离奥果韦河和恩古涅河河谷，耕地荒废，饥荒和流行病随之而来。特许权制度下的经济剥削几乎摧毁了加蓬的商业网络，使加蓬的经济陷入低迷。与此类经济破坏同时产生的是，在 1910 年法属赤道非洲成立后在法国人统治下实行的种族主义的强迫劳动制度。加蓬沦为联邦内部的殖民地，其

---

① David E. Gardinier, *Historical Dictionary of Gabon*, Second Edition, London: Scarecrow Press, 1994, p. 301.

经济利益从属于联邦的经济利益。

2. 发展单一经济作物

法国殖民者占领加蓬以后，逐渐把加蓬的大片土地据为己有。他们把这些土地租让给外国垄断公司，建立大型种植园，发展满足殖民者需要的经济作物，对于当地小农经济，则运用强制干预与经济手段，迫使加蓬农民种植单一经济作物，把加蓬作为法国农业原料生产基地，将加蓬农业经济变成了狭窄的专业化经济。根据欧美国家对不同原料的需要，法国殖民当局强制建立了可可、咖啡、橡胶、油棕等出口经济作物种植园。这些作物收获后，都由"法国国际进出口公司"压价收购，再出口到欧美市场。19世纪末20世纪初，加蓬农民辛勤劳作，平均每年有500~600吨橡胶供应国际市场，满足资本主义国家对原料的需求。与此同时，法国缩小了关系到广大民众生存的粮食作物的播种面积，导致加蓬粮食生产远远不能满足国内需要，加蓬每年都要从欧洲输入大量粮食，对宗主国的依赖日益加深。法国在加蓬广泛种植经济作物，把殖民地强行拖入世界资本主义市场体系之中，酿下单一资源型经济的苦果。农业的片面专业化即只种植几种作物，意味着当地农民的收益深受国际农产品市场价格的影响，易受贸易条件的制约，其经济结构的脆弱性和依赖性不言而喻。

3. 掠夺性开发自然资源，尤其是林业资源

加蓬是法属赤道非洲四领地中最大的木材产地，19世纪末，法国对加蓬木材的需求量并不大，法国人当时更青睐北欧和加拿大的木材，每年仅从加蓬进口7~8吨木材。加蓬木材主要输出到荷兰、德国等国家。自1903年始，法国商人认识到奥库梅木等木材的实用价值，迅速取得加蓬全部森林的开采权，殖民者大肆破坏性地开发森林资源，乱砍滥伐。当时的林木砍伐范围包括河口地区、奥果韦河中下游地区及恩古涅河下游地区。法国公司将交通便利的沿海地带和大河河口地带作为掠夺加蓬林业资源的重点地区，而且只采伐最贵重的木材——奥库梅木，资源浪费较大。法国公司常年过量采伐加蓬林木，据统计，20世纪上半叶，加蓬奥库梅木的总产量在60万吨以上。法国公司只顾采伐，不管种植，这使加蓬森林蓄积量逐年减少，森林消耗量大于生产量，森林资源在总量与结构上都面临

不同程度的恶化态势。法国殖民政府对加蓬资源的破坏和浪费，带来了一系列不良后果，不仅不能使其不断增值，而且使加蓬无法实现资源的持续利用，以及保障经济社会持续稳定协调发展。直到第一次世界大战后，与奥库梅木相关的大规模林业才逐渐恢复过来。

4. 剥削劳动力

1848 年奴隶制度废除后，马提尼克岛和瓜德罗普岛分别释放了 7.4 万名和 9.3 万名奴隶。此时的非洲人主要被安排在甘蔗种植园工作。1857 年 3 月，马赛的瑞吉斯公司（Regis）与法国政府签订了一项合同，在 6 年内为法属西印度群岛提供 2 万名非洲工人。瑞吉斯公司以促进法国在西非的商业和政治控制而闻名，公司总部设在刚果和安哥拉。到 1862 年，瑞吉斯公司已经在加蓬和安哥拉之间的地区签下了约 15000 名非洲人，其中的许多人来自加蓬南部。1857 年，楠蒂斯的维达公司在加蓬开设工厂，开始以类似于瑞吉斯公司的条件招工。在等船的过程中，很多工人因为不适应陌生的饮食和拥挤的生存环境而生病。在来自加蓬北部的 340 名劳工中，有 74 人在前往马提尼克岛和法属圭亚那的途中死亡，维达公司曾与这两个地方的负责人签订合同，为其各提供 500 名工人。与此同时，舍瓦利埃公司通过支付债务人的赎金来获得劳工。由于需要履行 1500 名工人的供应合同，该公司在 1859 年购买了许多健康状况不佳和年纪很小的工人。1857 年，在 279 名被带上船的人中，有 32 人在前往西非转运点的途中死亡，有 48 人在两艘船到达前就死了，还有 31 人死在去往新大陆的途中。在抵达法属圭亚那的 573 人中，有 36 人在抵达后必须立即住院。在 1857 年到 1859 年在河口地区招募的大约 1200 人中，没有一个人在 7 年合同结束后返回加蓬。①

这些非洲工人在英国被称为"自由劳工"（free laborers），在法国被称为"自由移民"（émigrants libres）或"自由入籍者"（engagés libres）。他们的雇佣条件类似于 17 世纪和 18 世纪英属北美殖民地的契约奴。但他

---

① Douglas A. Yates, *Historical Dictionary of Gabon*, Fourth Edition, London: Rowman & Littlefield Publishers, 2017, p. 217.

们被招募并被关押在沿海工厂，且船上的工作和生存条件极其恶劣，这与奴隶贸易非常相似。英国方面对该自由劳工计划的批评持续增多，而河口地区的法国官员早在 1859 年就已经意识到了这一点，最后英法两国在 1861 年 7 月 1 日达成协议，一年后终止该合同。

　　除此以外，殖民当局为建筑公路、砍伐森林、运输木材和开展公共工程等，征用无偿劳动力，实行强迫劳动制度是法国殖民者掠夺加蓬殖民地人民的重要方式之一。法国政府还规定：10 岁及以上的身强力壮的加蓬居民，需每年缴纳一定数额的人头税，税率因地区而异。

　　5. 转嫁战争负担，加重经济掠夺

　　1914 年，第一次世界大战爆发，法国是参战国之一。在第一次世界大战期间，为了把加蓬的人力、物力、财力用于战争，法国殖民者加紧巧取豪夺，横征暴敛，强令组织"志愿兵"，极大地加重了加蓬人民的苦难，劳动人民的处境日益恶化。

　　战争令各交战国动员空前的人力资源。法国在与德国争夺喀麦隆南部的战斗期间，强征了 1500 多名加蓬"志愿兵"。除了军队强征，法国还征集了大量加蓬人充当搬运工。由于战争区域涵盖加蓬北部和喀麦隆南部茂密的森林和山区地带，战争所需的物资无法通过车辆进行公路运输，于是加蓬殖民当局从沿海地区，尤其是奥果韦河沿岸地带，抽调 4085 名固定民工及数千名临时运输工从事战时物资运输服务。法国殖民当局征用的民工占这些地区人口的 5% ~ 20%。[①] 1915 年 12 月，欧洲各战线情况迫使法国政府抽调大量兵力在法国本土参战，加蓬有许多青壮年因此死于战争或成为残疾人。没有参军的男子，也要参加运输工作，完全靠人力搬运军事装备和粮食，超强度的体力劳动加上营养不良，使大量民工丧生于绵延的战线上。为了按期补充日益增加的军需品，妇女被迫去干力所不能及的重活。这些均对加蓬的生产力产生了破坏性影响。

　　就第一次世界大战投入的物质财富来说，规模是空前的。作为第一次

---

①　David E. Gardinier, *Historical Dictionary of Gabon*, Second Edition, London：Scarecrow Press, 1994, p.145.

世界大战的主要战场，法国自己的社会生产力遭到巨大的破坏，国家财政赤字居高不下，1915 年法国财政赤字高达 167.95 亿法郎。[①] 法国殖民者为摆脱国内经济困境，把战争负担转嫁到非洲殖民地人民头上。1914 年，法属赤道非洲行政管理机构的财政预算总支出额为 220 万法郎，但实际只得到 120 万法郎财政拨款，财政收支存在着巨大的缺口。为此，从 1914 年 8 月起，法属赤道非洲殖民当局宣布属地居民每人每年的人头税增加 3~5 法郎，而加蓬人头税增长幅度更甚。为支付日益增长的人头税，加蓬广大农民只能从事经济作物生产，而粮食生产被大大忽视，1916 年加蓬粮食短缺较为严重，加蓬人民食不果腹。1917~1918 年，为更多地榨取人民血汗，殖民当局再次提高人头税，此时在加蓬所征收的人头税占殖民当局行政管理机构财政收入的 80%~90%，与一战前 50% 的比例相比，显然大大提高了。据统计，1926~1930 年，加蓬的税收不断增加，1926 年为 260 万法郎，1927 年为 330 万法郎，1928 年为 370 万法郎，1929 年为 480 万法郎，1930 年为 510 万法郎。[②]

尽管加蓬各族人民在第一次世界大战中承受了经济负担，甚至牺牲生命，但战争的结果并没有改善殖民地土著居民的经济和政治状况。由于殖民当局加重对殖民地的经济剥削和民族压迫，加蓬国民经济残破不堪，生灵涂炭。第一次世界大战给加蓬人民没有带来财富，人民身上的负担反而越来越沉重。

法国殖民主义的顶峰发生在两次世界大战之间。1920~1940 年，加蓬在军事上进入了一个相对平静的时期，殖民政权稳固地建立了自己的新政治秩序。对国家资源的密集开发使加蓬人民发生了深刻的转变，他们因抗战失败而精疲力竭，最终放弃了武装斗争，转而开始了另一种更具政治性的抵抗，这种思想政治化同时伴随着经济转型。第一次世界大战前，加蓬经济基本上是以土著劳动力开采橡胶和象牙为基础的自然资源采集经济，这种采集被拥有特许权的经营者商业化。战争结束后，随着橡胶和象牙的

---

① 宋则行、樊亢主编《世界经济史》上卷，经济科学出版社，1994，第 512 页。

② David E. Gardinier, *Historical Dictionary of Gabon*, Second Edition, London：Scarecrow Press, 1994, p.146.

收成下降，经济形势发生了变化，取而代之的是可可和咖啡种植、林业和采矿业。后两项活动成为最重要的经济活动。在 20 世纪 20 年代，河口地区的奥库梅木成为主要的出口产品，并一直保持到加蓬独立。与可可和咖啡的种植由土著企业家主导不同，林业业务由法国大公司把持。土著林农很少。1927 年后，大都市资本家开始大规模投资林业，使非洲的伐木工人沦为外国公司的无偿劳动力。同时，在两次世界大战期间，拥有铺设好的道路、桥梁和港口等基本经济基础设施的利伯维尔、兰巴雷内和让蒂尔港发展成了新的城市中心。

### （三）殖民同化政策

随着法国在加蓬殖民势力的建立与巩固，欧洲文化也被带到加蓬，并逐渐扩散与渗透。法国殖民者力图使加蓬居民掌握法语，接受西方文明的价值观，培养他们对殖民统治的认同。

在加蓬，殖民者推行的殖民同化政策是以扶持殖民文化教育为基点的。他们通过兴办学校，欲使加蓬人民接受法国式教育，学习法兰西文化，最终成为欧化的加蓬人。虽然一些芳族的受过教育的精英试图制止经营者剥夺他们基本自由权和财产权的行为，但在 20 世纪头 20 年，被同化的加蓬精英人数还是出现了大幅度增长。被同化的精英试图与居住在加蓬的法国公民共同实现法律和社会平等。但是他们的要求只狭隘地反映了精英阶层的利益。因为虽然他们与群众拥有密切的联系，但后者在殖民后期人口减少，双方无法建立政治联系。

殖民地时期，西式教育是随着西方传教士的传教活动而在加蓬逐渐发展起来的。这些教会一般都得到法国殖民当局的扶持与资助。19 世纪中叶，西方传教士来到加蓬，带来并传播西方教育文化。1842 年，"美国海外传教团"在河口省创办了第一所学校，教学语言为姆庞圭语和英语。1845 年，法国的"圣灵神甫团"神职人员在利伯维尔附近，向当地男童讲授以宗教为核心内容的相关知识。1849 年，法国的"无玷始胎修女会"也踏上加蓬领土，传教士不仅向当地妇女传播教义，而且教女童识字。1856 年，"圣灵神甫团"神职人员向有潜质的当地男童教授拉丁文，力图把他们培养成为本土化的牧师和教师。19 世纪 50 年代，新教徒在巴克勒人居住区、天主教徒在邦加人居住区也分别开办了教会学校。19 世纪 70 年代，在河口地区的芳人居住区、兰巴雷内和恩乔莱附近的加洛阿人和巴克勒人居住区，也出现了由"美国海外传教团"开办的教会学校。19 世纪 80 年代，经过斗争，法国殖民者逐渐在加蓬取得主导地位，并在被其征服的殖民地实行文化同化政策，教会学校数量随之呈上升之势。1890 年圣加布里埃尔的斯皮里坦兄弟会来到利伯维尔和兰巴雷内，1907 年在首都建立了公立学校。1922 年以后，其他大城市也出现了公立学校。殖民统治期间，传教士或殖民当局开办的学校都是按照西方教育模式办学的，学生必须接受欧式教育，法语成为教学语言，学校教授法国的文化、生活方式和价值观，尤其是排斥作为文化重要载体的土著语言，这严重冲击了加蓬民族文化的发展，也是法国文化扩散和移植的重要体现。毋庸置疑，法国在加蓬半个多世纪的殖民同化政策，对当地宗教、语言、教育、生活方式等方面产生了深刻的影响。受过教育的精英成员被任命为河口地区人民的酋长，并在新的协商机构中担任代表。战后的加蓬政治领导层大部分来自这些讲法语的同胞。

虽然殖民文化和法语的使用已经普及，但殖民当局为了限制农村人口大量外流，也积极推广当地传统文化。他们努力将森林人口集中在村庄，不让大规模的人口流向殖民城镇。殖民当局将 94% 以上的人口固定在农村地区，试图将"乡村生活"作为地方文化的摇篮，这起到了保护传统语言、舞蹈、音乐、雕塑的效果。这也造就加蓬人民在法国殖民同化政策有计划地扩张的情况下，仍能保持其文化特性的原因。

二　各族人民的反殖民主义斗争

19 世纪中后期，帝国主义竞争加剧，欧洲殖民者纷纷入侵非洲。柏林会议后，占领和征服成了非洲大陆的主旋律，其中，法国殖民者对加蓬沿海及内地的占领和统治，打破了当地人民业已存在的商业网络，剥夺了其贸易权，加蓬人民自身的经济利益受到侵害。欧洲商人、传教士和行政官员逐渐操纵了加蓬的政治、经济和社会生活，严重伤害了加蓬本土人民的感情。当地居民为保卫家国、保护生产方式和生活资料、捍卫自身权益，开始进行反抗殖民主义的斗争。

　　加蓬人民的反殖民主义斗争一直贯穿于法国殖民统治的始终，早期分为"对抗"和"谈判"两种态度。持对抗态度的人民激烈反抗法国人的早期入侵，而持谈判态度的人民则是希望能够避免最初的对抗，先增强军事力量，从殖民者那里得到现代化武器。加蓬人通过增加出口获取现代化的枪炮弹药，希望借此消除欧洲人武器上的优势，同时进行内部军事革新，开设军火工厂，建造新式的大型防御工事。为了向法国的资本主义企业提供廉价的劳动力，殖民者经常以恐吓的方式强迫加蓬人民进行劳动，造成本地的劳动力不足，最终导致农业和手工业的停滞。除了强制劳动，沉重的税负也是民众纷纷起义的直接原因。苛捐杂税使得逃税现象在加蓬屡有发生。成批的成年人在税收官员到达前从村庄逃走，只留下免税的老弱病残。即使在法国人开设的公司里工作，加蓬民众日常无形的抵抗也在持续。无数的非洲人生病，罢工，逃跑。他们破坏财产，小到农业设备，大到当地的运输及通信网络。在殖民者暴虐的压迫统治下，加蓬人心中酝酿着强烈的反叛情绪，为了反抗压迫，争取自由，追求独立，发动了一场又一场反殖民主义运动。真正的反殖民主义斗争可分为群众性的自发斗争和有组织的抵抗运动两个阶段。

### （一）群众性的自发斗争

　　19 世纪后半叶发生在加蓬的反法斗争处于群众性的自发斗争阶段。1860 年，法国探险家完成对科莫河的"考察"，随即建立贸易商站，染指当地商贸活动，引起加蓬当地人的不满。巴克勒人扣押了欧洲商人的货物，以示抗议。法国殖民者要求巴克勒人立即归还所扣商品，遭到当地人断然拒绝。法国人在非分欲望得不到满足后，就用武力镇压了这次反法斗争，但巴克勒人始终未被征服。1873 年 12 月，巴克勒人、塞凯人和芳人再次与殖民者发生冲突，他们抢夺了非法获利的法国木材贸易公司的货物，公司代理人博特里克（Botrick）仓皇逃窜。1874 年 2 月，豪顿公司（Hatton）和库克森公司（Cookson）代理人遭到当地人袭击。1875 年，布拉柴的阴谋"考察"活动，遭到居住在阿利马河流域的阿普富鲁人（Apfouros）的阻击。1896 年，阿万吉人为驱逐占据其领土的法国人，愤然杀死在拉斯图维尔的法国行政官员。在另一地区,马永巴的维利人也与法国殖民者展开不屈的斗争,法国依靠军队数量优势及精良的武器,把维利人村庄夷为平地。加蓬境内人民的反抗斗争,一方面打击了法国殖民者的嚣张气焰,另一方面却也迫使法国政府加派军队逐步蚕食加蓬内陆。

**(二)有组织的抵抗运动**

**1. 姆博姆贝(Mbombé)领导的米索戈人起义**

1898 年,法国在米索戈人地区设立上奥果韦河公司,该公司不仅插手当地人与英、德商业公司的商贸业务,取得商贸专营权,而且奴役当地村民,强取豪夺村民的鸡蛋、家禽、牲畜等财物。1904 年 12 月,米索戈人在其首领姆博姆贝的领导下反抗法国殖民者的残酷勒索。在米索戈人在埃贝阿(Ebéa)地区奋勇斗争 6 个月之后,600 名米索戈将士欲进而占领穆伊拉地区,未果,但成功地阻挡了法军的反扑。1905 年 2 月,米索戈人突然袭击并占据了肯贝莱(Kembélé)地区。1906 年,米索戈人在穆伊拉地区再次袭击法国驻军,同年 2 月 10 日攻占了马永巴。1906 年 4 月 7 日,法军上尉康拉德(Conrad)率 200 名士兵从米索戈人手中抢回肯贝莱地区,并在此建立了根据地。姆博姆贝的司令部被迫转移至迪科塔(Dikota)地区。1908 年 6 月,米索戈人再次与殖民部队交锋,迪科塔失守,姆博姆贝被俘,1913 年 8 月 27 日死于穆伊拉监狱。尽管米索戈人的首领逝去了,但他们的反殖民主义斗争一直在继续。

**2. 马鲁武卢(Maruvulu)领导的巴亚卡人(Bayaka)抗法斗争**

法国一些特许公司垄断了欧洲人与非洲商人贸易活动的代理权,从而侵害了当地商人的经济利益,加上法国殖民者为保护本国商人利益禁止加蓬当地人生产食盐,这些使得当地民众的反抗情绪日益高涨。1907~1910 年,在加蓬南部北至莫阿比、南至尼扬加、东抵恩贡约(Ngunyo)、西达丹杜(Tandu)山脉的广大地区,巴亚卡人掀起了抗法斗争,斗争指挥总部设在库梅兰巴(Kuméramba)和穆鲁比(Murumbi)。1911 年,法国大量增兵,终于迫使马鲁武卢投降,接受法国统治。

**3. 伊温多和中奥果韦起义**

法国海军上尉法比奈(Fabinai)受法国政府之命,占据加蓬伊温多和中奥果韦地区。1908 年 1 月 20 日，他从布韦向伊温多河上游进发，并建立了马科库据点。殖民者的侵略行径引起当地民众的反抗。居住在儒阿河（Djouah River）右岸的人民推举库埃贝（Kiba）为首领，组织武装力量，在伊温多和中奥果韦地区爆发了反殖民主义起义。由于双方力量悬殊，库埃贝被捕入狱，但当地人民继续坚持抗法斗争，直至 1910 年。

4. 阿万吉人游击战

这是加蓬反抗法国殖民统治斗争中最具代表性的抵抗运动，领导这场运动的阿万吉人——邦贝卡尼村（Bembekani）酋长翁戈（Wongo）成为加蓬反殖民主义斗争舞台上重要的风云人物。

1925 年，殖民地总督在阿万吉人中招募大量劳工，让其到森林工地从事无偿劳役，并对劳工肆意打骂，向各村征调山羊、鸡、鱼、香蕉和木薯。在服劳役之外，拉斯图维尔的居民还要定期到殖民哨所交纳粮食和 15 法郎的捐税，当地居民不堪重负。阿万吉人起义的直接原因是翁戈之子受虐事件。1927 年，殖民当局为保证招收养路劳工的工作顺利进行，在邦贝卡尼村派驻了 1 名士兵，该士兵将翁戈之子布朗代（Boulandé）带回驻所进行鞭笞并恶言辱骂其父，这严重伤害了当地居民的民族自尊心。于是，拉斯图维尔的阿万吉人购买了火药，随时准备与殖民者进行暴力斗争。此时，法国当局派兵强占了阿万吉人村庄，建立了一个临时监视哨，以压制人们的反抗行动。

这次起义历时 2 年，由阿万吉人著名酋长翁戈领导。1927 年 5 月，阿万吉人在米波拉波萨附近突袭了 1 个班的法军。7 月，又有 40 名法国卫兵在马苏库附近遭到打击。这些小规模的突袭事件，似乎预示着更大规模的反抗风暴。对此，法国当地行政官员派使者试图说服翁戈放下武器，停止斗争，但遭到翁戈的严词拒绝。阿万吉人在翁戈的领导下，继续在拉斯图维尔的森林潮湿地带开展游击战。他们在敌人周围放警戒哨，在夜间攻击法军营房，或设下埋伏偷袭敌人。阿万吉人的抗法斗争，得到了众多村民的支持。除了翁戈所在的邦贝卡尼村，附近有 12 个村的村民为起义军提供人员、武器和粮食等实际援助，直接或间接参加起义的村民有1000 多人。

法军从 1929 年 5 月起展开对起义军的围剿。8 月，法国动用一架水上飞机配合近 200 人步兵对阿万吉人发动猛攻。由于武器装备落后，翁戈被迫率领 150 多人向法军送上意味和平的香蕉，表示投降。翁戈和其副手莱西比（Lesibi）被判处 10 年监禁。

这一时期，加蓬各族人民反抗法国殖民占领与统治的斗争，虽然最终均遭到法军的镇压，但也使法国殖民者付出了巨大代价。不只是加蓬，同一时期所有中非的独立战争均以失败而告终。究其原因可分为以下四点。

首先，面对欧洲人的入侵，国内相互争斗的派系无法团结起来以御外敌。有一部分派别甚至为了加强自己在本国的地位，自愿成为帝国主义入侵势力的"盟友"。排他程度一向和抵抗运动的规模之间存在密切的关系。统治阶层内部的分裂在削弱加蓬本国自主权的同时，打击了人民为反抗帝国主义入侵势力所做的一系列努力。

其次，军事技术、力量对比极端不利。法国人之所以能征服加蓬，实际上是因为其使用了工具和武器。起义军的武器主要来源于本国的武器和弹药制造工厂，以及反叛者同欧洲、亚洲、非洲商人秘密签订的贸易协定。除此以外，起义军通过袭击法国人的军营、袭击非洲人警察和雇佣兵也能获得一部分武器。此外，仍保持独立且尚未被欧洲人入侵的邻近部落联盟也为起义军提供了大量军火。但和法国人的精良武器相比，加蓬人缺少武器和弹药的持续供应，这就使得他们在斗争中经常处于下风。卖到非洲市场的枪炮往往品质低劣，装备陈旧落后。例如，欧洲军队在 19 世纪 40 年代开始采用后膛枪，后膛枪性能稳定，每 5～10 秒便可射击一次，然而欧洲人严格限制此类新式武器的供应，同一时期的非洲军队就只能使用滑膛枪，和后膛枪相比，滑膛枪一分钟只能射击 3 次，攻击效率大大不如后膛枪。到了 19 世纪 90 年代，布鲁塞尔会议更是明令禁止欧洲人在非洲出售新式武器。

再次，起义军缺乏强大部落的支援。缺乏必要资源的起义军是无法仅凭一己之力抵抗殖民者的，在这种情况下，其最好能得到强大部落的支持，努力与文化上有关系的尤其是有共同祖先的部落恢复历史上的联系，争取使所有政治实体都能参加起义者阵营，使所有部落联合起来，建立超越地方性基地的联盟。

最后，起义军并未动员广大人民群众参与反殖民主义斗争。没有广泛群众基础的革命运动是很难成功的。殖民早期加蓬人民的反抗具有局部性，他们的目标并非攻击整个殖民制度，而仅仅是攻击特定对象。其后城市里一些受过教育的非洲人发现，传教士所鼓吹的平等主义教义无法消除社会、经济和政治上的歧视。但此时的加蓬国内缺少一个能动员和指导群众运动的、有威信有责任感的领袖来发动饱受强迫劳动和经济剥削之苦的人民（尤其是对现状不满的农民和农村工人）参加起义，动员公众广泛支持反殖民主义斗争，反对共同的压迫者，消灭横征暴敛、苛捐杂税，以及强制劳动和剥削制度。

## 三　民族主义的发展

加蓬民族主义思想发轫于反对殖民统治的革命斗争中。19 世纪及 20 世纪上半叶，加蓬各地爆发的起义及反殖民主义运动，虽没有明确提出民族独立的要求，但在启发民族意识方面起了很大作用。1910 年，法属赤道非洲建立，一些受西方教育和思想影响的当地民族知识分子在殖民政府行政机构任公务人员，对殖民统治方式产生不满情绪，渴望恢复自己以往的政治体制。尤其是在第一次世界大战和第二次世界大战期间，许多加蓬青年到欧美留学，而法国为了开发殖民地资源和出于行政管理的需要，增加拨款，发展殖民地教育，这些学校也培养了一大批加蓬本地学生。他们与从国外归来的留学生构成了加蓬社会中的一个新兴的知识阶层。这些知识分子掌握了现代文化知识，易于接受外来先进思想，包括民族主义思想，向往自由、平等和民主，能较早地在政治上组织起来，提出民族、民主要求。他们通过各种渠道宣传民族主义思想，组建民族主义政党，参加政治斗争，成为加蓬争取民族独立的骨干力量。

加蓬第一次正式发出民族主义声音的是由流亡国外的路易斯·比格曼（Louis Bigmann）和洛朗·安特舒伊（Laurent Antchouey）创办的报纸（月报）《加蓬回声》（*L'Echo gabonais*）。1922 年，加蓬第一个政党——

"青年加蓬人"（Jeunes Gabonais）建立。其主要成员来自居住在利伯维尔和让蒂尔港地区的姆庞圭人和奥米耶内人，他们均是受过一定教育的年轻人。"青年加蓬人"倡导反殖民主义思想，其宗旨是推进加蓬当地人参与公共管理事务，并设想在加蓬发展中等教育。该党在建立同年创办了充满民族主义思想的报纸——《加维主义①》（Garveyism）。报纸所刊发的文章不仅聚焦加蓬问题，而且关注全非事务。由于抨击殖民当局的统治政策与做法，1924 年底该报被查封，1926 年《加维主义》被法国殖民政府正式取缔，但该报真正停刊是在 1932 年。"青年加蓬人"的存在时间虽不长，但它与"人权联盟"（Ligue des Droits de l'Homme）利伯维尔支部联系密切，其很多成员同时也是"人权联盟"利伯维尔支部的成员。正是这些倡导民族主义思想的知识分子后来成为推动加蓬实现民族独立的主导力量。

## 第四节　非殖民化时期（1945～1960 年）

第二次世界大战是世界各国民主力量与法西斯之间的战争。加蓬虽不是二战的重要战场，但这次战争给加蓬的政治、经济、社会等方面带来了深刻的变化，也动摇了法国在加蓬的殖民统治。战后，法国转变统治方式，实施"非殖民化"政策，从法律层面解除对殖民地的直接和有形控制。加蓬人在国内政治舞台上日益活跃，最终导致加蓬国家走向独立的发展道路。

法国在包括加蓬在内的法属赤道非洲的政策调整始于 1941 年 11 月公布的《法属赤道非洲土著政策》（俗称《埃布埃公告》）。《埃布埃公告》提出改变旧殖民政策中那些不合时宜的陈规，进一步唤醒了殖民地人民的政治觉悟和民族意识，开了法国改革其殖民政策的先河。实际上，这些令人鼓舞的蓝图仅仅停留在文字表面，是殖民者让步政策的体现，在当时战

---

①　加维主义是一种 20 世纪种族与政治学说，由美国黑人领袖 M. 加维倡导，主张黑人与白人分立，并在非洲国家建立由黑人自治的黑人国家。

争的条件下并没有被认真地付诸实施。1944 年初，国际形势发生重大变化。德国和意大利法西斯节节败退，国际反法西斯战争逐步走向胜利。在法国走向光复的历史关键时刻，戴高乐将军应时事之变化，在法属殖民地总督会议上，授意通过了《布拉柴维尔宣言》和关于殖民地政治结构的决议。该会议及在会议上通过的宣言，表明宗主国对殖民地的控制有所放松，宗主国与殖民地的关系进一步调整，但法国殖民者始终以维护自身根本利益为基点。

法国真正把对非洲领地的政策调整付诸实施始于 1946 年的法国宪政改革。1946 年颁布的法兰西第四共和国宪法，宣布成立法兰西联邦，取代原有的法兰西帝国。联邦包括法国本土、法国各个海外省、海外领地和原来的保护国。新宪法规定："法国尊重和保护土著上层的权力和利益，计划使海外人民享有自我管理以及民主管理自己事务的自由；摒弃建立在专横基础上的殖民化制度。"① 1946 年的法兰西第四共和国宪政改革虽未从根本上改变海外领地的殖民地地位，但扩大了加蓬人参政议政的权利，加蓬人开始参与本国的政治生活。

法兰西第四共和国（1946~1958 年）结束了最恶劣的殖民主义暴行，给予加蓬人以基本的政治权利。此时的法文初等教育已扩大至大部分学龄人口，但受益于技术教育、中等和高等教育的人数要少得多。法国的公共和私人投资改善和扩大了港口和道路建设，以期促进并扩大木材生产，并在 20 世纪 50 年代后期促进了锰、铀、铁和石油等矿产资源的开发。总的来说，在法国殖民末期，加蓬的政治受到个人、地区和民族利益的影响，而不是受到问题或意识形态的影响。随着"非殖民化"进程的深入，加蓬民族主义蓬勃发展，其主要标志是民族主义政党的建立，加蓬的政治生活由 1945 年以前在法国接受教育的精英主导，开始进入政党政治时代。

1946 年 10 月 18 日，在法国国民议会中的非裔议员的倡议下，在巴马科召开了法属领地各国代表大会。会议决定在法属西非和赤道非洲建立

---

① Marc Aicardi de Saint-Paul, *Gabon: The Development of a Nation*, London: Routledge, 1989, p. 20.

一个共同的政党组织——非洲民主联盟，要求实现非洲的政治、经济和社会解放，反对帝国主义和殖民主义。在这次会议的鼓舞下，1946年，利伯维尔首任市长和行政委员会非洲高级官员莱昂·姆巴（Léon Mba，1902-1967），创立了"法国-加蓬混合委员会"。此时，在加蓬政坛中最负盛名的当数让-伊莱尔·奥巴姆（Jean-Hilaire Aubame，1912-1989），他是加蓬资历最深的政治家，从1946年到1958年一直是法国国民议会中的加蓬议员。莱昂·姆巴为扩大自身力量，寻求政治联盟，选中了法国参议院议员和领地议会领袖保罗·贡儒（Paul Gondjout，1912-1990）。保罗·贡儒是姆庞圭人中最具影响力的政治家，他反对在政治生活中以让-伊莱尔·奥巴姆为首的芳人占据权力优势。1953年，莱昂·姆巴与保罗·贡儒联手建立了加蓬民主同盟，将之作为非洲民主联盟的加蓬支部。该党是建立在民族主义基础之上的，在加蓬南部地区有一定的影响力。其目标是团结民众，反对殖民主义，但对法国殖民者采取亲善的政治态度。加蓬民主同盟成立后，让-伊莱尔·奥巴姆随即成立了加蓬民主和社会联盟（UDSG）。

虽然奥巴姆和姆巴都是芳人，但他们在芳族内部的支持者并不相同，而且各自有不同的加蓬及欧洲盟友。贡儒出身迈尼族，他拥有相当高的政治才能，也懂得利用自己的这份政治才能来推动自己的事业发展。他与姆巴结盟对抗奥巴姆后，从1954年开始，奥巴姆和姆巴与贡儒组建的两个政党之间的权力争夺成为这一时期加蓬政坛的主题。让-伊莱尔·奥巴姆、莱昂·姆巴和保罗·贡儒这三位教育背景极其相似的政界人士由此成为加蓬独立前夕政坛上最为活跃、最具影响力的人物，也是后来国家权力的主要争夺者。

1956年6月，随着殖民地人民独立斗争的迅速发展，法国内部的政治、经济和社会矛盾交织在一起，法国居伊·摩勒政府被迫再次调整对殖民地的政策，法国政府制定了《海外领地根本法》。《海外领地根本法》允许各殖民地设立领地议会、领地政府，建立半自治共和国，但政府首脑仍由法国总统任命的法兰西共和国代表担任，该法于1957年生效。

1957年1月31日，根据法国《海外领地根本法》，加蓬举行议会预选，加蓬民主和社会联盟获得18个席位，而加蓬民主同盟只取得了8个席位。但在同年 5 月 15 日举行的议会复选中，加蓬政治力量对比发生变化，加蓬民主同盟在议会选举中获得胜利，莱昂·姆巴以加蓬执行委员会副主席的身份担任了政府首脑。6 月 26 日，在法国殖民当局的扶植下，姆巴取代法国人担任加蓬行政会议主席。

1958 年，戴高乐将军再度执掌政权后，制定了"第五共和国宪法"，提出建立"法兰西共同体"的主张。新宪法规定，在共同体内，各海外领地均在经济和内政方面享有自主权，可行使立法权和行政权，而外交、国防大权仍掌握在法国手中。法国政府同意各个领地在同年 9 月举行公民投票，对是否留在法兰西共同体内做出决定。1958 年 9 月 28 日，加蓬举行了全民公决，结果在 205578 张有效票中，有 190334 张赞成票，① 故加蓬成为法兰西共同体内的"自治共和国"。然而，在关于加蓬是否留在法兰西共同体内的政治取向上，加蓬内部各政治派别之间的斗争十分激烈。1958 年公民投票前夕，加蓬另一民族主义政党——加蓬民族统一党（PUNGA）宣告成立，苏萨特任主席。该党主张加蓬政治经济完全独立，提出加蓬应退出法兰西共同体。民族统一党联合小知识分子、工人、农民等各阶层中要求国家完全独立的人士，发起了一场反对加蓬参加法兰西共同体的运动。然而，由于他们的运动只限于本国南部的较小地区，在全民公决中，反对票只有 15244 张。② 于是，1958 年 11 月 29 日，根据戴高乐宪法，加蓬改称加蓬共和国。

1959 年 1 月 19 日，姆巴担任加蓬自治共和国总理。姆巴政府为安抚国内反对派，接受了加蓬民主和社会联盟提出的改组政府的建议。6 月 19 日，在加蓬新组成的议会中，加蓬民主同盟占 23 个席位，加蓬民主和社会联盟占 11 个席位，加蓬民族统一党占 6 个席位，各党派联合参政。③

---

① Marc Aicardi de Saint-Paul, *Gabon：The Development of a Nation*, London：Routledge, 1989, p. 22.

② James F. Barnes, *Gabon：Beyond the Colonial Legacy*, Colorado：Westview Press, 1992, p. 35.

③ Marc Aicardi de Saint-Paul, *Gabon：The Development of a Nation*, London：Routledge, 1989, p. 22.

与此同时，加蓬人民争取民族独立的运动进一步高涨。1959年2月，兰巴雷内爆发了大规模的反殖民主义群众运动。这次运动以当地教会学校无理开除一名学生为导火索，在大批法国军队的镇压下，加蓬平息了这次运动。1959年以后，首都利伯维尔经常发生游行示威活动，示威群众要求法国军队撤出加蓬，实现加蓬独立和改善人民生活。

1960年7月15日，法国同加蓬签订了移交"共同体"权力的协定。临近独立的1960年8月初，加蓬学生总会向政府发了一份电报，抗议政府同法国缔结协定，并要求"完全和立即的独立"。8月17日，加蓬宣布独立，但仍留在调整后的法兰西共同体内。

## 第五节　独立以后的加蓬（1960年以来）

经过加蓬人民的长期斗争，美丽富饶的国土重新回到人民的怀抱，昔日的殖民地变成了新兴的独立国家，加蓬人民作为国家的主人登上了历史舞台，历史翻开了崭新的一页。独立以后，加蓬先后经历了莱昂·姆巴和奥马尔·邦戈两任总统由乱而治的不同发展阶段，进入21世纪，阿里·邦戈积极向外寻求贸易合作，开放的对外政策使得加蓬逐渐向"非洲的新加坡"转变。

### 一　莱昂·姆巴时代（1960~1967年）

1960年8月17日，加蓬获得独立，遂开始了国家的创建工作。第一共和国（1960~1967年）与其前宗主国签署了"合作协定"，基本保持了以前与法国的依赖与支配关系，这是加蓬获得政治独立的条件。加蓬进入了保障政治独立，建立和发展民族经济、实现经济独立的新阶段。但在独立初期，加蓬社会矛盾复杂，政权基础薄弱，殖民遗痕明显。锰、铀和石油等矿产资源被大量开发，以确保新成立的共和国能够通过开发矿产资源获得大量的政府收入。同时，法国的新殖民主义对加蓬的发展是有害的，因为满足法国的利益需要给非洲社会带来了沉重的负担，在某些情况下甚至破坏了独立的基础。

### （一）新生政权基础薄弱

加蓬的独立标志着加蓬人民掌握了国家政权，但前宗主国法国采取了扶植亲法政权、签订束缚性条约等办法，继续维护其在加蓬的利益。早在1957年法国给予加蓬"半自治"地位时，法国当局就扶植亲法的莱昂·姆巴担任加蓬行政会议主席；1958年加蓬宣布成为"自治共和国"时，法国殖民当局又委任他为总理；1960年加蓬宣布成立"独立的共和国"之后，在法国的支持下，他获得了总统职位。因此，姆巴政府在独立前后一直与法国保持着政治上、经济上和军事上的密切关系。加蓬在宣布独立的当天，就与法国签订了9项所谓的"合作协定"。这些协定使法国继续保持在加蓬政治、经济、军事、文化等方面的控制权。

在政治上，加蓬应当就外交政策问题与法国进行协商，在采取重大决定之前，同法国交换意见，协调双方的立场和行动。共同体国家定期召开国家元首、总理和外交部长会议，协商对外政策。法国甚至规定，在加蓬参加各种国际技术性会谈和谈判以前，必须同法国进行磋商。其还规定，在加蓬没有派驻外交代表的国家和国际机构中，法国的代表可以担任加蓬的代表。法国对加蓬政治生活的干涉还表现在法国直接插手加蓬的一切实际权力机构。60年代初期，加蓬的主要行政机关仍由法国人领导，直到1964年3月，在加蓬人民反对法国直接干涉加蓬内部事务的呼声日益高涨的情况下，法国才被迫宣布让一些加蓬人在主要行政机关任职，但法国人仍以担任顾问或副职的办法，干涉加蓬的内政外交事务。

在经济上，法国操纵着加蓬的经济命脉。加蓬与法国签订的"合作协定"明确规定，加蓬必须同法国协调对外贸易、货币和财政政策。法国要求与加蓬共同组建一个混合委员会，由其解决两国对外贸易和货币合作中的有关问题，并规定加蓬必须保持同法国的"贸易特惠制"，即法国的商品可以在加蓬自由流通，加蓬对其不征关税，并且保证优先销售法国商品。"合作协定"规定加蓬的石油、天然气、铀、锰等战略物资必须优先卖给法国，由法、美公司开采的一切战略物资在30年内免税，加蓬开采出的矿石必须交给法、美公司处理。此外，"合作协定"规定运输矿石的路权为各公司所有，加蓬政府无权过问。在财政和金融方面，"合作协定"规定，加蓬必须留在法郎区，不得退出；加蓬从法郎区以外的国家取得的外汇收入必须存入巴黎的法国银行，所需要的外汇也必须向法国银行申请。由此，加蓬的银行业务基本掌握在法国人手里。

在军事上，双方签有《防务协定》及 3 个附件，其明确规定：法国可以在加蓬建立军事基地、军事设施，驻扎军队；必须由法国帮助加蓬组织、训练和配置军事干部并管理军队；加蓬同法国在防务方面"互相援助、经常磋商"；等等。法国通过这些措施，严密地控制了加蓬的军队，在加蓬出现政局动荡或社会矛盾激化时，法国运用所保持的军事势力，以"非洲宪兵"身份直接出兵，进行露骨的干预，以维护其在加蓬的权益。

在文化上，《高等教育合作协定》规定：只有在法国留学的加蓬人的学籍才能被承认，加蓬只能聘请法籍教授在加蓬任教等。其目的是培养一批亲法的知识分子，日后增强加蓬政府要员和高层管理人员对法国的亲和力，这同时也是文化同化政策的延续。

从上述"合作协定"中我们不难看出，加蓬新生政权要实现完全的自主，还面临诸多问题。

### （二）姆巴的专制统治

巩固政治基础、实现全国政治和解是新生政权亟待解决的首要问题。1960 年冬天，莱昂·姆巴和他的主要政治对手让-伊莱尔·奥巴姆就加蓬将采用何种宪政制度进行了争论，这是独立后立即出现的第一次体制危机。姆巴希望实行总统制，但最终加蓬采用了奥巴姆所提出的欧洲典型的议会制。在加蓬独立后的首届议会中，以姆巴为首的联盟政府既包括保罗·贡儒和其他加蓬民主同盟成员，也包括了奥巴姆与加蓬民主和社会联盟中的其他成员，以及苏萨特的加蓬民族统一党成员。姆巴呼吁各党派成员为了建立强有力的中央政府通力合作，但加蓬各党派和平共处的时间不长，1961 年制宪会议后，加蓬内部的社会矛盾不断激化。1961 年 2 月，加蓬以一个独立主权国家的身份颁布了首部宪法，宣布加蓬是一个享有独立主权的共和国，立法、行政和司法三权分立，实行多党制的政党制度，国家主权属于人民。宪法规定，加蓬废除议会制，代之以总统制，总统是国家元首和武装部队的最高首脑，宪法赋予总统立法、行政和司法方面的广泛权力。总统有权任命政府总理及其他政府成员，监督宪法的执行，拥有修改宪法的提案权和对法律的解释、补充权以及对法律条文的复议权，议会不得拒绝。至此，姆巴仿效法兰西第五共和国，宣布加蓬实行总统集权制，强化总统在国家事务中的权力。姆巴政府投靠法国之举及其所实行的中央集权统治，不但遭到广大人民和加蓬民族统一党的反对，也遭到其他右派反对党派的反对。基础薄弱的姆巴总统感到自身地位岌岌可危，从而对国内出现的反对派异常恐惧，他运用手中掌握的国家机器，对执政党内部的持不同政见者采用压制的手段，对反对派进行严厉打击和镇压。

曾与姆巴并肩战斗的伙伴贡儒是姆巴强化个人权力的第一个牺牲品。贡儒时任加蓬国民议会主席，是姆巴在加蓬民主同盟内强有力的竞争对手。贡儒与奥巴姆一起呼吁建立一个具有更广泛代表性以及包容民众意见的国民议会。1960年10月，贡儒提出议会的基本功能是控制政府，力图通过自己的努力，避免议会成为姆巴个人统治的工具。此观点立即遭到姆巴的强烈反对，姆巴强调权力的分散会使国家陷入"无序、无政府和混乱"状态，对政府的管理极为不利。[①] 由于贡儒对政府的批评言论，姆巴在同年11月宣布逮捕贡儒，并判处贡儒两年监禁。贡儒被判刑一个月后，加蓬民主同盟中贡儒的追随者也被开除出党，并被迫忍受牢狱之苦。贡儒刑满释放后，姆巴安置他任加蓬经济和社会委员会主席，避免其再参与政府或议会重大事务，姆巴就这样排除了同党异己，去除威胁，强化了自己的党内地位。

接着，在第一次总统选举前，他向他的另一个对手奥巴姆进行战术靠拢，借助奥巴姆在第一次总统选举前的优势，姆巴以99.57%的得票率赢得了选举。在接下来的两年里，姆巴总统与奥巴姆组建了名为"全国联盟"（Union Nationale）的政党联盟，共同执政，这使他征服了反对派，为之后的个人选举奠定了基础。奥巴姆当时既是加蓬国民议会的议员，又担任外交部长。姆巴为削弱他的权力，提出"凡是加蓬国民议会的议

① James F. Barnes, *Gabon：Beyond the Colonial Legacy*, Colorado：Westview Press, 1992, p. 41.

员都不得在政府内阁中任职"的法案。在姆巴的授意下，议会通过了这一议案。据此，1963 年 2 月，姆巴改组政府，将政府机构中的加蓬民主和社会联盟成员排除出去，包括奥巴姆在内的 5 名部长从内阁中被排除出去，奥巴姆只保留了议员的席位。当奥巴姆秘密起草政治小册子，指责姆巴的行为犹如独裁者时，姆巴立即将他逮捕，并要求重新举行选举。姆巴想建立一个一党专政的政权，以压制所有反对派，然而 1964 年 2 月的一次未遂政变阻止了这种情况的发生。因不满姆巴在国内清除反对派的行为，军方发动政变，囚禁了总统。这场军事政变的策划者要求奥巴姆担任他们的文职首领，奥巴姆接受了这一令他后来无比后悔的要求。根据 1960 年"合作协定"的法律条款，戴高乐的非洲事务顾问雅克·福卡尔（Jacques Foccart）要求法国对此进行军事干预，并迅速恢复了姆巴的权力，而奥巴姆则因叛国罪受审入狱。

因此，在 1960~1964 年，姆巴总统为了避免公开的围绕不同政见的政治辩论和不同党派之争，对主要反对派实行压制民主、排除异己的手段，严格限制反政府言论和政治集会。与此同时，统治集团内部出现了领取高薪、侵吞国家财政收入的现象，正如一篇评论独立之初加蓬的文章所言："建立总统设施和各部设施的费用"和"那些毫无用处的穿梭旅行费用在加蓬财政收入中所占的比重大概高于法国十月革命前路易十六宫廷的费用"。[①] 这些现象引起广大民众对姆巴政府的强烈不满，革命一触即发。

**（三）1964 年的"二月政变"**

姆巴不顾广大民众对其独裁统治的不满，于 1964 年 1 月 21 日宣布解散议会，同时宣布在 2 月 23 日重新举行议会选举，企图通过匆忙举行的选举，将反对党派从议会中剔除出去。这一举动是加蓬 1964 年"二月政变"的直接诱因。

1964 年 2 月 17 日，加蓬发生了旨在推翻姆巴独裁政府的政变。这次

---

① David E. Gardinier, *Historical Dictionary of Gabon*, Second Edition, London: Scarecrow Press, 1994, p. 91.

政变由瓦莱尔·埃索纳中尉（Lt. Valère Essone）和雅克·蒙博中尉（Lt. Jacques Mombo）等几个来自利伯维尔军事基地的年轻军官领导，有150名士兵参加。政变部队迅速控制了利伯维尔，夺取了总统府、坎戈和兰巴雷内等重要城市，以及其他一些重要建筑物，政变者拘禁了总统姆巴、国民议会前议长路易斯·比格曼，以及除了受人尊敬的科学家安德烈-古斯塔夫·安吉耶（André-Gustave Anguile）外的所有内阁成员，并且宣布解散了这个政府。随即，6个参加政变的年轻军官组成了革命委员会。革命委员会宣布政变发生，取消议会选举，并迫使姆巴发表广播讲话，让其提出辞职，为其独裁统治向广大国民致歉。继而，革命委员会宣布成立临时政府，承诺尊重原政府与外国签订的各类条约和所参加的组织。

在政变发生后不到24小时，法国立即做出反应。1964年2月18日凌晨1时，姆巴政府的内阁部长阿尔贝-贝尔纳·邦戈（Albert-Bernard Bongo）立即向法国驻加宪兵队总司令发出警报，法军迅速查明政变部队在巴拉卡（Baraka）扎营，并向法国政府反馈消息。凌晨2时，在巴黎的非洲事务顾问雅克·福卡尔立即与陆军大臣皮埃尔·梅斯梅（Pierre Messmer）商讨了对加蓬政变进行武装干涉的具体细节。上午7时，法国总统戴高乐发出准许出兵的命令，指示法军要确保姆巴总统的个人安全并把他从政变部队中解救出来。

由于政变部队并未占据法国驻军控制的机场，法军驻加蓬司令凯尔加拉瓦（Kergaravat）调集弗朗斯维尔的伞兵，让其集结待命。19日早晨，600名法国士兵向巴拉卡的政变驻军发动进攻，不到两个小时便结束战斗。在双方的战斗中，有25名政变战士死于法军的枪口之下，同时也有2名法国士兵丧命。[①] 19日下午4时，占据总统府的政变守备队向法军投降。法军把姆巴解救出来，临时政府仅仅存在了2天，被推翻了的姆巴政府又重新被扶上台。

法国对加蓬政变的武装干涉，激起了加蓬广大人民的愤怒，加蓬境内

---

① 〔英〕巴兹尔·戴维逊：《现代非洲史：对一个新社会的探索》，舒展等译，中国社会科学出版社，1989，第343页。

爆发了广泛的抗议活动。在政变发生后的 3 周时间里，首都利伯维尔每天都发生罢工和示威游行。3 月 1 日，500 名工人、学生和 1000 名其他各界人士走上街头，进行示威游行，高呼"结束独裁政府"的口号。3 月 2 日，人民群众又进行了罢工抗议运动，大规模的群众性抗议活动从利伯维尔蔓延到让蒂尔港和恩代恩代（N'Dendé）。法国驻军、政府宪兵和警察对群众实行了严厉镇压，并开枪打死了一名学生。

**（四）"二月政变"后的政治发展**

此次政变是加蓬政治格局中相关利益集团（政党）矛盾冲突的集中体现。姆巴重新执掌政权后，逮捕了临时政府成员和 150 名其他反对派人士。在将所有政治对手都关进监狱或流放后，由于广大人民的不满和反对，姆巴政府被迫将国民议会的选举日期推延至 4 月，并且允许各反对党派参加竞选。姆巴领导的加蓬民主同盟在河口省仅获得微弱优势，而沃勒-恩特姆省的民众则将选票投向反对派。在这次选举中，姆巴领导的加蓬民主同盟虽然只得到 50.38% 的选票，获得 2/3 的议席，[①] 但还是赢得了 1964 年的选举，并在法国的支持下，建立了总统独裁政权。他与法国人的亲密合作使他在加蓬人眼里如同法国人的傀儡，令他彻底失去了民众的信任和支持。选举结果一宣布，群情激昂，4 月 16 日，爆发了工人罢工、学生示威游行等抗议活动。

发生在 1964 年 2 月的未遂政变，以及之后爆发的群众性抗议示威行动，表明新生的加蓬政权在独立之初就陷入动荡飘摇之中，政权基础薄弱是当时加蓬政治生活的真实写照。此时，姆巴总统的健康状况每况愈下，并被诊断出患有癌症，在巴黎的一家医院里接受治疗，国家事务则由他的幕僚长阿尔贝-贝尔纳·邦戈处理。在姆巴难以担当治理国家大任的情况下，这位在"二月政变"中深得姆巴信赖的幕僚长被选定为总统接班人。1964 年 4 月，邦戈被晋升，负责国家安全事务。1965 年 9 月，邦戈加入了内阁，并负责国防事务。1966 年 11 月，邦戈被赋予行使副总统职能

---

① David E. Gardinier, *Historical Dictionary of Gabon*, Second Edition, London: Scarecrow Press, 1994, p. 91.

的权力。由于姆巴无法赢得连任，福卡尔敦促姆巴接受亲法派的邦戈作为他在 1967 年总统选举中的竞选伙伴。随后，福卡尔的手下为邦戈竞选团队提供资金援助，以开展姆巴的连任竞选活动。就这样，姆巴连任，邦戈首次当选副总统。1967 年 11 月 28 日，姆巴总统因久病医治无效，在巴黎一家医院去世，加蓬第一共和国宣告结束，姆巴统治时代随之终结。

## 二 奥马尔·邦戈时代（1967~2009 年）

1967 年 2 月 17 日，为福卡尔工作的法国法学家在起草的新宪法里设立了副总统一职，副总统在总统一位空缺时自动继任。邦戈在 1967 年的选举中当选为副总统，解决了总统继任的政治问题。姆巴死后，根据当时的宪法，邦戈代行共和国总统职务。1973 年 2 月 25 日，邦戈在普选中获得 96.6% 的支持率，正式当选为共和国总统，任期 7 年。此后，邦戈又连续数次当选，并一直连任至逝世。

由于加蓬终于摆脱了姆巴的专制统治，邦戈总统起初受到了人民的热情欢迎。在第二共和国成立后的最初十年里，加蓬借助石油财富变得异常富裕，居高不下的石油价格帮助邦戈解决了他继任初始的合法性问题。邦戈上台执政后修改宪法，宣布结束多党民主选举制，将加蓬从多党制国家变成一党制国家，并于 1968 年春成立了一党制的机器——加蓬民主党（PDG），提出一党执政是国家统一的保护者，是民族政治歧视的终结者。加蓬民主党在 1968~1990 年是加蓬唯一合法政党。20 世纪 70 年代的石油价格上升为邦戈政府提供了以往 6 倍的财政预算，并促使大量农村人口涌向城市。一党制为加蓬带来了新的稳定，但它也为总统和统治阶级提供了不顾人民意愿而使自己永葆权力的手段。当权者掌握着党内的关键职位，并影响着候选人的遴选。

### （一）政治理念和政府指导思想

奥马尔·邦戈上台后，反思了姆巴政府统治时期出现的政局动荡、部族纷争等不安定形势的原因，吸取了姆巴政府统治的教训，认识到变革的迫切性和必要性。邦戈明确指出："在目前的情况下，不论是在党内、社会体制范围内，还是在关于我们的言行、关于集体的精神状态方面，都要进行深刻的变革。"[①] 据此，他提出了一系列变革主张，实行政治改革，以稳定政局。邦戈的上台开启了加蓬独立历史的新时期，这一时期被称为"革新"时期，邦戈用这个法语术语来解释他在从姆巴手中继承权力后是如何展现自己的独特风格的。

### 1. 倡导民族和解

邦戈在参政过程中认识到，国家内部的无休止的冲突与纷争不利于国家的团结。他在执掌国家政权后，改变姆巴政府统治时期的专制做法，努力建立一种对话机制，在"对话、宽容、和平、正义"的基础之上，营造一种融洽和谐的环境。为了缓和内部矛盾，消除过去专制统治给人们造成的恐惧心理和不安全感，他强调"本着对话精神"来解决社会问题。他积极与持不同政见的民族精英对话，呼吁"协调、团结"，劝说流亡在外的反对派人士返回加蓬，促进国家的稳定与团结。邦戈与大量反对派领导人进行面对面对话，营造民主气氛，求同存异。对参与1964年"二月政变"的年轻军官，邦戈在执政的第一年，就宣布对他们实行赦免，让其重新回到社会中去。此外，他还有条件地释放了许多犯人，让被行政拘留和被软禁的人回家与亲人团聚并恢复工作。邦戈希望通过怀柔措施，促进国家的和平与团结。

### 2. 向旧恶习宣战

旧恶习主要是指狭隘的民族主义和地方主义。姆巴政府统治时期，政治腐败、裙带关系盛行。邦戈认为狭隘的民族主义和地方主义是国家安定、民族团结、社会和平的最大敌人，"它们无可争辩地代表着违背整体利益和民族团结的离心力"。[②] 邦戈鲜明地指出："在同一民族中、同一地区的人虽然可能频繁通婚，但加蓬国家不能分割成这个或那个地方，而是一个整体。如果谈到加蓬人的构成，我们所承认的唯一区别就是代际不同，因为那是与生俱来的。"邦戈在加蓬民主党第二次特别代表大会上再

---

次强调，我们"这样一个事业只有在政治稳定、社会和睦和民族团结都有保障或得到加强的时候才能实现。这就是说，（我们）永远不能放松警惕，以民族、地区和省为基础的集团将被毫不留情地取缔和惩处"。①

事实上，邦戈属于小民族巴特克族，而姆巴和其他多数同事都属于大民族芳族，但在民族纷争中，邦戈并没有因此屈服于压力而滥用自己的职权去做有利于大民族的事情。他摒弃狭隘的民族主义和地方主义的举动使其赢得了民众的拥戴。

3. 民族革新

1968 年 1 月 1 日，邦戈号召在全国范围内广泛开展"民族革新"运动。他在 1968 年元旦致辞中指出："民族革新意味着在这次运动中民族意识的觉醒，全国人民应在意志、精神和身体方面齐心协力地同不发达状态做斗争。我所要的是民族觉悟和团队意识的增强，培养民族感情，捍卫民族自由和国家利益。"邦戈在之后的言论中进一步诠释了"民族革新"，他认为"民族革新"是一种"在非暴力或过激形势下的革命，它不代表政府的一种新模式，而预示着一种推动国家和民族进步的秘诀"。②

邦戈强调在国家建设和经济发展中，必须坚持不懈地寻求真正的、完全的独立，加蓬人有权支配自己的命运，有权维护自己的尊严，有选择国家发展目标的自由。对于加蓬未来的发展道路，邦戈认为他不能全盘接受残酷的资本主义发展道路，因为他对利润就是一切的资本主义感到失望，认为资本主义是非正义的根源。他也不赞赏处于摸索中的社会主义发展道路，而是选择了一条中间道路，用他的话来说，"既不左，也不右，却总是向前发展"。他在尚未取得成功的社会主义发展道路和不可靠的充满竞争的资本主义发展道路间寻求平衡。

邦戈在"民族革新"运动中特别注重发挥青年的先锋作用。在他看

① 转引自 Marc Aicardi de Saint-Paul，*Gabon：The Development of a Nation*，London：Routledge，1989，p. 32。

② 转引自 Marc Aicardi de Saint-Paul，*Gabon：The Development of a Nation*，London：Routledge，1989，p. 32。

来，青年人思想活跃，易接受改革新理念，代表着民族的未来，是国家发展的动力所在。于是，他大胆选拔了一批有知识的青年参与政务，令其逐渐替代一些老的政治家。20 世纪 80 年代以后，邦戈在组建新政府时还不断推进干部年轻化运动，以改革为动力，推动加蓬各项事业向前发展。

4. 革新化的革新

1976 年 3 月 11 日，邦戈在他的演说中强调旧恶习仍是使国家处于危险中的因素，同时他又提出了一个新的口号，即"革新化的革新"。"革新"概念的重新提出不是简单的同义反复，它意味着对原来"民族革新"含义的深切追问。他批评"残酷的资本主义"在国家经济中是"带着人类面孔的怪物"，认为"加蓬应接受有效的自由主义，这是作为发展中国家的加蓬对特殊需求的回应。加蓬应在传统中注入公平竞争的新内涵，增强和确保经济活力。国家未来经济发展指导思想应该有计划性和一定的自由度"。① 简言之，"革新化的革新"意味着顺应社会发展需要，是对一定选择权的指导、说明。

5. 有领导、有计划的经济自由主义

这是对邦戈 1968 年提出的"既反对资本主义，又反对社会主义"的中间道路的一个新发展。经过"民族革新"和"革新化的革新"，邦戈进一步把这条道路归纳为"有领导、有计划的经济自由主义"。这条道路的基础首先是要在经济活动中保证个人自由发挥的积极性，其次是将各项经济计划纳入国家发展计划的轨道。邦戈强调保证私人经济自由是使"国家经济充满新的活力的手段，有领导、有计划的经济自由主义不是使几个个体获取利益，而是引导全国的民众从经济活动中受益"。② 据此，邦戈政府积极实行"开放、寻求外援、保护外资"的政策，通过制定优惠的投资法，大量吸收外国资本，鼓励本国私人投资和经营企业尤其是民族工业的发展。同时，有计划地开发自然资源，使加蓬经济在 20 世纪六七十年代迅速发展起来。为了发展民

---

① *Un homme*, *un pays*, *EL Hadj Omar Bongo. le Gabon*, Les Nouvelles Editions Africaines, 1984, pp. 34–36.

② Marc Aicardi de Saint-Paul, *Gabon*：*The Development of a Nation*, London：Routledge, 1989, p. 33.

族资本，70 年代以后，加蓬政府在逐步加强同外商合资经营企业的同时，还规定一切外国公司必须无偿地将其资本的 10%让与加蓬政府。[①]

### 6. 民主协商进步主义

加蓬经济经过独立初期的高速发展之后，由于国内投资规模过大，国家财政负担加重，经济发展趋缓。并且，随着经济的发展，有领导、有计划的经济自由主义最终失去了控制，"被自发的资本主义所取代"。这些因素促使邦戈总统重新思考过去的理论和政策，他认为"先前在自由经济的范围内和在（生产）活动频繁时期所采用的方法是有损于整个国家的"。[②] 1979 年，邦戈在加蓬民主党第二次特别代表大会上致开幕词时宣布，加蓬今后将采用一种新理论——"民主协商进步主义"，其内涵包括：发展经济优先于提高增长率，发展经济尤其要考虑促进加蓬各阶层人民的进步与扩大其福利；社会进步优先于消费，国民收入再分配优先于财富的个人积累；经济主要由国家和本国人控制。邦戈强调，在实行"民主协商进步主义"时，不涉及没收任何人的财产或使其国有化的问题，政府在加蓬新的发展道路上寻求同一切经济界人士对话和协商，尊重私人所有制。"民主协商进步主义"的精神和原则也同样被运用于加蓬的对外关系中，邦戈对外实行不歧视、不考虑意识形态的开放政策，在维护每一方的尊严和主权、保持权利和义务的严格平等的情况下进行合作。

### 7. 为石油后时代做准备

自加蓬发现第一块油田以来，加蓬就成为依靠"黑金"收入的石油"酋长国"，特别是在美元汇价和石油价格对它都很有利的情况下更是如此。鉴于未来石油开采枯竭后的经济真空，以及国际石油价格波动对国家财政收入的影响，在 70 年代初期，邦戈就提出"为石油后时代做准备"的战略思想。一方面，利用现有的石油收入，重点建设国家重要的基础设施，包括交通、通信、旅游等方面的基础设施，为以后经济的稳步发展奠

---

① *Un homme*, *un pays*, *EL Hadj Omar Bongo. le Gabon*, Les Nouvelles Editions Africaines, 1984, p. 72.

② 1979 年 1 月 24 日，邦戈在加蓬民主党第二次特别代表大会上的开幕词。

定基础；另一方面，逐步减少对石油的过分依赖，促进农业、能源工业、加工工业和中小企业的发展，积极开发其他自然资源，实现经济多样化发展计划。1973 年，加蓬开展了建造"横贯加蓬铁路"的项目。被视为"加蓬脊柱"的这条铁路将把全国各省连接起来，推动实现全国统一，也为经济发展提供良好的基础设施。20 世纪末，加蓬政府再次强调努力实施经济多样化战略，大力发展木材加工业、矿业和农牧渔业等非石油部门，以期使国民经济能进一步摆脱困境，逐步走上平衡、持久的发展道路。

以上邦戈在执政时期提出的一系列改革新主张，给国家政治经济生活注入了新活力，加蓬呈现出国内政治稳定、民族经济稳步发展的良好态势。

### （二）改行多党制

邦戈继任后的 20 世纪六七十年代是加蓬经济蓬勃发展的黄金时代，石油业带动加蓬经济快速发展，经济增长率居高不下。在 1960 年姆巴执政期间，加蓬的人均国内生产总值是有史以来最低的，为 4377.44 美元，但到了 1976 年，加蓬人均国内生产总值为 19493.08 美元，达到了有史以来的最高值。在良好的经济形势下，政权逐渐巩固。邦戈执政后，致力于国家政治上的统一，改变国内党派林立、政局动荡的不利局面。其对反对派领导人实行宽容与政治和解政策，保罗·贡儒被安排进政府任职，让-伊莱尔·奥巴姆于 1972 年被解除囚禁，苏萨特也从加蓬民主统一党主席位置上离职。1968 年 3 月，加蓬实行一党制，加蓬民主党成为唯一合法政党。1972 年 6 月，加蓬修订宪法，将加蓬民主党在政府中的地位以法律形式确定下来。在这一时期，加蓬推行了"民主协商进步主义"政治纲领和"有领导、有计划的经济自由主义"经济政策，以及睦邻友好的全方位外交政策，促进了国内政局的稳定和民族经济的发展。

20 世纪 80 年代，伴随着经济危机，加蓬社会发展中出现不安定因素，执政党与反对党或持不同政见者的斗争初露端倪，邦戈面临来自其他政党的有组织的反对。1981 年底，反对党民族复兴运动成立，并宣称为推翻邦戈总统的政权和实现"民主、全国团结和发展"而战。由于宪法规定加蓬民主党是唯一合法政党，以各种形式为建立多党制而斗争的所有人或组织都是违法的，加蓬国家安全法院在民族复兴运动成立后不久就判决该组织为非法组织，并判处其中的 13 名成员 20 年苦役。1985 年 2 月，民族复兴运动主席保罗·姆巴·阿贝索罗在巴黎成立了流亡政府，要求实行多党制和举行总统竞选。同年，加蓬又发生了军官亚历山大·曼贾·恩库塔（Alexandre Mandja Ngokouta）上尉反政府事件。面对反对派的呼声，邦戈进一步加强政权建设。1986 年 9 月，加蓬民主党召开了第三次特别代表大会。虽然邦戈总统再次拒绝了反对派实行多党制的要求，但是他强调指出在单一党内部需要实行民主。在国内政治局势有所缓和的形势下，在法国流亡 12 年之久的反对派前首领阿贝索罗分别于 1989 年 5 月和 9 月两次回国，寻求政治对话。与此同时，另一个反对党——加蓬人民联盟主席皮埃尔·芒邦杜（Pierre Mambundou）与国民宪兵队参谋长阿兰·穆萨武·马本达中校、陆军总参谋长乔治·穆班吉奥中校以及总统卫队中的营长马赛厄斯·布松吉等人取得联络，散发反政府传单，要求实行政治改革，伺机发动政变。但加蓬当局提前收到了政变消息，逮捕了政变领导层成员，反政府政变胎死腹中。日益活跃的反政府行动，使加蓬政治多元化改革提上政府的议事日程，加速了政治民主化进程。

冷战的结束和社会主义者弗朗索瓦·密特朗（Francois Mitterrand）对民主化的呼吁促使反对派组织了一系列支持民主的抗议活动，在反对派领导人约瑟夫·伦德贾贝（Joseph Rendjambe）遇刺后，这些抗议活动在 1990 年演变为反邦戈的骚乱暴动。20 世纪 90 年代可谓多事之秋，加蓬学潮、工潮频发，社会动荡，邦戈政权经历执政以来前所未有的严峻考验。1990 年对于邦戈来说，是不平静的一年，加蓬出现了政治民主化浪潮。1 月，利伯维尔连续发生学生罢课、职员与工人罢工和示威游行，其要求提高工资和进行民主改革，政府被迫宣布退还征收的工资税款、降低水价、提供医疗补贴等措施。3 月，加蓬召开由广泛的政治团体参加的全国政治协商大会，讨论"国家民主化前途"。此时，全国已出现 170 个政党和组织，有 13 个组织组成反对派联合阵线，在全国政治协商大会上同加蓬民主党做斗争。反对派号召民众举行总罢工，对邦戈政权施加压力，政府机构运行陷入混乱状态。4月，邦戈宣布实行多党制，成立由新总理卡西米尔·奥耶－姆巴（Casimir Oyé-Mba）领导的过渡政府，吸收反对派人士入阁。9~10月，加蓬举行了全国议会选举，建立由原执政的加蓬民主党占微弱多数的多党议会。11月，成立了由过渡政府总理领导的有反对派和无党派人士参加的新政府。

为了解决合法性危机，一些自称"革新派"的加蓬民主党成员选择与阿贝索罗和其他反对派人士对话，而执政党中其他较为保守的人物则呼吁政府采取更多的镇压行动。加蓬在法国的又一次军事干预后才结束了抗议和骚乱，但加蓬民主党的分裂、经济危机，再加上法国坚持如果加蓬需要更多的援助就必须推行民主化，这些给加蓬提供了重建多党民主选举制的成熟条件。不幸的是，激进活动人士被阿贝索罗背叛，他与加蓬民主党中的革新派进行秘密谈判并达成协议，导致反对派分裂，这种两面派行为实际上削弱了1990年全国政治协商大会的效果。

1991年3月15日，加蓬通过了一部新宪法，并重新实行多党民主选举制，这标志着第三共和国的诞生。除了恢复多党民主选举制，新宪法中主要的宪法创新是重新建立了半总统制行政机构，对总统一职进行了任期限制，并建立了新的宪法法院来监督未来的选举。第二共和国在国家的经济前景变得相当黯淡之后，已经走到了尽头。在拥有巨大自然资源财富的背景下，加蓬国内的基础设施却依然匮乏，糟糕的道路铺设、失业、失学、医疗设备不足以及日益严重的不平等现象引发民众的不满和质疑。巴黎半月刊《非洲人报》（Afrique-Asie）声称，滥用公共资金和腐败是加蓬财政困难的主要原因。它声称，邦戈总统及他的第二任妻子约瑟芬·邦戈（Josephine Bongo）和她的兄弟——国家警察部队总司令兼公共工程部长让-博尼法斯·阿塞莱（Jean-Boniface Assélé）名下均拥有大量房地产，以及工业、建筑、航空运输、保险和银行等行业的众多公司的多数股权。《非洲人报》还同时指责邦戈政权使用暴力恐吓、压制批评者。随后美国和法国政府的一系列调查证实，邦戈家族及其统治集团多年来将数十亿美元的国家收入转移到海外的秘密账户中，拥有海外多处豪华房产，积累了世界级的财富，使其家族跻身于非洲最富有的家族之列。在他掌权的几十年中，他建立了一个名副其实的王朝共和国，他的儿子阿里和帕斯卡林均担任政府要职。加蓬民主党内部有相当一部分人不愿放弃手上的权力，因而尽管邦戈面临严峻的经济和政治挑战，他们却仍然忠于邦戈。因此，和在冷战结束后头十年里席卷整个非洲大陆的民主化浪潮中失去权力的其他法语非洲国家统治者不同，邦戈成功地适应了竞争激烈的选举新环境。尽管同意实行多党民主选举制，但新的宪法保障措施使得他并未下台。当反对派终于意识到总统在逃避履行在多党选举中实现公平自由的承诺时，1991 年爆发了抗议、罢工和骚乱，但这些均在法国伞兵的干涉下被邦戈政权暴力镇压。

受国际政治气候的影响，加蓬政局持续动荡。1992 年，反对派在让蒂尔港发起"死城日"行动，反对党在议会对政府提出不信任案。在这种情况下，1993 年底，加蓬举行首次多党总统选举，邦戈以 51.2% 的得票率战胜其他 12 名竞选者，得以连任。

对于邦戈当选的结果，反对派提出异议，并利用中非法郎贬值所引发的民众不满情绪，掀起动乱，阿贝索罗另组平行政府，加蓬第一次处于内战的边缘。政府动用军队、警察部队、宪兵队加以镇压，阿贝索罗流亡法国，局势遂告平息。随后，政府提出对话政策，成立联合政府，吸收反对派人士参加，但遭到激进反对派拒绝。在法国的斡旋下，政府与反对派达成"巴黎协议"，成立民主政府。1994 年"巴黎协议"的结果是成立了一个独立的选举委员会，将总统卫队转变为共和国卫队，并成立了全国民主委员会，作为加蓬政治生活的监管者，以确保公平和政权反对者的安全。由于这涉及宪法改革，加蓬在 1995 年举行了独立以来的首次公民投票，96.3% 的人同意按"巴黎协议"修改宪法，这赋予了时任总统新的合法性。

在他的余生中，邦戈一直在玩多党民主的游戏，却从未真正输过一次选举。1996 年，总统派与反对派围绕地方和议会选举展开激烈角逐。加蓬先后于 1996 年 10 月、12 月和 1997 年 1 月举行了地方、国民议会和参议院选举。1996 年，邦戈在第一轮地方选举中惨败，尤其是在利伯维尔选区被芳族反对派击败后，加蓬民主党利用其对选票统计的行政控制，在第二轮选举中获取了多数胜利，最终总统派在 3 项选举中均获多数席位。邦戈同样获取了 1998 年总统选举的胜利，获得连任。尽管面对的是以清廉著称的反对派领导人皮埃尔·芒邦杜，邦戈还是得到了北部芳人的大力支持。虽然邦戈保持大选不败，但这并不能掩盖日益激化的社会矛盾。1998～1999 年的经济低迷状况引发了社会矛盾，1999 年发生了公务员罢工、学生罢课、群众示威事件，这对政局的稳定产生了不良影响。进入 21 世纪，邦戈继续致力于维护国家稳定，但由于经济不景气导致的拖欠工资、腐败、失业和紧缩财政等一系列问题日益突出，示威游行等抗议活动仍时有发生。2000 年，加蓬在平静中度过一年，未出现重大的反政府事件，但这种局面未能维持多久。2001 年 6 月，在经济首都让蒂尔港出现了失业人员示威游行。人们希望政府能采取有效措施，促进经济发展，实行良政。在 2001 年的议会选举中，邦戈利用加蓬民主党在立法机构中新获得的绝对多数席位，推动了选举法的改革，改革后的选举法取消了他的任期限制，并规定在未来的总统选举中实行单轮投票。从两轮投票到一轮投票的改变很重要，因为这让邦戈可以避免在第一轮选举投票中遭遇反对派联合统一的情况，并能够以最微弱的多数票宣布胜利。2003 年 7 月，参众两院联席会议通过宪法修正案，取消对总统连任次数的限制。2005 年 11 月，邦戈在总统选举中战胜了他的对手芒邦杜，实现了终身总统的愿望。

邦戈执掌政权后，加蓬政治生活一直在波浪中向前发展，这是加蓬政局的主流。但任何持续性的社会变革总是伴随着主流与支流的相互激荡，伴随着执政党与反对派或持不同政见者的相互斗争，这造成加蓬社会短时间内的局部的社会动荡。由于反对力量相对弱小，邦戈政府均平息了社会动乱。从总体看，自 20 世纪 90 年代中期开始，加蓬政治民主化发展取得成果，政局总体趋于稳定，"和平、团结、稳定"的理念深深地植根于广大民众内心，人们不愿战乱的场景在加蓬出现。从外部环境来看，法国总统希拉克与邦戈的私人关系密切，双方甚至可以称兄道弟，这对邦戈巩固其政坛地位意义重大。特别是由于法国意欲扩大其国际影响力，迫切需要巩固它在非洲的传统势力范围，以回敬美、英等国在非洲咄咄逼人的态势，这就使法国会更加支持邦戈这样的知己。90年代初，法国驻加部队帮助维持首都秩序，2000年1月，"加蓬2000年"军事演习举行，这些均表明原宗主国对邦戈政权的支持。但邦戈在执掌政权期间也饱受诟病，评论家批评说他实际上只是为自己及家人和精英阶层工作，而不是为加蓬和加蓬人民工作。法国绿党政治家伊娃·乔利（Eva Joly）就曾声称，在邦戈政府统治期间，加蓬人均国内生产总值增长达到非洲最高水平，但加蓬每年只修建5公里的高速公路，到邦戈2009年去世时，加蓬仍是世界上婴儿死亡率最高的国家之一。

## 三 阿里·邦戈执政时期（2009年至2023年8月）

奥马尔·邦戈的第三任妻子伊迪丝·露西·邦戈（Edith Lucie Bongo）于2009年3月去世。她去世后，5月6日加蓬国家电视台宣布，邦戈深陷于对其妻子病死的悲痛之中，不得不"中止其总统职务"，以"重新获得力量和休息"。在邦戈住院期间，时任民主与共和联盟（ADERE）领袖的副总统迪焦博·迪翁基·迪·丁盖（Didjob Divungi Di Ndinge）暂代总统职务，代表加蓬出席了2009年5月9日南非总统雅各布·祖马的就职典礼。

2009年6月8日，奥马尔·邦戈在西班牙一家医院去世。加蓬宪法规定，总统职位空缺时，由参议院议长或第一副议长代行总统职权，并在40天内组织总统选举，而代行总统职权的人不能参加总统竞选。因而在6月10日，参议院议长罗斯·弗兰西娜·罗贡贝（Rose Francine Rogombé）依宪法规定就任临时总统。虽然迪焦博·迪翁基·迪·丁盖按宪法规定辞职，不再行使总统权力，但罗贡贝于2009年6月27日重新任命他为副总统。这被视作罗贡贝在其临时总统任期内为维护邦戈所精心打造的国家机构之间的政治、种族和区域平衡所采取的表面政策的一部分。

罗贡贝的临时总统任期仅仅持续了4个月。在2009年8月的总统选举中，前总统奥马尔·邦戈之子阿里·邦戈·翁丁巴（Ali Bongo

Ondimba）成为加蓬民主党的总统候选人，并以 41.7% 的相对多数票赢得了大选。2009 年 10 月 16 日，阿里·邦戈就任加蓬共和国总统，2010 年 3 月当选为加蓬民主党主席，2023 年 8 月因政变下台。

**（一）阿里·邦戈的第一个任期（2009~2016 年）**

阿里·邦戈在其父担任总统期间便开始接触加蓬的政治事务。在法国获得法律学位后，阿里于 1981 年加入加蓬民主党，在政治圈中首次亮相。1983 年开始担任加蓬民主党中央委员会委员，1984 年进入加蓬民主党中央政治局，两年后当选为加蓬民主党中央政治局主席。1989 年他被任命为加蓬的外交部长，但于 1991 年辞职，因为当时加蓬的新宪法规定，在政府中任职的部长必须至少年满 35 岁。于是从 1991 年开始，阿里开始担任国民议会中的邦戈维尔副代表。1996 年，阿里重返加蓬政府，成为加蓬伊斯兰事务高级理事会主席，并在 1996 年 12 月的议会选举中成为上奥果韦省的加蓬民主党候选人。1999 年 1 月 25 日，他被任命为加蓬的国防部长。2006 年 1 月被提拔为内政部长，同时仍然担任国防部长一职。2008 年 9 月，阿里再次当选为加蓬民主党副主席。2009 年 6 月 8 日，其父奥马尔·邦戈在执政 41 年后去世，邦戈之死在执政党内部引发了他的长子阿里·邦戈和其他有权势的候选人之间的继任之争。邦戈去世后的几天里，其支持势力一直在争夺继任权，争取时间去选定一个继承人，然后团结在他的周围。最终，他们决定由阿里·邦戈接任，并为他在仓促举行的 2009 年总统选举中获胜做准备。2009 年 7 月 19 日，加蓬民主党秘书长福斯坦·布库比（Faustin Boukoubi）正式提名阿里·邦戈为该党的总统候选人。为了确保公平竞争，临时总统罗贡贝罢免了阿里的国防部长一职。修改后的选举法确保不受加蓬人民欢迎的邦戈不必在第二轮决选中面对反对党联合挑战者并赢得多数选票，而只需在第一轮投票中获得多数票即可。就这样，凭借着 141952 张选票，以不到 42% 的得票率，阿里·邦戈于 2009 年 8 月 30 日当选总统，击败了其父在南方的长期对手——反对派候选人皮埃尔·芒邦杜（25.22%）和在其父执政期间长期担任部长的独立候选人安德烈·姆巴·奥巴梅（25.88%）。

邦戈在就职典礼上做出了对公正司法和反腐败的承诺，并表示需要采取迅速行动，以"恢复信心并促进新希望的出现"。他还提到了其父奥马尔·邦戈的执政理念，即在权力分配中通过政治、种族和区域平衡来维护稳定，同时还强调"卓越、能力和工作"比"地理和政治考虑"更为重要。他说："我们将继续捍卫已故总统奥马尔·邦戈·翁丁巴所留下的和平，同时强调可持续发展并将对所有人的资源进行公平分配。"同时他宣布根据国家潜力开展教育制度改革，针对市场需求推进专业技能培训，强调"我们的责任就是在各地创造就业机会"。他承诺永远不会干涉两党议会党团、参议院和国民议会的工作，不寻求终身执政。他在就职演说中再次强调了他的"和平、发展、分享"理念，表示将努力把加蓬建设成为一个政治稳定、经济繁荣的新兴国家。①

1. 新兴加蓬计划

阿里·邦戈想要展现自己与其父以及像安德烈·姆巴·奥巴梅这样的加蓬民主党领袖人物的不同之处。体现他与过去不同的方案是他提出的"新兴加蓬计划"（Plan Stratégique Gabon Emergent，PSGE），这原本是他在竞选期间提出的一个口号，他承诺将加蓬带到国际金融机构认定的中等收入国家行列里去。该计划的目标是打造"工业加蓬、服务加蓬和绿色加蓬"，旨在吸引外资发展制造业、电信业和农业，在2025年前发展加蓬除石油产业外的新兴产业，主要包括第二产业和第三产业。②"工业加蓬"的重心在于提高国内工厂的加工能力并提高资源产品如石油和木材的附加价值；"服务加蓬"的目标是通过学习国外先进经验，发展加蓬落后的服务业如金融等产业；"绿色加蓬"则是致力于提高农业生产率、发展农业现代化并打造优美生态环境，吸引外国游客来加蓬旅游。"新兴加蓬计划"是阿里·邦戈针对加蓬国家经济发展中存在的问题制定的重要国家发展战略规划。根据国际货币基金组织（IMF）的估计，加蓬政

---

① Douglas A. Yates, *Historical Dictionary of Gabon*, Fourth Edition, London: Rowman & Littlefield Publishers, 2017, p. 22.

② Plan Stratégique Gabon Emergent: Vision 2025 et orientations stratégiques 2011 – 2016, Libreville, Gabon, 2012.

府计划支出高达 120 亿美元，以用于基础设施建设。然而，由于 2014
年以来的国际油价暴跌，原材料价格低迷，加蓬政府财政收入锐减、外
债增加，经济下行压力增大，根本无力投资如此巨大的基础设施建设
计划。

2. 合作伙伴多元化战略

1960 年 8 月，加蓬宣告独立，独立之后的加蓬政治经济格局仍然
没有摆脱殖民主义的枷锁，政治经济上严重受控于以法国为代表的西
方国家，加蓬当权政府视法国为重要的护身盾牌，同法国一直保持紧
密的联系，形成了加蓬政治经济格局中的独特现象，有学者称之为
"新殖民主义"。以法国为首的西方国家在控制加蓬的石油、森林和矿
产资源开发的同时，掌控着加蓬的金融产业，在加蓬首都利伯维尔设
有军事基地，对加蓬的国内政治进行干预，为自己在非洲的代理人保
驾护航。

2009 年，阿里·邦戈上台后重视发展对外关系，上任之初就访问
了美国、法国、英国等国家，积极维持和改善加蓬与西方大国的关系。
阿里·邦戈多次参与重大国际活动，重视并加强同联合国的关系。2011
年，联合国在利伯维尔设立驻中部非洲地区办事处；6 月，加蓬担任联
合国安理会轮值主席国，阿里·邦戈赴纽约主持安理会第 6547 次会议，
审议并通过关于艾滋病对国际和平和安全的影响的决议，即 1983 号决
议；9 月，邦戈赴纽约出席第 66 届联合国大会；10 月，邦戈赴巴黎出
席联合国教科文组织第 36 届全会。2012 年 6 月，邦戈赴巴西出席联合
国可持续发展大会，9 月赴纽约出席第 67 届联合国大会。2013 年 9 月，
邦戈赴纽约出席第 68 届联合国大会。2013 年至 2015 年，加蓬担任联合
国人权理事会成员。

长期以来，加蓬同法国关系密切，法国在加蓬设有 100 多家子公
司，加蓬有 200 多家加法合资、合营企业，1.15 万名法国侨民在加蓬
生活或工作，加蓬海外投资的 70% 来自法国，加蓬对法债务直接占其总
海外债务的 50%。法国政府一贯高度支持加蓬政府，以维持加蓬政治经
济格局的稳定。其主要目的是谋求法国在非洲国家的持续、稳定的既得

利益。戴高乐之后的历任法国总统均访问过加蓬，萨科齐总统分别于2007年7月、2009年6月以及2010年2月三次访问加蓬。加蓬已故总统奥马尔·邦戈和前总统阿里·邦戈也曾多次访问法国。2012年7月，阿里·邦戈对法国进行工作访问，与奥朗德总统举行会谈，双方表达了加强合作的共同愿望。

在与法国保持良好关系的同时，加蓬还不断扩大和其他国家的合作。2014年1月14日，农业部长于连·恩科格·贝加雷与德国驻加蓬大使史蒂芬·格拉夫（Stefan Graf）举行会谈，探讨从德国引进农业管理技术，建立双赢的农业合作机制。2015年3月25日，加蓬与中国签署经济技术合作协定。新加坡的奥兰国际有限公司在加蓬购置了144000公顷的土地，在加蓬三个区域种植棕榈，力求在加蓬发展绿色产业。继奥兰承诺开发棕榈油项目后，阿里·邦戈乘胜追击，于2010年同奥兰签订另一份协议：由奥兰在距利伯维尔市区27公里的恩科克（Nkok）筹建一个新的免税经济特区。该经济特区给予的主要优惠政策包括：十年内对企业的利润或收入不征税，之后的五年按10%的税率征税；允许企业资金自由汇出；在企业招聘外籍劳务人员时给予额外优惠待遇；将工业用电价格降低50%；对设备、机器及其零配件免征进口关税等。阿里·邦戈想把加蓬变成"非洲的新加坡"。他在棕榈种植园和自由贸易港建设上花费了大量的心血，投入了大笔资金。尽管环保活动人士抗议棕榈种植对森林有破坏作用，但不可否认的是，同奥兰的合作是邦戈为其"绿色加蓬"计划吸引外国投资的成功案例之一。

邦戈积极参与地区和国际事务，推动非洲一体化进程。2013年12月12日，阿里·邦戈应邀出席肯尼亚独立50周年庆典，肯定并希望进一步深化两国的友好合作关系，通过利伯维尔与内罗毕两大城市的联系增进两国之间的交流互通。2015年6月9日，阿里·邦戈访问沙特阿拉伯，与沙特国王萨尔曼就打击极端势力、加强两国经济合作等议题进行双方会谈。除此以外，加蓬政府还通过"中部非洲和平与安全理事会"及"几内亚湾委员会"参与几内亚湾打击几内亚湾海盗、有组织犯罪和毒品交易、武装非法开采资源、武器泛滥等行动。通过积极拓展与其他大国和新兴国家的务实合作，加蓬政府的经济多元化发展思路愈发明显。

3. 重点产业发展规划

为确定国家基础设施建设的发展方向，对基础设施建设做出合理规划，加蓬政府于 2010 年聘请美国柏克德公司制定国家基础设施指导大纲（Schéma Directeur National d'Infrastructure，SDNI）。经过该公司近两年时间的调研和准备，大纲于 2012 年制定完毕。根据大纲，到 2025 年，加蓬政府将实施 189 个大型项目，涉及电力、矿产、交通运输、通信、住房、工业园区等领域。

从 2012 年始，至 2016 年，加蓬政府投入 3800 亿法郎（约合 5.8 亿欧元）用于全国省会城市间的光纤网建设项目、政府行政网建设项目和移动电话网优化项目，以实现全国主要城市光纤覆盖和高互联网接入率，其中的重点项目是利伯维尔至弗朗斯维尔的 800 公里光纤铺设工作。此外，政府计划在让蒂尔港曼基岛免税区建设数字经济中心，规划 IT 产业园，发展数字城市和数字经济，吸引全球投资者，培养信息技术人才。同时，加蓬将分四期建设国家统一电网，目标是到 2020 年在全国 100% 的地区实现供电覆盖，将东南部丰富的水电资源输送至利伯维尔、让蒂尔港、弗朗斯维尔等大城市，并输向喀麦隆、中非、刚果（布）等周边国家。

加蓬政府希望将加蓬打造成金属冶炼业中心，在 2020 年实现锰矿资源全部本地加工化，具体措施包括建设奥果韦矿业公司硅锰和电解锰冶炼厂，建设为该厂提供电力的大布巴哈水电站，扩建锰矿运输铁路，成立莫安达矿产和冶金大学，培养矿产领域的工程师和技术人员。此外，加蓬政府还计划开发贝林加铁矿，该铁矿面积为 700 平方公里，品位高达 64%，未来预计可年产铁矿 5000 万吨，将成为加蓬除石油之外的又一经济支柱。

**（二）阿里·邦戈的第二个任期（2016 年至 2023 年 8 月）**

世界经济论坛《2016~2017 年全球竞争力报告》显示，加蓬在全球最具竞争力的 138 个国家和地区中居第 108 位。得益于国际经济复苏和石油、原材料价格上涨，2017 年加蓬经济逐渐回暖，人均国内生产总值高达 9442.03 美元，相当于世界平均水平的 75%。瑞士投资基金发布的《2018 年最具投资吸引力非洲国家排名报告》中，加蓬居第 29 位，比

2017 年上升 5 位。根据美国传统基金会发布的 2018 年全球经济自由度指数报告，加蓬在中部非洲经济与货币共同体（CEMAC）中排名第一，在全非洲居第 15 位。

2016 年 12 月 6 日至 9 日，应中国国家主席习近平邀请，阿里·邦戈对中国进行正式的国事访问，在这之前，他曾 11 次访华。此次访华是他在 8 月总统选举中赢得连任以后首次出访非洲大陆以外的国家，表明了邦戈深化中加友谊的决心。在人民大会堂举行的欢迎仪式后，习近平主席表示，中方支持加方加快推进工业化进程，把资源优势转化为发展成果，愿继续推进有关在建合作项目，鼓励中国企业积极参与双方基础设施建设合作。中方愿同加方探讨建立农业合作机制，支持加方发展旅游、金融、电信等产业。双方要加强安全合作，中方愿帮助加方加强维稳、执法能力建设。① 两国元首宣布同意开展全面合作伙伴关系。之后中国连续多年保持着加蓬第一大贸易伙伴的地位。2017 年，双边贸易额达 26.8 亿美元，同比增长 47.7%。中加两国在卫生、教育、文化及人力资源培训等领域开展密切交流。2017 年 10 月，中国海军和平方舟号医院船访问加蓬，为 6000 名当地民众提供了免费诊疗服务。

2018 年 9 月 3 日至 4 日，阿里·邦戈赴中国出席中非合作论坛北京峰会，同中国签订《避免双重征税协定》。9 月 5 日至 6 日，阿里·邦戈率团访问武汉。武汉大学校长窦贤康向阿里·邦戈授予武汉大学法学名誉博士学位。武汉大学于 1987 年开始招收加蓬留学生，加蓬是留学生人数在武大最多的国家之一，至 2018 年武大已有 100 名加蓬籍留学生。授予仪式为新时代中国和加蓬的校际合作尤其是加蓬高校与武大的交往注入新活力，双方合作是中非合作论坛北京峰会目标的深度体现。2018 年底，中国在加首座孔子学院正式开课，这一举措为传播中国文化、加强两国友谊提供了新的途径。2018 年双边贸易额达 33.65 亿美元，其中中国出口约 3.86 亿美元，主要出口产品为机电产品、建材等；中国进口约 29.79

---

① 《习近平同加蓬总统邦戈举行会谈 两国元首决定建立中加全面合作伙伴关系》，新华网，2016 年 12 月 7 日，http：//www.xinhuanet.com/politics/2016-12/07/c_1120075038.htm。

亿美元，主要进口产品为原油、锰矿砂、木材等。①

2011 年议会选举期间，芳族反对派仍团结在以安德烈·姆巴·奥巴梅为首的全国联盟中。当时法国公共电视台播放了一部名为《法非共荣》（*Françafrique*）的纪录片，其中有对罗伯特·布尔吉（Robert Bourgi）的采访。布尔吉是一位颇具影响力的法国律师，也是邦戈政权的内部人士，他讽刺地说道，2009 年总统选举的结果有猫腻，奥巴梅实际上是胜利者。在向公众揭示了选举是如何舞弊之后，奥巴梅宣布自己才是 2009 年总统选举的合法获胜者，并宣誓就任总统。姆巴·奥巴梅将他的一切都赌在了这一大胆的政治举动上，他希望 2011 年的"阿拉伯之春"能有一个非洲版，但很显然，他严重误判了加蓬的政治气候。在针对自己的逮捕令下达之后，奥巴梅由于担心自己的生命安全，逃到了利伯维尔的联合国开发计划署办公室，在那里他获得了想要的庇护。

内政部长宣布解散反对党全国联盟，其所有为邦戈政府效力的芳族政客均被解职，被迫离开各自的部门。由于没有一个政党将他们团结起来，全国联盟内部的不同政治派系分别回到了各自的选举基地，并试图以独立人士的身份开展竞选活动。因此，到了年底，当议会选举终于举行时，由于官方拒绝采用新的选举名单和生物识别选民卡，那些属于已解散的全国联盟的芳族政客决定联合抵制选举。由于当时没有真正有能力挑战执政党的反对派人士在场，加蓬民主党及其盟友赢得了国民议会 120 个席位中的 114 个。

2016 年总统选举期间，反对派一开始表现得很不团结，因为他们无法围绕一个共同的候选人联合起来。14 名候选人参加了投票，其中包括总统阿里·邦戈和他父亲执政时期的著名外交部长、非洲联盟（African Union）委员会前主席让·平（Jean Ping）。让·平于 2004 年到 2005 年任第 59 届联合国大会主席。2007 年 1 月 25 日被任命为加蓬副总理兼外交部长，2008 年到 2012 年任非洲联盟委员会主席。2014 年 2 月 19 日，他退出执政党加蓬民

---

① 中华人民共和国驻加蓬共和国大使馆经济商务处网站，http：//ga. mofcom. gov. cn/article/zxhz/hzjj/201902/20190202834776. shtml.

主党，12 月 20 日，参与反对总统阿里·邦戈的示威活动，并被警察使用催泪瓦斯攻击。2016 年，让·平参加加蓬总统选举。

　　随着 2016 年 8 月 27 日大选的临近，其他反对派候选人认识到，他们必须团结在一个共同的领导人周围，否则就会在分裂中输掉选举，于是他们一个接一个地退出选举，转而支持让·平。让·平因此获得其他反对派的共同支持，对抗总统阿里·邦戈。反对派的突然团结令加蓬民主党感到惊讶，因为这有可能破坏邦戈政权为确保在反对派不团结的情况下继续执政而设计的一轮投票制度。加蓬民主党被迫迅速做出反应：他们宣布上奥果韦省的选举结果，声称邦戈总统获得了 95% 的选票，并称选民投票率为 99%。① 根据加蓬全国选举委员会（CENAP）于 8 月 31 日发布的官方结果，阿里·邦戈被宣布以 49.8% 的得票率获胜，拥有 48.2% 得票率的让·平与其仅差 5594 票。这个结果立即遭到了反对派和国际观察员的质疑，其强烈批评选举的公正性和公开透明性。全国各地旋即爆发骚乱，并遭到暴力镇压。8 月 30 日，美国驻加蓬大使呼吁投票站公布投票结果，称"选民对众多系统性的失误和违规行为而感到失望"。9 月 1 日，欧盟发声："对选举结果的信心只能通过对每个投票站的选票进行透明的核查来恢复。"② 2016 年 8 月 31 日至 9 月 1 日夜，让·平的总统竞选总部遭到军方袭击，这造成多人死亡。在 9 月 2 日的新闻发布会上，让·平说道："全世界都知道共和国总统是谁：是我，让·平。"③ 让·平要求投票站重新计算票数。由于弗朗索瓦·奥朗德（Francois Hollande）所领导的法国政府似乎更倾向于支持让·平，这使得当时加蓬与法国的关系有所恶化。在邦戈宣布选举获胜后不久，9 月 6 日，法国总理曼努埃尔·瓦尔斯（Manuel Valls）要求在上奥果韦省重新计票，这引发了一场外交事件。邦戈直接通过法国国际广播电台愤怒地做出回应，言明在宪法法院对此事做出决定之前，他提出的重新计票的要求是违法的。瓦尔斯坚称，他主要关心的是在

---

① Douglas A. Yates, *Historical Dictionary of Gabon*, Fourth Edition, London：Rowman & Littlefield Publishers, 2017, p. 23.

② 法国《十字架报》2016 年 9 月 6 日电。

③ 法新社 2016 年 9 月 2 日电。

加蓬生活和工作的 15000 名法国人，考虑到邦戈胜选的微弱优势和在该省的令人震惊的高支持率，"要求重新计票是明智的"。① 2016 年 9 月 24 日，宪法法院宣布邦戈为获胜者，得票率为 50.66%，而让·平的得票率仅为 47.24%。宪法法院做出判决之后，因迫于国际社会压力而向高等法院提出上诉的让·平向加蓬人民发表了讲话："昨天，宪法法院不顾一切地做出了裁决，践踏了加蓬人民的主权，刻意无视国家和国际社会迫切要求透明度的呼声。但是，这项裁决不会团结加蓬人民，也不会让加蓬人民满意，因为加蓬人民不会承认这一裁决。国际社会也不会对其给予任何信任。"②

自 2016 年 10 月 9 日以来，让·平一直在法国辗转寻求支持他成为加蓬合法总统的法国政界人士。这些法国政界人士包括参议员让-马里·博克尔（Jean-Marie Bockel）、民主与独立派联盟领袖让-克里斯托夫·拉加德（Jean-Christophe Lagarde）以及在 2017 年总统选举中失败的极左翼候选人让-吕克·梅朗雄（Jean-Luc Melenchon）。让·平还和法国总统候选人、法国经济部前部长阿尔诺·蒙特布尔（Arnaud Montebourg），以及国民议会主席克劳德·巴托隆（Claude Bartolone）进行了会面。尽管让·平做了诸多努力，但法国政府并没有采取任何具体措施对他切实地伸出援手，法国对加蓬选举中阿里·邦戈极具争议的胜选的沉默也象征着法国对选举结果的默认。

近年来，美国司法部一直在对邦戈家族的财产进行调查，这使加蓬和美国的关系持续处于紧张状态。例如，美国驻利伯维尔使团就曾要求释放在加蓬总统选举后发生的暴力事件中被捕的几名反对派领导人，其中包括阿里·邦戈的表弟——情报局前局长利昂·保罗·恩古拉基亚（Léon Paul Ngoulakia）。他因持有质疑阿里出生证明的反对派小册子和支持让·

---

① Douglas A. Yates, *Historical Dictionary of Gabon*, Fourth Edition, London: Rowman & Littlefield Publishers, 2017, p. 24.

② 宪法法院做出判决的第二天，让·平占领高等法院并向加蓬人民致辞，在声明中谴责法院在阿里·邦戈的手中失去了司法公正。参见"Verdict de la Cour constitutionnelle: la déclaration intégrale de Jean Ping," Info241.com, September 24, 2016, http://info241.com/verdict-de-la-cour-constitutionnelle-la-declaration-integrale-de, 2229。

平的候选人资格而被关押了 5 天，最后于 2016 年 9 月 28 日获释。但在唐纳德·特朗普（Donald Trump）于 2016 年 11 月 9 日当选美国总统后，局面开始有所改变。希拉里·克林顿的落败和特朗普的当选实际上也掐灭了让·平寻求美国支持制裁邦戈的最后希望。特朗普是坚定的亲石油派，他的国务卿雷克斯·蒂勒森（Rex Tillerson）是埃克森美孚公司的前首席执行官。而阿里·邦戈则是非常愿意在非洲和国际组织中为特朗普政府提供支持的。鉴于石油对美国在几内亚湾地区的战略重要性，白宫会欣赏邦戈的亲美、亲石油立场，也是非常合情合理的。

2016 年阿里·邦戈以微弱优势胜过让·平后，民众对持续了半个世纪的邦戈家族的统治十分不满。2018 年阿里·邦戈身患疾病，在摩洛哥长期就医，不理国事。邦戈的健康状况让民众十分担心，对总统的不信任情绪开始蔓延，民众怀疑总统能否履行职责。2019 年 1 月，士兵以"不满国家独裁，开启国家民主"为由，发动了一场短暂的小规模军事政变。他们占领国家电视台，呼吁民众走出家门一同推翻统治加蓬长达半个世纪的"邦戈体制"。但这场政变和 1964 年的那场军事政变一样，均在法国的军事干预下失败。

加蓬的政治制度延续了法国的模式，民主制度下的强人政治和精英政治是加蓬建国后的特色之一。但 20 世纪 80 年代石油产量持续降低之后，国内经济发展疲软，金融丑闻及腐败问题成为影响加蓬政治经济格局的重要社会问题，也是其经济和社会发展的制约因素。与腐败相关的国内外利益集团攫取了加蓬的资源财富，使得加蓬成为非洲一个人均收入较高但分配却严重不均的国家。失业人口所占比例高达 40%，65% 的人口低于国际贫困线，每天收入少于 1 美元。

法国通过中非法郎控制加蓬的货币政策。常驻官兵约 900 人的法国精锐部队驻扎在利伯维尔国际机场附近的戴高乐营地，2010 年 2 月两国还签署了新的防务协定，法国继续在加蓬保持军事存在。法国合作机构高度参与加蓬国内的教育工作，从而培养出具有法语世界观的受过教育的精英，这些精英读法国报刊、听法国广播、看法国电视，在法国大学学习法国法律和其他科目。在巴黎活跃的商业服务机构以及数以万计在加蓬生活和工作的法国侨民的帮助下，法国企业在加蓬一直占据主导地位。各行业最大的外国公司是法国公司，如石油公司道达尔（Total）、林业公司鲁吉尔（Rougier）和锰加工公司康米洛格（Comilog）等。加蓬通过与法国外交部、国防部和爱丽舍宫的长期关系，与法国保持着外交关系，并定期参加法非首脑会议和法语国家大型文化国际组织会议，为法国对非洲的军事干预政策提供战略支持。

为保持法国在非洲的影响力，长期以来法国通过扶持"代理人"的方式对加蓬的国内政治进行持续干涉。但值得注意的是，近年来非洲国家的去殖民化声音渐增，其开始探索国家自主发展之路。而在新冠疫情的外部冲击下，加蓬2022年经济增长率仅为4.2%，外债总额达83亿美元。[①]此外，2018年以来，阿里·邦戈总统一直抱恙，民众质疑其治国理政能力。在此背景下，2023年8月26日，加蓬启动新一轮总统选举，阿里·邦戈参加竞选，谋求连任。8月30日，全国选举委员会宣布邦戈以64.27%的得票率赢得选举，再次实现连任。就在选举结果公布后不久，十余名军方人员以"过渡和机制恢复委员会"名义宣称选举结果无效，并称已获取政权且软禁了总统邦戈，解散国家机关。9月4日，加蓬政变军人领导布里斯·奥利吉·恩圭马就任加蓬过渡总统。由此，阿里·邦戈的第三个总统任期因政变提前终结。

---

① 英国经济学家情报部网站，https：//viewpoint.eiu.com/analysis/reports/global。

# 第三章

# 政　治

加蓬自 1960 年独立以来，始终实行共和制，但其政党政治的发展与演变经历了多党议会民主制、一党制中央集权和新一轮多党制民主政治的三个不同阶段。加蓬宪法进行过多次重大修改，现行宪法规定加蓬实行立法、司法和行政三权分立制。

## 第一节　政治体制

### 一　政体

#### （一）欧洲人到来之前的政治体制

15 世纪，在第一批到达加蓬的葡萄牙人来到之前，加蓬境内存在数十个部落，部落是当时加蓬的主要政治单位。每个部落又分为若干个氏族，氏族之下又统领一些村落。以姆庞圭人为例，姆庞圭人还保留着原始部落时代的长老会议制度的残余形式，长老会议掌握了部落的最高权力，即行政及司法权。在名义上，首领是政府、军事、宗教的最高统治者，但其权力受到很大限制。首领为终身制，职位大多也是世袭的。约定俗成的传统法被广泛认可，陪审法庭是姆庞圭人最高的司法机关，由各村的耆老和有声望的人组成。咨议机构是监督政治生活的重要机关，其职能是对部落的重大事情进行表决。

加蓬各个部落对外独立，对内享有完全的自主权。在政治上，不同的部落之间没有隶属关系。古代加蓬的历史上不曾出现过君临一切部落的专制首领，部落的本位主义和多中心是古代加蓬政治的一个特点。

　　加蓬社会长期保持家长制的部落政治形式，这是与其社会经济发展状况相适应的。加蓬社会经济长期停滞在自给自足的农业经济上，手工业和商业尚不发达。在部落酋长领地制之下，各个家庭成为最基本的生产单位，社会上没有形成同传统村落酋长相抗衡的力量，还没有出现经济地位和经济利益与之不同的阶层，所以形成了部落政权形式。

### （二）法国殖民时期的政治体制

　　法国在加蓬的殖民扩张体现为对加蓬民族的军事征服，政治、经济控制及文化渗透。19世纪80年代，法国逐渐实现了对加蓬领地的蚕食，最终占领加蓬全境。在这一时期，为了保障殖民控制的顺利进行，一方面，法国殖民者一般采取不破坏加蓬部落传统社会权力机构并对之加以保留的策略，这使当地的部落政治体系得以存在；另一方面，通过对部落所属领地的征服和划定势力范围，法国殖民者要求原有部落须由法国政府"保护"，这使之成为法国殖民当局控制、利用及强化殖民统治的工具。

　　19世纪80年代，加蓬进入法国殖民统治时期，尤其是西方列强在柏林会议上通过的"有效占领"原则，明确规定"兼并国"有责任保证建立足以保护其现有各项权益的权力统治。于是，在法国殖民统治建立的同时，加蓬传统社会结构、政治体制也发生了重大变动。加蓬的政治体制是宗主国政治体制的一部分。从本书第二章中关于法国殖民政治统治制度的论述中可以看到，法国在加蓬建立了较为严密的统治体系，掌握了加蓬的立法、行政和司法大权，建立了从属于布拉柴维尔的殖民地管理机构，总督权力凌驾于各个传统部落酋长之上，这使加蓬各个部落告别本位主义、多中心、独立行使权力的时代，被纳入了殖民统治秩序，传统社会权力机构及酋长势力在殖民统治期间遭到重大打击与削弱。部落酋长的职能也随之改变，有的土著酋长被殖民当局吸纳，承担地方和基层政权的管理工作，负责收税、组织抗灾及修路等事宜，为殖民统治服务。

　　在非殖民化时期，法国通过宪政改革和政治机构的变换，实现了对殖民地统治方式的转变。加蓬从法属赤道非洲领地变为半自治共和国，最后成为独立国家。在这一转变过程中，加蓬人开始更广泛地参与当地的政治生活，组建了由本国议员组成的领地议会。尽管如此，法国并没有放弃其海外殖民地，只是采用间接统治的方式，控制加蓬的政治生活，继续维持其对法属非洲殖民地的殖民统治。

由于加蓬殖民地政治制度的建立是与殖民征服和统治联系在一起的，而殖民政府官员又站在殖民统治者一边，多年的殖民统治带给加蓬人的受奴役、受屈辱的心理阴影，不可避免地会使加蓬绝大多数民众自觉或不自觉地对殖民地政治制度深存着本能而又复杂的疑惧、反感乃至排斥。因此，当以原有殖民地疆域建立加蓬独立国家时，由于历史上存在着部落组织和殖民政府并存的二元政治体制，并没有一个统一的强有力的政治实体，加蓬新生国家政权基础薄弱，在政权建设上面临诸多挑战，迫切需要建立政府权威及政治合法性，并获得广大民众的认可与拥戴。

**（三）独立后的政治体制**

1960 年 8 月 17 日，加蓬独立，开始了国家的创建工作，实行议会制。1961 年 2 月，加蓬通过了新宪法，宣布改议会制为总统制，将国家权力明确划分为立法、行政、司法等部分，并设置了相应的国家机构。

加蓬的第一部宪法于 1959 年 2 月 19 日颁布，由于该部宪法是在加蓬独立前夕由法国代表和加蓬代表共同制定的，其内容在一定程度上体现了殖民遗痕，遂于 1960 年被废除。

1961 年 2 月 17 日，加蓬颁布了作为一个独立主权国家的首部宪法，即加蓬历史上的第二部宪法。这部宪法是加蓬仿照法兰西第五共和国宪法创制的，核心内容包括：加蓬废除议会制，代之以总统制；加蓬共和国是一个享有独立主权的共和国；国家主权属于人民，人民通过选举或全民投票直接行使主权，并通过立法机关、行政机关、司法机关等权力机关间接行使主权；政党和政治团体在选举时进行竞选，须在法令所规定的范围内组建并自由活动，政党与各种政治团体应尊重民主原则、国民主权与公共秩序；加蓬共和国依据国家主权，立法、行政和司法三权分立以及法治的原则加以组织。1967 年修订的宪法规定了政党地位，增加了加蓬民主党的行政权力，国民议会的职权被大大削弱，变成加蓬民主党行使行政权力的"橡皮图章"。1981 年修改的宪法规定：总统不兼任政府职务，由总理担任政府首脑；总理和政府部长由总统任免；政府向总统负责；总统有权修改宪法和法律。

1990 年初，在席卷非洲大陆的民主化浪潮的冲击下，加蓬主要城市也出现了局部骚乱不安。5 月 22 日，国民议会和加蓬民主党中央委员会在首都利伯维尔举行了联席会议，通过了加蓬过渡时期新宪法。新宪法规定，在总统提前辞职的情况下，将在多名候选人的基础上进行总统选举。新当选总统的任期为 5 年。新宪法的各项规定在得到国民议会与加蓬民主党中央委员会的批准之后，将指导加蓬的各个现行机构，直至 4 个月的过渡时期结束。

现行宪法于 1991 年 3 月 26 日颁布。该宪法规定：总统掌握行政大权，国民议会则享有立法权；共和国总理及各部部长由总统提名和任命；国民议会可对内阁成员投不信任票，免除其职务。该宪法规定总理为政府首脑，并授予其更大的权力，包括一些原属于总统的权力；总统与部长会议、议会协商后，有权解散议会或使之休会，如果总统解散议会，必须在 40 天内举行新的选举。1991 年宪法在 1994 年、1995 年、1997 年、2000 年、2003 年、2011 年、2018 年和 2021 年进行过修订。宪法规定加蓬实行三权分立，各政党及政治团体在法律规定的框架内，根据多党民主原则自由组建、运作和参加选举。1997 年 4 月通过的宪法修正案规定：总统任期由 5 年延长至 7 年；取消总统候选人的最高年龄限制；在总统职位空缺时，由参议院议长或第一副议长代行总统职权，并在 30~40 天内组织总统选举，代行总统职权的人不能参加总统竞选。宪法还规定设立副总统职位，副总统由总统任免，对总统负责，完成总统指定的任务，在总统选举或总统职位空缺期间，副总统一职中止。因而在 2009 年奥马尔·邦戈去世后，时任参议院议长罗贡贝成为临时总统，并组织 2009 年的总统选举。时任副总统迪焦博·迪翁基·迪·丁盖在选举期间按宪法规定辞职，不再行使总统权力。2000 年通过的宪法修正案规定，若现任共和国总统是总统选举中的候选人，则国民议会不能被解散。此外，从正式宣布参选到选举期间，总统不得行使条例制定的权力，必要时，议会可召开特别会议。2003年，奥马尔·邦戈修改宪法第九条，取消总统连任限制，成功在2005年的总统选举中获得连任。2011年通过的宪法修正案规定：从宣布总统选举结果到新的总统任期开始期间，不得解散国民议会，也不得启动或完成对宪法的修订；最高司法会议由共和国总统担任主席，第一副主席由司法部长担任；共和国总统应保证司法独立，法官在行使职权时，只应服从法律的权威。

## 二 国家元首与政府首脑

### （一）国家元首

1960~1967年，莱昂·姆巴担任首任共和国总统。在1961年和1964年的总统选举中，他分别获得全票和55.4%的选票，成功当选。姆巴总统病故后，1967年，奥马尔·邦戈当选总统，此后数度连任至2009年去世，是加蓬历史上第一位终身总统。奥马尔·邦戈逝世后，其子阿里·邦戈以41.7%的得票率继任总统之位，并在2016年的总统选举中再次胜出，获得连任。

1. 总统的产生

加蓬分别于1961年、1964年、1967年、1973年、1979年、1986年、1993年、1998年、2005年、2009年和2016年举行了总统选举。在理论上，总统选举实行两轮选举制；实际上，至今为止，加蓬每次举行的总统选举都只进行了一轮选举，因为在第一轮选举中就有候选人获得半数以上的选票。在1986年以前的总统选举中，只有邦戈一人是候选人，并未有实质上的竞争。

1993年，加蓬举行总统选举，奥马尔·邦戈以微弱优势击败竞争对手，蝉联总统，反对派不接受选举结果并策动骚乱，被武装部队镇压。

1998年总统选举中，由于反对派的四分五裂，邦戈虽遇到皮埃尔·芒邦杜（来自加蓬人民联盟）和保罗·姆巴·阿贝索罗（来自伐木者全国联盟）的挑战，仍续写大选不败的神话，击败反对党，再一次蝉联总统，政治地位得到进一步加强。

2009 年，阿里·邦戈以不足 42% 的相对多数票继任总统，引发公众质疑。2016 年，阿里·邦戈以 5594 票的微弱票数差距战胜拥有 48.2% 得票率的让·平，以 49.8% 的得票率获得连任。但选举结果随即遭到了反对派和国际观察员的质疑，全国各地旋即爆发骚乱，并遭到暴力镇压。

2023 年 8 月，加蓬举行总统、议会和地方"三合一"选举，选举委员会宣布阿里·邦戈再次当选总统。随后，加蓬军方发动政变，宣布取消选举结果，解散所有国家机构，结束邦戈家族统治，成立过渡和机制恢复委员会，并推举共和国卫队司令布里斯·克洛泰尔·奥利吉·恩圭马将军为委员会主席和过渡总统。9 月，恩圭马宣誓就任过渡总统，并组建过渡政府。①

2. 选举制度

总统经直接普选产生，任期 7 年，可连选连任。

选区划分及选民资格：全国根据行政区划划分为 9 个选区。凡是年满 18 周岁并享有充分公民权和政治权利的加蓬公民，不论男女，均可参加选举。

选举程序：总统选举实行两轮投票。

候选人资格：总统候选人必须是享有充分公民权和政治权利、年满 40 岁的加蓬公民，候选人本人必须在加蓬居住至少 12 个月。总统候选人可由政党提出，独立候选人也可参选。所有参加竞选的候选人须交纳 500 万中非法郎（2000 年的 1 美元约合 712 中非法郎）② 的押金。选举结束后，押金的 50% 将退还给获得 10% 以上选票的候选人。

选举时间：宪法规定，共和国总统任期从宣誓之日开始，到当选后的

---

① 《加蓬国家概况》，外交部网站，https：//www.mfa.gov.cn/web/gjhdq_ 676201/gj_ 676203/fz_ 677316/1206_ 677800/1206x0_ 677802/。

② EIU, *Country Profile： Gabon & Equatorial Guinea 2001*, London, 2001, p.4.

第七年年底结束。共和国总统的选举应在现任总统任期届满前不少于 1 个月、不超过 2 个月时举行。后者不得以任何方式缩短自己的任期，以争取另一个任期。若在选举前通过宪法法院确认候选人死亡或丧失行为能力，则推迟选举。宪法法院可酌情延长时限，但投票时间不得超过宪法法院做出决定后的 35 天。若选举被推迟到了现任总统任期届满后的某一天，则现任总统应继续任职，履行其总统权力及义务，直至选出继任者。

### 3. 总统的职权

共和国总统是国家元首和武装部队的最高首脑（总司令）。宪法赋予总统立法、司法和行政方面的广泛权力。总统监督宪法的执行，拥有修改宪法的提案权和对法律的解释、补充权以及对法律条文的复议权，议会不得拒绝；有权拒绝接受议会提案和修正案；有权将其认为必要的任何问题交由全民复决。总统保障司法裁决，拥有赦免权。总统任免政府总理及政府其他成员、军官以及最高法院院长；派遣和接受外交使节，签署和批准国际条约和协定。当共和国制度、国家独立、领土完整或国际义务的执行受到严重紧急威胁，以及公共权力的正常行使中断时，总统有采取必要措施的特别权力。副总统从议会内部或外部选出，协助总统工作，必要时可代行总统职务。

一方面，加蓬宪法赋予总统强有力的权力：总统是行政权的最高拥有者，与总理共享行政权，在政治生活和国家机构中居主导地位，是国家权力的中心；他有权任命总理和政府其他成员，还可在紧急状态下行使非常权力。另一方面，宪法规定总统由公众直接选举产生，他不对议会负责。因此，从这个意义上讲，加蓬政治体制具有总统制的特点。

### （二）政府首脑

政府由总理和政府其他成员组成，总理是政府首脑。共和国总理由总统任命。根据总理提议，总统任命政府其他成员。总理在接受任命后的 45 天内，需经部长会议审议后，向国民议会提交总政策方案，以便其进行辩论，然后举行信任投票；总理应指导政府的行动，确保法律的执行；总理的行为由负责执行的政府成员记录；情况紧急时，总理可在经部长会议审议并与议会两院议长协商后，宣布国家进入戒备状态；当国民议会通过不信任案或拒绝信任总理时，总理必须立即向总统递交辞呈。总理的辞职也就意味着内阁的集体辞职，此时总统可再次任命总理并令其重新组阁。

1975 年以前，加蓬总理一直由总统兼任。1961 年 2 月至 1967 年 11 月 28 日，莱昂·姆巴总统兼任总理。1967 年 11 月 28 日至 1975 年 4 月 16 日，邦戈总统兼任总理。此后，加蓬总统与总理分立。1975 年 4 月 16 日至 1990 年 5 月 3 日，莱昂·梅比亚梅任加蓬总理。1990 年 5 月，在加蓬国内局部动荡的情况下，邦戈任命时任中非国家银行行长的卡西米尔·奥耶-姆巴为新总理，并授权他组织新政府，任期至 1994 年 11 月 2 日。1994 年 10 月，根据邦戈与反对派达成的"巴黎协议"，邦戈可任命内阁成员，但时任政府总理奥耶-姆巴在任期届满后不能留任，须推荐新人担任未来的政府首脑。1994 年 11 月 2 日，保兰·奥巴梅-恩圭马任加蓬总理。1999 年 1 月 23 日，让-弗朗索瓦·恩图图梅·埃马内任总理。2012~2014 年，雷蒙·恩东·希马被任命为总理。2014 年 1 月 24 日，阿里·邦戈任命议会副议长丹尼尔·欧纳·翁多为新总理以取代希马。27 日，翁多正式就任总理。2019 年 1 月 12 日，朱利安·恩科格·贝卡莱担任加蓬总理。2020 年 7 月 16 日，阿里·邦戈通过法令任命国防部长罗斯·克里斯蒂亚娜·拉蓬达为新一任政府首脑。

2023 年 9 月过渡政府组建后，于 2024 年 1 月进行小幅改组。总理、政府首脑为雷蒙·恩东·西马。

## 第二节　政府机构

加蓬现行宪法规定，加蓬实行立法、司法和行政三权分立制。立法权由国民议会和参议院共同行使，最高法院和各级法院独立行使司法权，行政权力由以总统为首的内阁行使。

加蓬实行总统制。政府由总理、副总理、国务部长、部长和部长级代表组成，负责实施国家政策，管理行政机关和国防、安全力量。总理、副总理皆由总统任命，并对总统负责；副总理协助总理工作，必要时第一副总理可代行总理职务；政府其他成员从议会内部和外部选出，由总统根据总理的提名任命。政府成员必须是享有充分公民权和政治权利的年满 30

岁的加蓬籍公民。总统负责召集并主持部长会议，副总统是部长会议的当然成员，必要时可代行总统职务。部长会议可审议有关国家的一般政策性决议、与外国签订的协定、法律提案以及宣布戒严及紧急状态令，总统应在部长会议上任命国家高级文职和军职人员，特别是大使、特使以及高级军官和将领。政府成员可列席国民议会及其专门委员会的会议，并可参加辩论。各部部长或国务秘书由总统遴选、定职或撤免，并可兼任议员职位。政府应在总统的领导下执行国家政策，按宪法规定对总统和国民议会负责。

2023 年 4 月 28 日，加蓬改组新一届政府。新政府成员包括总理、4 名国务部长、28 名部长和 12 名部长级代表。总理、政府首脑为阿兰 – 克劳德·比利 – 比 – 恩泽（Alain-Claude Bilie-By-Nzé）。

过渡政府于 2023 年 9 月组建，2024 年 1 月进行小幅改组。包括总理 1 名、副总理兼部长 1 名、部长 29 名。主要成员有：总理、政府首脑雷蒙·恩东·西马，副总理兼规划发展部长亚历山大·巴罗·尚布里埃，机构改革部长穆丽埃尔·曼库埃·曼萨，外交、次区域一体化和海外侨民部长米歇尔·雷吉斯·奥南加·恩迪亚耶，国防部长布里吉特·翁卡诺瓦，内政和安全部长埃赫曼·伊蒙戈，总统府事务部长、过渡和机制恢复委员会发言人于勒里希·芒富比·芒富比等。[①]

## 第三节　立法机构

### 一　国民议会

#### （一）议会简史

加蓬的议会制度源于殖民统治时期。1957 年 1 月 31 日，加蓬举行议会选举，选民的投票率较低，在全国 242058 名登记选民中，仅有 119916

---

① 《加蓬国家概况》，外交部网站，https：//www.mfa.gov.cn/web/gjhdq_ 676201/gj_ 676203/fz_ 677316/1206_ 677800/1206x0_ 677802/。

人参加了投票，占选民总数的 49.5%、全国总人口的 29.4%。[1] 议会由法国政府代表和加蓬本国代表组成。1959 年宪法规定，加蓬议会共设有 40 个席位，议员由全国 8 个选区推荐产生，每个选区配有 4~8 个名额，每个议员任期 7 年。

　独立后，加蓬政府不断对议会选举制度进行修订。1961 年加蓬的第二部宪法规定，有选民资格的每一个公民须进行议会选举投票，以确保在加蓬建立 "大众立法"，故在 1961 年议会选举中选民投票率高达 98.7%。[2] 加蓬在 1961 年进行了第一届议会选举，选举出 49 名议员，主要来自加蓬民主同盟（BDG）与加蓬民主和社会联盟（UDSG）。1964 年，在反对派候选人的要求下，加蓬对议会选举制度进行调整，将选区划分与全国 9 个省的行政区划统一，并分给其他党派（除加蓬民主同盟）4~8 个席位（按党派成员人数多少）。议会选举与总统选举相一致，即在同一日期、在同一次投票中和以同样条件通过直接普选产生，每届任期相同。根据 1961 年宪法，国民议会的主要职责是就公民的权利和义务、国籍和刑法等事项进行立法，就国家预算进行表决。议员因死亡或因故而出缺时，由为此目的而在选举议员的同时选出的候补议员替代，直至选举出新的国民议会。

　1967 年和 1973 年，加蓬又举行了两次议会选举。1979 年，加蓬重新修订宪法，议员任期由 7 年改为 5 年，并且议会选举与总统选举分开进行。同年 12 月，加蓬制定了新的议会选举制度，增加议员数量，由原来的 70 人增加到 89 人。议员的产生方式也有所变化，即通过直接普选方式选举 80 名议员，另外每个行政区（省）有 1 名议员由总统亲自任命，国民议会席位为 89 个。照此，1980 年，加蓬又举行了议会选举。1985 年，国民议会的席位再次调整，增至 120 个。1990 年，加蓬民主化浪潮风起云涌，议会选举随之发生重大变革。1994 年 3 月 18 日，国民议会通过宪

---

[1] Dieter Nohlen, Michael Krennerich and Bernhard Thibaut, eds., *Elections in Africa : A Data Handbook*, Oxford: Oxford University Press, 1999, p. 396.

[2] Dieter Nohlen, Michael Krennerich and Bernhard Thibaut, eds., *Elections in Africa : A Data Handbook*, Oxford: Oxford University Press, 1999, p. 396.

法修正案，决定增设参议院，议会由国民议会和参议院组成，国民议会是最高权力机关。立法权由国民议会和参议院共同行使。其主要职能是制定法律，监督政府工作，批准对外宣战和 21 天以上的戒严令。每年举行两次例会。

（二）产生程序

议会议员通过直接普选产生，任期 5 年。1997 年 4 月修改后的宪法规定议会议长任期由原来的 30 个月延至 60 个月，同时取消中期改选的规定。

国民议会选举实行大选区制，根据加蓬 9 个省的行政区划，全国划分为 9 个选区，每个选区产生 9~18 名议员。加蓬法律规定，凡是年满18 周岁并享有充分公民权和政治权利的加蓬公民，不论男女，均可取得国民议会议员的选举资格。国民议会的选举实行两轮多数投票制。如果在第一轮选举中没有候选人获得超过 50%的选票，则应进行第二轮投票。国民议会在议席空缺时不需要补选，而是在进行议员选举的同时选举产生候补议员。投票具有强制性，若无正当理由不出席投票，选民将被处以罚金。国民议会的议员候选人必须是享有充分公民权和政治权利且年满 18 岁的加蓬公民，政府成员、最高法院成员、经济和社会委员会的成员、外国或国际组织的雇员不享有被选举权。国民议会的议员候选人可由政党提出，独立候选人也可参选。所有参加竞选的候选人须交纳35 万中非法郎的押金。选举结束后，押金的 50%将退还给获得 10%以上选票的候选人。

（三）组织结构

1. 国民议会议长会议

由 1 名议长、6 名副议长、6 名书记和 2 名司库组成。议长由议员选举产生，实行三轮多数选举制。议长会议成员的任期为 30 个月。根据国民议会的议事规则，议长在对外关系中代表议长会议，并保证其决定的执行。此外，议长还主持议会辩论，对国民议会的工作人员有指导权；副议长则在议长缺席时代行议长职务，履行议长职责；书记监督议会简报的记录和投票程序；司库负责议会的财务管理和内部管理。议长会议的任何成员均可以随时被国民议会以绝对多数同意罢免。

议长在国民议会每次换届后，由同僚选举产生，在以单项无记名投票的方式在第一轮投票中以绝对多数票通过后，在第二轮投票中以相对多数投票法产生。若第二轮出现平局，则年龄最大的候选人当选。议长负责议长会议的行政工作，代表议长会议，确保议长会议的决策得到充分执行；协调、处理国民议会的所有事务，并在商会中扮演重要角色。国民议会会议召开期间，议长负责主持会议，领导辩论，主持发言。议长负责维护少数派的权利，确保国民议会内民主的正常运作和实现。根据宪法第89条，议长和总统及参议院议长一样，拥有任命3名宪法法院成员和3名国家通信委员会成员的特权。议长若认为某项文本违宪，也有权要求宪法法院做出解释。总统在行使特别权力时，必须征询议长意见。按礼宾次序，议长是继总统和参议院议长之后的第三位。[①] 在参议院出现前，当时的宪法赋予国民议会议长"大写的权力"，尤其是在总统缺席的情况下，这一点体现得极为明显。但根据1997年4月12日修订的宪法，这一特权被移交给了参议院议长。

2. 常务委员会

亦被称作议会委员会。国民议会有8个一般性委员会，分别为法律、行政事务和人权委员会，外交事务、国际合作和国防委员会，区域规划、基础设施和公共工程委员会，财务、预算和公共会计委员会，经济事务、生产和发展委员会，卫生、教育、社会和文化事务委员会，环境、自然保护和可持续发展委员会以及通信、信息和数字技术委员会。每个委员会至少由18名议员组成。委员会的领导层通常由1名主席、1名副主席、2名报告人组成。但是法律、行政事务和人权委员会以及财务、预算和公共会计委员会的领导层由1名主席、2名副主席和3名报告人组成。他们由各委员会的成员选举产生，任期为30个月。委员会主席主持委员会所有会议。成员出席委员会会议是强制性的，但在投票表

① 加蓬国民议会网站，http://www.assemblee-nationale.ga/59-informations-pratiques/176-lexique-vocabulaire-parlementaire/。

决时，委员会成员可以委托他人投票。委员会成员连续三次无故缺席后，委员会领导层会将情况报告至国民议会议长处，由国民议会下令更换该成员。宪法规定，所有法案必须经过两院的常务委员会的审议才能提交全体会议辩论。

3. 主席联席会议

由国民议会的议长、副议长、常务委员会的主席和副主席以及所有注册的议会党团的主席和副主席组成。议长会议的书记和司库以顾问身份参加，但没有表决权。主席联席会议由国民议会议长于每届议会会议开始时或在其认为对国民议会的工作议程必要时召开。须向政府通报主席联席会议的时间，政府也可派代表参加主席联席会议。主席联席会议的主要职能包括负责确定议会会议日程、审议立法提案和法案、批准逮捕事项等。

**（四）议会职权及议员制度**

议会拥有监督权。议会是最高立法机关。国民议会的议员可以在任何时候向政府部长或总理就政府政策提出口头或书面质询。议员还可以组建调查委员会以审查政府活动，组建监督委员会以审查公共服务的行政和管理。此外，议会还可以以绝对多数通过对总理和政府的不信任案。

此外，由于国民议会是加蓬人民的代表，议员有责任和义务与其所在选区保持良好联系和互动。在国民议会闭会期间，议员需要与所在选区的人民以及当地选出的代表举行多次会议，议员有责任找到解决当前所面临问题的方法，例如，努力为社会教育基础设施建设、礼拜场所建设、道路维修等申请贷款等。议员实际上担任着民众与国家各部委的特权对话者角色。①

议员在议会内部发言和表决时具有议论免责权。在议员任期内，除严重违规和轻微犯罪外，不得对议员启动刑事程序。议员也不得被逮捕和预先拘留，其住宅不受搜查（确是现行犯则不需要议长批准即可执行逮捕

---

① 加蓬国民议会网站，http://www.assemblee-nationale.ga/59-informations-pratiques/176-lexique-vocabulaire-parlementaire/。

程序）。任何逮捕或采取任何其他剥夺或限制议员自由的措施，必须得到国民议会议长会议的批准。①

### （五）议会会议制度

议会每年举行两次例会。第一次例会于 3 月的第一个工作日开始，最迟于 6 月的最后一个工作日结束。第二次例会在 9 月的第一个工作日开始，12 月的最后一个工作日以前结束。议会也可以经总统、总理或绝对多数议员同意，在议长的召集下召开特别会议，讨论具体议题。特别会议应根据总统的命令举行和结束，不得超过 15 天。

议会全体会议上的辩论只有在绝对多数的议员出席时才能进行。议会会议向公众开放，议会在议长会议的监督下安排官方媒体转播辩论和公开报道。但在总统、总理、20% 的国民议会议员或参议员的要求下，也可秘密开会。

### （六）议员名额及分配

自 1957 年加蓬选举议员以来，议员人数从过去的 40 人逐渐增至目前的 143 人。1994 年 10 月，在加蓬实现由一党制向多党制的过渡后，总统派与反对派签署"巴黎协议"，其主要内容是成立民主政府，建设法制国家，组织地方和议会选举。1996 年为加蓬的"选举年"。总统派与反对派围绕地方和议会选举激烈角逐，选举被几度推迟。全国选举委员会成立并协调议会选举事宜。1996 年 12 月 15 日，加蓬举行第 9 届国民议会首轮议员选举，伊·恩祖巴-恩达马（Guy Nzouba-Ndama）当选为国民议会议长。加蓬民主党在地方选举和议会选举中赢得了胜利，巩固了全国第一大党的地位。2006 年选举中，加蓬民主党获得了全部 120 个席位中的 80 个，占据绝对优势。第 13 届国民议会于 2011 年 12 月选举产生，任期原本应于 2016 年 12 月结束，但相关选举多次被推迟。2018 年 4 月，加蓬宪法法院决定解散国民议会，由参议院代行国民议会职能。第 14 届国民议会于 2019 年 1 月选举产生，共 143 个席位，其中加蓬民主党占 96 席。

---

① 王晓民主编《世界各国议会全书》，世界知识出版社，2001，第 233 页。

2023 年 8 月，政变军人宣布解散国民议会和参议院。9 月，过渡总统恩圭马任命过渡国民议会和过渡参议院执行局成员。10 月，过渡和机制恢复委员会公布过渡国民议会议员和参议员名单，其中国民议会议员 98 人、参议员 70 人。过渡国民议会议长为让-弗朗索瓦·恩东古，过渡参议长为波莱特·米桑博。[①]

## 二　参议院

1997 年 3 月，加蓬成立参议院，同时取消加蓬原来实行的国民议会一院制。参议院议长的任期为 72 个月，参议院议员由地方议会间接选举产生，任期为 6 年。参议院与国民议会的选区划分有所不同，其议员席位按选区分配，全国划分为 9 个大选区，每个选区产生 4~8 名议员。参议院的选举也实行两轮多数投票制。若第一轮选举中无人获多数票，则需进行第二轮选举，在第一轮选举中获得最多选票者自动成为第二轮的候选人，在第二轮选举中获得相对多数票者当选。参议员的候选人必须是年满 40 岁的享有充分公民权和政治权利的加蓬公民，但政府的高级官员和军队成员不具备候选人资格。政府成员、经济和社会委员会成员（总统和副总统）、宪法法院的成员、国家通信委员会的成员、国家财政部和其他公共部门的会计、法官、某些高层次的公务员、公共和半公共公司的董事会的有薪雇员或主席、外国或国际组织的雇员、国防和安全部队的官员以及有薪雇员均不得当选参议员。参议员的候选人可以由政党、政党联盟或个人提名。参议员需要交纳的押金数额与国民议会议员相同。

## 三　经济和社会委员会

经济和社会委员会对加蓬经济、社会、文化发展的所有方面拥有管辖权。主要职能是把控国家经济发展的大方向，制定与财务和预算、社会和

---

① 《加蓬国家概况》，外交部网站，https：//www.mfa.gov.cn/web/gjhdq_ 676201/gj_ 676203/fz_ 677316/1206_ 677800/1206x0_ 677802/。

文化及环境等有关的政策，负责对总统、政府、议会或其他公共机构向其提出的具有经济、社会或文化性质的问题做出回答。任何经济、社会和文化方面的计划或方案以及相关立法都必须征求经济和社会委员会的意见，总理代表政府可要求其提供意见或研究报告。在对经济社会发展的问题进行分析后，经济和社会委员会向共和国总统、政府及议会议长提交结论，同时可应总统、政府或议会议长的要求，指定其中一名成员向有关机构介绍委员会对此的意见。政府和议会在处理有关事务时，有义务就经济和社会委员会提出的意见和报告采取后续行动，经济和社会委员会监督其执行情况。

（一）会议制度

经济和社会委员会每年举行两次公开例会，每次为期 15 天。第一次例会于 2 月的第三个星期二开始，第二次例会在 9 月的第一个星期二开始。若例会召开的日期非工作日，则推迟到次日举行。若财政法案在例会闭会期间被提交至经济和社会委员会，经济和社会委员会可召开特别会议，但会期不得超过 10 天。

（二）成员

经济和社会委员会包括 99 位正式成员和 99 位候补成员。其中代表私营、半公共和公共部门职工工会组织和管理人员的成员 25 名；代表用人单位、个体和自由职业者工会组织的成员 25 名；地方当局的代表 18 名，每省两名。这些成员皆由同僚选举产生。除此以外，代表社会职业协会和文化团体的成员 16 名，由其所属协会或团体选出；根据部长会议法令任命的 15 名高级管理人员，根据其在经济、金融、社会科学或文化事务方面的专长从公共和私营部门中被选出。① 根据宪法第 108 条第 4 款，共和国的前副总统、前总理和国民议会前议员也是经济和社会委员会的当然成员。

总体来说，经济和社会委员会的成员分三类：第一类为工会、协会或

---

① 加蓬经济和社会委员会网站，http：//www.cesgabon.ga/431 - presentation/433 - loi - organique/。

社会职业团体的代表，由其所属协会或团体选出；第二类为经济和社会领域的高级政府官员；第三类是由同僚选举产生的地方当局代表。任期 5 年，可连任，若成员去世或辞职，则接替的新成员应完成业已开始的任期。经济和社会委员会主席由总统从被任命为经济和社会委员会成员的国家高级政府官员中任命，两名副主席及其他成员由总统根据工会、协会或社会职业团体代表的建议任命。现任主席为保罗·毕约格（Paul Biyoghe）。

（三）组织结构

经济和社会委员会有两个运行机构：作为决策机构的委员会和作为执行机构的委员会主席团。为了研究影响国家各种经济、社会和文化活动的主要问题，经济和社会委员会下设 9 个部门，分别为劳工与就业部门，社会事务部门，空间规划和居住环境部门，经济、财政和预算部门，对外关系和贸易部门，生产活动、原材料、研究和技术部门，农业、畜牧业、渔业、林业和粮食部门，通信与新信息技术部门及文教事务部门。

闭会期间，由经济和社会委员会常务委员会代替委员会大会审议提交给委员会的提案。常务委员会及其领导层在经济和社会委员会召开的第一届会议期间设立，现有 33 名成员，其中代表私营、公共和半公共部门职工工会组织的成员有 8 名，代表用人单位工会组织、经济利益团体、合作团体、合作社和自由职业人士的成员 8 名，6 名成员代表社会专业文化协会或团体，6 名成员代表地方当局，5 名成员代表根据法令任命的议员小组。[①]

对于涉及多个部门的专题研究，主席团可设立一个或多个特设委员会，其组织和职能由委员会内部法规决定。

# 第四节　司法机构

加蓬共和国总统任最高司法会议主席，负责全国的司法工作。宪法规定司法权独立，即由法官以加蓬人民的名义行使审判权，检察院行使检察权。最高法院院长、副院长及法官由总统任命，任期 5 年。

---

① 加蓬经济和社会委员会网站，http：//www.cesgabon.ga/431-presentation/433-loi-organique/。

## 一　法院

加蓬法院包括宪法法院、司法法院、行政法院、审计法院、初审法院、上诉法院、最高法院等。各级法院依法独立行使审判权。各级法院均设有检察长，行使检察权。宪法法院是最高法律机构，负责裁定组织法、一般法及国家机构规章制度的合宪性，监督选举和全民公投并宣布结果。加蓬最高司法会议为国家最高司法行政机关，决定法官的任命、派遣、升迁和惩戒，总统任主席，司法部长任副主席。

### （一）最高法院

根据现行宪法，最高法院为国家最高司法机构，其地位与行政机构和立法机构并行，最高法院有权审判总统和政府成员。总统任命最高法院法官。办公机构设在首都利伯维尔。最高法院由院长、副院长、各庭庭长和推事及书记官组成。

最高法院是加蓬全国民事、商事、社会和刑事最高司法机关，下设宪法法院、上诉法院、行政法院、审计法院。上诉法院是最高审判机关，主要受理来自全国各地的上诉案，判决具有既判力和绝对权威。上诉法院设在各省首府，由院长、各庭庭长、推事和书记官组成，设民事庭、商事庭、社会庭、刑事庭和起诉庭。行政法院由庭长和若干推事组成。审计法院由庭长、推事、助理稽核及政府专员和副专员各1人组成。审计法院主要监督财政法案的执行情况，并向议会和政府通报；核查公共账户中的收入和支出是否正常，并根据后者确保国家部门或受公法管辖的其他法人管理的信贷、资金和证券得到适当使用；负责有公共财政参与的公共企业和组织的账目审计和管理；负责审阅公共会计师的账目并惩罚国家、地方当局及受其监督的机构的管理不善的行为；可应国家元首的要求进行调查并发表意见。审计法院在审计过程中发现挪用公款超过25万中非法郎时，会将档案移交司法机关以进行刑事诉讼。

### （二）特别最高法院

非常设法院，负责受理总统的渎职或叛国案。特别最高法院由13名成员组成，其中7名是由最高司法会议任命的法官，其余6名则由议会根据议员的人数比例通过内部选举选出。特别最高法院院长及副院长由该机构全体成员从 7 名被任命的法官中选出。

### （三）宪法法院

最高法律机构，拥有国家在宪法事务方面的最高司法权，保障基本人权和公共自由，监管机构运作及公共权力机关的活动。主要职能是：裁定组织法、一般法、国际条约及协定以及国家机构规章制度的合宪性；对意图侵犯基本人权和公共自由的行为进行管制；对议会和政府之间的立法纠纷进行裁决；保证立法和选举程序依法进行，监督选举和全民公投并宣布结果；在任何选民、任何候选人或任何政党对选举的有效性提出疑问的情况下，宪法法院负责审理。宪法法院每年需要向共和国总统及议会议长提交一份工作报告，其依据宪法或法律行使咨询权，对交付审议的任何法律和行政案提出意见，也可主动提请政府注意进行立法或法令方面的改革并提出其认为有用的建议。宪法法院的法律判决不得上诉，对任何公共权力机关、行政和审判当局以及所有的自然人和法人都有约束力。

宪法法院设在利伯维尔，由 9 名成员组成，成员任期 7 年，可连任，但在换届时至少 1/3 的任命成员必须为新成员。宪法法官主要从年满 40 岁且有 15 年专业经验的法学教授、律师和治安法官以及年满 40 岁的为国家服务的合格人士中选拔，由总统、参议院议长和国民议会议长各任命 3 名，其中 2 名必须为法学家。院长通过选举产生，由总统任命。

### （四）最高司法会议

根据现行宪法，最高司法会议为国家最高司法行政机关，决定官员的任命、派遣、升迁和惩戒。总统任主席。另外，每省可设一个或多个初审法院。初审法院由院长、预审法官和审判官若干人组成，设民事和商事庭、刑事庭和起诉庭。

### （五）国家安全法院

由 13 名法官组成，其中包括由国家元首根据司法部长提议而任命的非治安法官，任期为 2 年。设在利伯维尔。国家最高法院有权审判和惩罚

《刑法》第 61 条至 78 条认定的危害国家安全的罪行。战争时期，该权限归于军事法院。

**（六） 特别刑事法院**

根据（新）《刑事诉讼法》，每个上诉法院皆设立特别刑事法院，其由 1 名裁判官和 4 名非治安法官组成，有权审判任何由上诉法院起诉庭解雇的公职人员，并根据《刑法》第 141 条内容，对其进行指控。

**（七） 特别军事法院**

由 1 名治安法官、2 名军事陪审员或 3 名治安法官和 6 名军事陪审员组成。有权审判和平时期和战时军队犯下的罪行。

## 二 检察院

检察院受司法部领导，作为各级法院的组成部分行使检察权。司法法院检察院由检察长、代理检察长和若干候补检察长组成。行政法院由政府根据司法部长建议，在征询最高司法会议意见后，通过政令任命的政府特派员和 2 名候补政府特派员行使检察权。审计法院由政府特派员和副特派员各 1 人行使检察权。仲裁法庭由司法法院或行政法院检察院一名成员行使检察权。宪法法院由共和国总统在征询加蓬民主党中央政治局意见后任命的人士（任期 5 年）行使检察权。上诉法院检察院由检察长、代理检察长和若干候补检察长组成。初审法院检察院由一名检察官领导，另有候补检察官若干人。

# 第五节 政党与团体

## 一 政党政治

独立至今，加蓬政党政治的发展与演变经历了多党议会民主制、一党制中央集权和新一轮多党制民主政治的三个不同阶段。

**（一） 多党议会民主制**

加蓬建国之初，面对松散的政治局面和百废待兴的经济形势，姆巴不得不通过实行多党议会民主制来进行广泛的社会动员，促使各党派人士共同参与国家治理，以维持新生政权的生存、维护政权的团结与稳定。独立时，国内就已有加蓬民主同盟与加蓬民主和社会联盟两个主要政党。在 1961 年 2 月 13 日的总统和国民议会的选举中，加蓬民主同盟取得多数议席，其总书记莱昂·姆巴当选为总统；加蓬民主同盟与加蓬民主和社会联盟两党以 99.5% 的支持率联合组成国民议会。[①] 联合政府机构中除加蓬民主同盟成员外，还有来自其他党派的 4 名部长。但面对业已存在的社会矛盾，姆巴感到自身地位不稳固，通过法律手段，不断强化总统权力，试图通过排除异己、压制其他党派来建立统一而又集权的政府官僚机构。姆巴的独裁政治遭到其他党派及广大民众的反对，尤其是姆巴排挤议会中反对派的行为，导致 1964 年的"二月政变"。加蓬民主和社会联盟领导人奥巴姆试图通过政变手段，攫取政权。后来，在法国的出兵干涉下，政变失败，姆巴重新执政。因此，在姆巴总统任职期间，一方面存在着多党竞争及联合执政的局面；另一方面，姆巴不断强化个人权力，其他党派则遭受打击与排斥。

**（二）一党制中央集权**

1967 年 11 月姆巴病故，由副总统邦戈继任。翌年 3 月，邦戈在加蓬民主同盟的基础上创建了加蓬民主党，改多党制为一党制，并将之写进 1967 年、1981 年和 1983 年的宪法修正案中。宪法规定加蓬民主党是加蓬唯一的执政党，拥有最高国家权力，党的主席也随之成为实际掌握国家至高无上权力的公职人员。加蓬由此建立了党政合一的总统制。20 世纪 60 年代到 80 年代末，一党制给加蓬带来了稳定。国家政治权力高度集中在邦戈手中，邦戈既是共和国元首、武装部队统帅，又是党的总书记，加蓬民主党不断扩大在政府中的权力。这期间，加蓬的政治生活并不是风平浪静的，持不同政见者或进行言论攻击或组织反政府行动，但均遭到邦戈政府弹压。流离在法国的持不同政见人士组建了"民族复兴运动"，这是对

---

① Marc Aicardi de Saint-Paul, *Gabon: The Development of a Nation*, London: Routledge, 1989, p. 26.

邦戈政府最有冲击力的反对派，他们在法国通过电视、广播等新闻媒体，抨击邦戈政权。

### （三）新一轮多党制民主政治

20 世纪 80 年代，加蓬经济发展持续下滑。到 80 年代末，加蓬人均收入由过去的每年 4000 美元下降到 2000 美元。世界银行和国际货币基金组织提出的经济结构调整方案强调，受援国在接收调整贷款的同时，须实行政治民主化，故非洲大陆掀起了政治民主化浪潮，加蓬政府也不得不屈从于外部压力实行政治多元化。

1990 年初，加蓬首都利伯维尔发生了示威游行，民众抗议社会不公现象，宣泄对政府的不满。群众性的抗议活动迫使加蓬当局考虑进行重大的政治变革。邦戈邀请主要反对派人物之一——民族复兴运动的领导人阿贝索罗回国，通过此举向各派发出开放加蓬政治生活的信号。加蓬党禁解除后，国内政治党派和组织如雨后春笋般地出现，报名参加全国政治协商大会的政党和组织多达 74 个，有 13 个组织组成反对派联合阵线，在全国政治协商大会上同加蓬民主党做斗争。[①] 1990 年 3 月 27 日至 4 月 19 日，加蓬召开了由各政治团体参加的关于国家政治前途的全国政治协商大会。会议宣布加蓬改行多党制，同意加蓬在经过一段过渡时期后实行多党制和组成一个新政府来领导过渡时期的工作。同年 11 月 26 日，加蓬成立了以奥耶－姆巴为首的有广泛基础的新政府。1991 年 3 月，国民议会通过了《政党法》，对各政党派别实行规范化管理。1993 年 12 月，邦戈以微弱多数票当选加蓬总统。但这次选举的过程和结果受到国际观察员和反对党的指责。当时获得次多选票的阿贝索罗组建了一个包括多数反对党总统候选人在内的政府，成立了共和国高级委员会。社会动荡随之而起。加蓬政府通过宵禁和禁止集会来打击反对党。共和国高级委员会要求与邦戈政府举行旨在使政治形势正常化和审查选举过程的谈判。1994 年 10 月 7 日，邦戈与反对派签署了"巴黎协议"，协议规定加蓬将组建一个民族团结政府。1995 年 3 月，14 个激进

---

①　新华社利伯维尔 1990 年 3 月 26 日法文电。

反对党组成反对派联盟"共和国高级委员会",后改名为"高级抵抗委员会"。

此后,反对派以合法身份出现在加蓬政治生活前台,积极参与总统竞选和议会选举。由于反对党实力相对弱小,加蓬民主党赢得历次总统和议会选举胜利,在加蓬政治生活中仍拥有显赫地位。

## 二　主要政党

在加蓬实行多党制后,1991年3月,国民议会审议通过了《政党法》。它规定,政党是由赞成某一社会主张和政治纲领的公民组织起来的以非营利为目的的团体;在宪法规定的范围内,各政党均可参加普选并参与国家政治事务。所有享有公民权及政治权利的加蓬人,不分种族、性别和宗教信仰,都可自由加入自己选择的政党。根据该法,所有公民或群体都可自由组建政党。但任何政党的创建者都必须是居住在加蓬本土、享有公民权及政治权利、年满25岁的加蓬籍人士。政党应遵守民主原则,尊重国家主权、严守公共秩序和维护国家统一;在法律和法规的范围内,政党可自由从事各项活动;凡怀有不正当目的、违反道德标准,乃至破坏民族团结、领土完整和国家共和体制的政党,均不被承认。依照法律,所有政党都有言论和集会的自由。[1]

1990年4月,加蓬宣布实行多党制后,共成立75个政党。[2] 1991年3月实行《政党法》后,仅剩14个合法政党,其中有1个执政党,5个参政党,共10个政党在议会有席位。至2019年初,加蓬共有40多个合法政党,主要政党[3]如下。

### (一) 加蓬民主党 (PDG)

1968年3月12日成立,党员约30万人。其前身是1953年成立的加蓬民主同盟(BDG)。1967年11月,莱昂・姆巴去世后,为维护政权的

---

① 钟清清主编《世界政党大全》,贵州教育出版社,1994,第1030页。

② *Gabon Country Study Guide*, USA International Business Publications, p. 34.

③ 参见中华人民共和国外交部网站,https://www.mfa.gov.cn/web/gjhdq_ 676201/gj_ 676203/fz_ 677316/1206_ 677800/1206x0_ 677802/。

稳定和国家的团结，奥马尔·邦戈在加蓬民主同盟的基础上组建了新党——加蓬民主党，其成为加蓬一党制时期的唯一合法政党。加蓬民主党的首要任务是在加蓬的国土上创造和保持有利于社会平衡与和谐发展的政治、经济和社会气氛，建立和平以及以对话、宽容和正义为基础的民主。强调维护国家稳定和民族团结，主张加强民主建设。加蓬民主党的宗旨是"对话、宽容、和平"，目标为"巩固民族独立，加强民族团结，发扬民主，促进经济发展和社会正义，维护和平"。该党把"民主协商进步主义"作为自己的指导思想和政治学说，在尊重国家主权和独立的前提下，对外实行开放和对话。加蓬民主党第二次特别代表大会强调"今后党在国家中将具有举足轻重的地位。它在私人部门中的活动能力将进一步得到增强"①。

党章规定了党的职能：确定国家政策的总方针，负责对公民进行公民教育，指导全国的政治行动，拟定能担任国家最高职务的人选名单，等等。② 加蓬民主党包括全国机构、地方机构和专门机构，全国代表大会为党的最高机构，中央政治局及其常务委员会为党的领导机构，负责执行党的代表大会和中央委员会的决议。在总书记的主持下，全国代表大会决定国家对内对外政策的总方针，每 7 年举行一次，下设中央委员会、中央政治局、书记处，地方机构有省委、总支和支部。主要群众团体有加蓬民主党妇女联盟、加蓬民主党青年联盟和加蓬工会联合会。《对话》是党的机关报，1969 年 9 月创刊。

从 1968 年到 1990 年的 22 年，加蓬民主党是加蓬唯一合法政党，该党创始人奥马尔·邦戈一直任加蓬民主党主席兼总书记。1990 年 5 月，在加蓬民主化运动中，加蓬民主党召开了第四次特别代表大会，邦戈辞去党主席职务，大会选举雅克·阿迪亚埃诺为主席。同年 10 月，在首次

---

① 《加蓬民主党文件选编》，1983 年 4 月，第 13 页，https：//www. persee. fr/doc/polaf_0244-7827_ 1983_ num_ 11_ 1_ 6342。

② 《加蓬民主党章程》第一条。参见 Parti démocratique gabonais, *Parti démocratique gabonais, status et réglement intérieur*, Libreville，1987，https：//search. worldcat. org/fr/title/parti-democratique-gabonais-status-et-reglement-interieur/oclc/23748545。

多党议会选举中，加蓬民主党在议会 120 个议席中获得了 63 个，远远超过了"伐木者全国联盟"（20 席）和加蓬进步党（18 席），保住了第一大党的地位。[①] 1991 年 8 月，加蓬民主党第五次特别代表大会决定由邦戈担任党主席职务，以增强民主党在多党制下的竞争力和巩固执政党的地位。2006 年选举中，加蓬民主党获得了全部 120 个议席中的 82 个，占据绝对优势。2008 年 9 月，举行了第九次普通代表大会。在此次大会上，福斯坦·布库比取代辛普利采·瓜迪特·曼泽拉（Simplice Guedet Manzela）当选为该党新一任总书记。大会同时选举了由 18 名成员组成的中央政治局常务委员会，其 18 名成员中有 15 位同时也在政府身居要职。2010 年 3 月，阿里·邦戈总统当选加蓬民主党主席。该党在全国大都市（包括首都利伯维尔和石油中心让蒂尔港）中有较大影响力。

**（二）保卫加蓬联盟（RPG）**

前身为伐木者全国联盟（RNB）。1991 年获得合法地位。建党初期，曾主张用暴力夺取政权，经济上主张自由竞争，反对国家干预。主席为保罗·姆巴·阿贝索罗。1998 年，阿贝索罗与第一书记孔比拉 - 库姆巴决裂，将"伐木者全国联盟"更名为"保卫加蓬联盟"。2002 年加入总统多数派阵营。2009 年 7 月，阿贝索罗宣布退出总统多数派，参加总统选举。8 月放弃参选，转而支持另一名反对派候选人安德烈·姆巴·奥巴梅，败选后再次加入总统多数派。

**（三）加蓬民主与发展联盟（UGDD）**

创建人为加蓬民主党原行政书记扎沙里·米博托（Zacharie Myboto）。2005 年成立，2006 年内政部批准其为合法政党。

**（四）加蓬人民联盟（UPG）**

1989 年 7 月在法国巴黎成立，皮埃尔·芒邦杜为领导人。1991 年 9

---

① Dieter Nohlen, Michael Krennerich and Bernhard Thibaut, eds., *Elections in Africa: A Data Handbook*, Oxford: Oxford University Press, 1999, p. 400.

月获合法地位。① 原主席皮埃尔·芒邦杜于 2011 年 10 月病逝，曾于 1998
年、2005 年和 2009 年 3 次参加总统选举，均居第二位。2014 年 6 月，该
党召开第一次大会，选举姆克卡尼·伊万古（Mouckagni Iwangou）为新任
主席，任期 3 年。但该党执行书记拒绝承认选举结果，并将争议提交利伯
维尔法院初审法院。8 月，利伯维尔法院初审法院判定伊万古组织的党内
选举非法，其当选该党主席的结果无效。

此外，加蓬政党还有自由改革者中间党（CLR）、社会民主党
（PSD）、新共和国联盟（UNR）、民主人士党（LD）、价值复兴联盟
（RVR）、加蓬社会民主人党（SDG）、祖国与现代联盟（RHM）等。

## 三　社会团体

加蓬工青妇组织均系加蓬民主党领导下的群众组织。

### （一）工会

独立之初，加蓬没有统一的工会。当时，加蓬有 3 个总工会：加蓬全
国工人联合会（世界工联的会员）、非洲信教工人联合会和加蓬信教工人
联合会。在 60 年代初，因政府对工会有敌视心理，唯恐国内出现强大的
工会运动，担心其给政府带来压力，政府和工会的关系较为紧张。1964
年"二月政变"未遂后，加蓬全国工人联合会的总书记埃松·恩东因
"与散发匿名传单有牵连"，曾被捕入狱。加蓬工会的分散与混乱状况，
不利于增强民族国家的凝聚力与团结，故邦戈总统想成立一个统一的全国
总工会。1969 年 4 月，加蓬全国工人联合会、非洲信教工人联合会的领
导人和邦戈总统一起开会，讨论工会统一问题。经磋商，同年 10 月，这
3 个工会合并，成立了加蓬工会联合会。

受加蓬民主党领导，加蓬工会联合会同政府和执政党合作，制定国家
经济和社会政策，协助国家发展社会、经济，保持社会稳定与和平。反对
任何外来的意识形态，反对新殖民主义及其分裂政策。面对世界部分地区

---

① Dieter Nohlen, Michael Krennerich and Bernhard Thibaut, eds., *Elections in Africa: A Data
Handbook*, Oxford: Oxford University Press, 1999, p. 400.

或国家出现的局部不稳定状况，主张通过对话和协商等和平方式解决冲突。从其组织机构来看，全国代表大会是其最高权力机关，全国代表大会闭会期间的最高机构是全国委员会，其由全国执行局、各产业总工会和各省工会的代表组成，每年举行 1 次例会。全国委员会闭会期间由全国执行局领导该会的日常工作。该会的口号是"统一、行动、进步"。机关刊物有《工人回声》。

### （二）青年联盟

1973 年成立。凡是年龄为 20~30 岁的青年都是盟员。其宗旨是对青年进行政治思想教育；动员青年参加国家建设，进行职业培训；帮助政府进行教育改革；组织文化体育活动。

### （三）妇女联盟

1972 年成立。加蓬民主党全体女党员和党外 16 岁以上申请加入的妇女均可成为盟员。妇女联盟的宗旨是启发妇女关心国内外政治形势，对妇女进行家政培训；鼓励并支持妇女参加文学和艺术活动；为妇女成员组织社会服务活动并在其需要时给予帮助。

### （四）经济管理高级研究协会

1994 年成立，办公地点设在利伯维尔。成员主要包括经济学家、经理人和国际高级顾问等。其宗旨包括推进经济学、管理学和相关领域的科研与培训，以及促进和确立中、西非地区专业管理人员的互动交流。该协会成立以来，致力于倡导加蓬政府官员通过培训能承担起国家经济调整与改革的重任。

### （五）全国教师和教育工作者联盟

主要成员是教师和其他教育工作者。以提高中小学教学质量和提高教师地位为目的，在政府相关部门、各级院校管理层和公众场合代表教育工作者的利益。

## 第六节 著名政治人物

莱昂·姆巴（Léon Mba, 1902-1967）共和国首任总统。1902 年 2

月出生于利伯维尔，芳人。幼年在天主教会学校上学。曾在地方行政机构中任职。20 世纪 20 年代，参加"人权联盟"利伯维尔支部的活动，并成为"青年加蓬人"成员，常为《加蓬回声》撰稿。1924 年，任利伯维尔地区的芳人首领。1933 年，因从事政治活动被法国殖民当局驱逐出境，在中非流亡 13 年。1946 年回国后，创建法国－加蓬混合委员会。1953 年，将该组织改组，改名为加蓬民主同盟（系非洲民主联盟在加蓬的支部）。1952 年、1956 年两次当选为加蓬领地议会议员。1957～1958 年，先后任加蓬行政会议副主席、主席，并先后当选为制宪议会议员、立法议会议员。1959～1960 年，任"自治政府"总理。1960 年 8 月，加蓬独立后任国家元首、总理。同年 11 月，兼任司法部长。1961 年 2 月，当选为国民议会议员和首任总统。1964 年，加蓬"二月政变"中，曾遭逮捕。在法军干涉下重新执政，继续任总统兼外交、国防、内政、新闻和旅游部长。1965 年，任总统、总理兼国防部长。在其执政期间，加蓬在政治、经济、文化和外交等方面，实行亲法政策，政治基础薄弱。1967 年 11 月，在巴黎病故。撰有研究芳族习俗的专著。

**乔治·拉维里（Georges Rawiri，1932－2006）** 外交官、诗人。1932 年 3 月出生于兰巴雷内，加洛阿人。早年在教会学校读书，后在法国阿莱斯矿业学院获得学士学位。在巴黎广播学校学习两年后，出任加蓬广播电台台长和外交顾问。1963 年，任广播电视局局长。1964 年，任信息、旅游和邮电部长。1965 年 5 月至 1971 年 6 月，先后任加蓬驻法国、英国、瑞士、奥地利和罗马教廷大使或常驻代表。1971 年 6 月，任外交和合作国务部长。1975～1989 年，任交通运输部长，同时担任横贯加蓬铁路筑路总监。1980 年 2 月至 1990 年 4 月，任加蓬第一副总理。1997 年，参议院成立，他担任参议院议长一职。2003 年 2 月，再次当选为参议院议长。2006 年 4 月，拉维里于巴黎的一家医院去世，逝世时是非洲、加勒比和太平洋国家集团－欧洲联盟（ACP-EU）联合议会联席主席。拉维里是奥马尔·邦戈的密友，曾获赤道星勋章和法国荣誉勋位。拉维里也是一位诗人，1975 年出版了诗集《加蓬之歌》

(*Chants du Gabon*)。他的女儿安吉拉·拉维里（Angèle Rawiri）是著名的小说家。

**莱昂·梅比亚梅（Léon Mébiame，1934–2015）** 曾任加蓬第二任总理。1934 年 9 月出生于利伯维尔，芳人。1954 年起先后在布拉柴维尔职业管理培训中心和联邦警察学校学习。1957~1959 年，在乍得警察部门任职，而后在法国里昂国家高级警察学校警官讲习班研修。1960 年，在让蒂尔港等地当警官。1961 年，再度赴法国里昂，在国家高级警察学校学习。1962~1963 年，先后任加蓬国家安全局副局长、局长。1967 年进入政府，先后任内政部副国务秘书，内政部部长级代表，劳动、社会事务和妇女组织国务部长。1968~1975 年，任副总理，并先后兼任全国协商委员会主席，司法、协调、青年和体育部长。1969 年，任利伯维尔市市长。1975~1990 年，任总理、全国协商委员会主席，兼任协调、住房、城市、土地规划、投资部长，政府内务部协调、农业、牧业和农村发展、水利和森林部长，以及政府内部协调、国营和合营公司改革部长。1982 年，兼任公职和海运部长。任内，分别于 1974 年 10 月和 1987 年 2 月两次随邦戈总统访问中国。20 世纪 90 年代初加入反对党，2008 年被任命为利伯维尔工矿商会主席。同年，任经济和社会委员会成员，2009 年阿里·邦戈上任后，他失去了在委员会中的席位。2015 年 12 月 18 日，梅比亚梅在利伯维尔一家诊所去世，享年 81 岁。梅比亚梅是加蓬历史上任期最长的总理，长达 15 年零 17 天。

**保兰·奥巴梅-恩圭马（Paulin Obame-Nguema，1934–2023）** 曾任共和国总理、总统特别顾问。1934 年 12 月出生于利伯维尔，芳人。1946 年赴法国学习，1964 年获医学博士学位。1965 年任利伯维尔总医院医师。1968 年任公共卫生部长。1975 年任卫生总监。1976 年 10 月，任矿业、能源、水利资源国务秘书。1983 年 3 月，任第二副总理。1989 年 8 月，任政府秘书长。1992 年，任总统特别顾问。1994 年 10 月，任总理兼内政、权力下放和机动治安部长。1995 年 2 月，辞去所兼任的部长职务。1997 年 1 月至 1999 年 1 月，再次担任总理。曾于 1996 年 6 月和 1997 年 1 月两度请辞，但获总统奥马尔·邦戈挽留。1999 年 1 月下旬，任公共卫

生、人口和社会事务国务部长。2月，调任社会事务部长。在 2001 年和
2006 年的议会选举中，均当选为国民议会议员。由于他是国民议会中年
龄最大的议员，他于 2007 年 1 月主持了新一届议会的第一次会议，会上
选举了国民议会议长会议成员。

哈吉·奥马尔·邦戈·翁丁巴（**El Hadj Omar Bongo Ondimba,
1935-2009**）加蓬终身总统、加蓬民主党主席、武装部队最高统帅。原名
阿尔贝-贝尔纳·邦戈（Albert-Bernard Bongo），1935 年 12 月出生于加蓬
东南部一小城勒威（现改名为邦戈维尔），是 12 个兄弟姐妹中最小的一
个，巴特克人。1952～1958 年在布拉柴维尔技术学校攻读贸易专业。
1958～1960 年在法国空军服役，曾获中尉军衔，先后在刚果布拉柴维尔、
中非班吉、乍得恩贾梅纳等地的法国驻军中服役。1960 年加蓬独立后，
入外交部任职。1962 年起相继任总统办公室副主任、主任。1963 年 2 月，
兼管新闻、旅游及国防工作。自 1964 年起任国家安全法院特别监察官，
同时负责国防事务。1965 年 9 月，在总统府负责协调、国防、计划、新
闻和旅游事务。1967 年 3 月，当选为共和国副总统。同年 11 月，莱昂·
姆巴总统病逝，根据宪法，邦戈继任总统并兼任总理。1973 年 2 月，正
式当选总统。此后，在 1979 年、1986 年、1993 年、1998 年和 2005 年连
任直至去世。除担任总统一职外，邦戈还从 1967 年开始担任部长职务，
其中包括国防部长（1967～1981 年在任）、信息部长（1967～1980 年在
任）、计划部长（1967～1977 年在任）以及内政部长（1967～1970 年在
任）等。1968 年 3 月，创建加蓬民主党，任主席兼总书记。1973 年他皈
依伊斯兰教，并将自己的姓名改为哈吉·奥马尔·邦戈。1990 年辞去加
蓬民主党主席职务。2009 年 6 月 8 日，病逝于西班牙巴塞罗那的一家医
院里，享年 74 岁。邦戈统治加蓬 40 多年，是非洲国家中执政时间最长的
总统。邦戈执政以来，加蓬从未发生过政变或内战。他强调国家稳定与团
结，重视发展民族经济，逐步提高人民生活水平。对外奉行开放、不结盟
和国际合作政策，重视睦邻友好，维护非洲团结和统一。他在解决中非共
和国、刚果共和国、布隆迪和刚果民主共和国的危机中发挥了关键作用。
1986 年，其因为解决乍得与利比亚边界冲突所做出的努力而被授予哈马

舍尔德基金会和平、合作、团结奖。邦戈积极促进地区合作，倡导成立非洲木材组织、中部非洲国家经济共同体和班图文化国际中心，重视同中国发展友好合作关系，自 1974 年中加建立外交关系以来，先后 9 次访问中国，并出席了 2006 年中非合作论坛北京峰会和 2008 年北京奥运会开幕式。邦戈执政以来，在政治和经济方面取得了相当多的成就，因而也被加蓬人民称为"革新之父"。

**皮埃尔-路易斯·阿贡乔-奥卡韦（Pierre-Louis Agondjo-Okawé, 1936-2005）** 加蓬进步党领导人。1936 年 12 月出生于滨海奥果韦省的翁布韦，恩科米人。在国内完成中等教育后，到里尔大学和巴黎大学就读法律课程。1967 年，获法学博士学位。1966~1968 年，在巴黎大学任法律副教授。1968~1970 年，在布拉柴维尔州际大学任教。1970 年，加蓬的大学从布拉柴维尔州际大学分立出来，他也随之在利伯维尔任法律教授。因受 1972 年的反政府"教授计划"牵连，被捕入狱。恢复自由后，1976 年 10 月，出任加蓬国立大学［后成为奥马尔·邦戈大学（UOB）］法律系主任。1990 年 5 月，任加蓬进步党主席。1990~1991 年，组织并参加反对派反政府总罢工，促使加蓬政府于 1991 年 3 月颁布新宪法。1993 年，参加总统竞选，仅获 4.8%的选票。1994 年，拒绝了加入奥马尔·邦戈政府的邀请。2005 年 3 月，宣布不再参加总统竞选。当年 8 月，阿贡乔-奥卡韦去世。

**让-弗朗索瓦·恩图图梅·埃马内（Jean-Francois Ntoutoume Emane，1939-　）** 曾任共和国总理。1939 年 10 月出生于利伯维尔，芳人，信仰天主教。20 世纪 60 年代，在法国汉纳学院学习期间，分别获得文学学士、法学学士和政治学博士等学位。之后，在巴黎金融研究中心、财政稽查署和国际货币基金组织进修和实习。1970 年起先后任财政部金融行政事务监察员和经济、财政事务委员会主席，并且在奥马尔·邦戈大学和利伯维尔行政学校任教。1972 年，任加蓬民主党党报编辑。1973 年，进入加蓬民主党中央委员会。1977~1988 年，先后任商业航运部长、贸易和消费国务部长，以及贸易、技术转让和合理化部长。1988 年，任财政总监。1970~1990 年一直兼任中央银行监察官，1976～1990 年任总统私人顾问。1978 年，随邦戈总统访问中国。1994 年，任国务部长兼住房、城市、土地规划和与议会联系部长。同年，参与政府与反对派的谈判，最终促成"巴黎协议"。1990 年和 1996 年两次当选国民议会议员。1997 年 1 月，任土地调查登记、住房、住宿、城市事务和空间规划国务部长。1999～2006 年任总理。2018～2014 年，任利伯维尔市市长。2015 年 10 月，辞去加蓬民主党党内职务。埃马内学识广博，在文坛以"穷人"笔名发表文章，并兼任多家公司董事长。

**保罗·姆巴·阿贝索罗（Paul Mba Abessole，1939－　）** "保卫加蓬联盟"主席，曾任共和国副总理。1939 年 10 月出生于河口省，芳人。早年在天主教会学校接受教育，皈依"圣灵神甫团"后，到巴黎南部的舍维伊神学院学习神学。先后就读于法国南特大学和索邦大学，拥有神学、宗教科学和语言学三个博士学位。他始终反对邦戈的一党制政权，倡导建立多党制的政治制度和实行总统竞选。1976 年，曾遭当局流放。1979 年 12 月，欲参加总统选举，未取得候选人的资格。1981 年，在法国参加组建了民族复兴运动，并成为其领导人。1989 年 5 月，他应邦戈总统邀请返回国内，共同参与国家民主改革。1990 年邦戈提出任命他为司法部长，但他拒绝了这一提议。同年 6 月，当选伐木者全国联盟主席。1993 年，他参加总统竞选。邦戈在第一轮选举中以微弱的多数优势当选，阿贝索罗以 26.5% 的选票位居第二。他谴责官方结果存在舞弊行为，并宣布自己为总统，并任命该党第一书记皮埃尔－安德烈·孔比拉－库姆巴（Pierre-André Kombila-Koumba）为总理。1997 年，当选利伯维尔市市长。1998 年，阿贝索罗与第一书记孔比拉－库姆巴决裂，将"伐木者全国联盟"更名为"保卫加蓬联盟"，阿贝索罗任"保卫加蓬联盟"主席。1998 年，再次参加总统竞选，获得 3.2% 的选票。2002～2003 年，任国务部长和人权部长。2003 年 1 月，任政府副总理兼农业、畜牧、农村发展和人权部长。2004 年 9 月至 2006 年 1 月，出任运输、民航、宣教和人权部长。2006～2007 年，任运输和民航部长。2007 年 12 月至 2009 年 7 月，出任文化、艺术、大众教育、复兴和人权部长。2009年7月，阿贝索罗宣布退出总统多数派，参加总统选举。8月放弃参选，转而支持另一名反对派候选人安德烈·姆巴·奥巴梅，败选后再次加入总统多数派。2012年2月，任国民议会第五副议长。2016年，参加总统选举，并获得0.21%的选票。2017年，辞去保卫加蓬联盟主席一职，退出政坛

**卡西米尔·奥耶-姆巴（Casimir Oyé-Mba，1942-2021）** 1942年出生于河口省的扎马利格村，芳人。先后就读于法国雷恩法律和经济学院、巴黎法律和经济学院、巴黎经济合作中央银行金融经济和银行业务研究中心，获法学博士学位。曾在奥马尔·邦戈大学任法律和经济教授，后来一直在金融界任职，历任喀麦隆和赤道非洲国家中央银行利伯维尔分行行长、加蓬中央银行国家经理和加蓬驻国际货币基金组织候补理事、中非国家银行总裁、非洲国家中央银行协会主席等职。1970年，任利伯维尔银行行长。1978～1999年，任中非国家银行行长。1990年4月，出任过渡政府总理。同年11月，任民族团结政府总理，并于1991年6月和1994年3月两次继任总理。1994年9月，对中国进行工作访问。与反对派签署协议后，奥耶-姆巴及其政府于1994年10月11日辞职。1994年至1999年，出任外交国务部长，1999年至2007年，任规划国务部长，2007年至2009年，出任矿业和石油国务部长。2009年6月8日邦戈总统去世后，他递交申请，要求作为加蓬民主党候选人参加定于2009年8月30日举行的总统选举，但未能获得提名，后以独立的总统候选人身份参选。2009年，他加入了反对党加蓬民主与发展联盟，2010年，加蓬民主与发展联盟与其他两个党派合并成立了一个新的反对组织——全国联盟。他成为该组织的5名副主席之一。

**罗斯·弗兰西娜·罗贡贝（Rose Francine Rogombé，1942-2015）** 加蓬第一位女性总统、政治家。1942年9月出生于兰巴雷内。曾在法国留学，职业是律师，所属党派为加蓬民主党。20世纪80年代在政府担任妇女和人权部长。20世纪90年代初，任特别刑事法院副院长。2007年，获得神学学士学位。2009年2月，当选参议院议长。2009年6月，总统奥马

尔·邦戈去世，依宪法规定，由参议院议长暂时代理总统职务。因此从 2009 年 6 月至 10 月，担任代总统，成为加蓬历史上第一位女性国家元首。总统任期结束后，她回到参议院继续担任议长。2015 年 2 月卸任。2015 年 4 月 10 日，于巴黎逝世。

让·平（**Jean Ping，1942-** ）政治家，华裔，曾任非洲联盟委员会主席。1942 年 11 月出生于加蓬埃蒂姆布韦州翁布韦，其父程志平是祖籍浙江温州永嘉县临江镇（现鹿城区藤桥镇）驿头村的商人，20 世纪 30 年代移居加蓬，娶当地奥米耶内族首领的女儿为妻。在首都利伯维尔完成中学课程后，让·平前往法国深造，获得巴黎第一大学经济学博士学位。他是法国经济学博士全国协会成员，并获中国外交学院名誉博士及莫斯科科学院非洲研究学院名誉博士学位。著有作品《非洲之光》（*Éclipse sur l'Afrique*）等。他与前总统奥马尔·邦戈的女儿帕斯卡琳·邦戈（Pascaline Bongo）育有两子。自 1972 年起，在联合国教科文组织工作。1978 年，被任命为加蓬驻法国大使馆参赞，后又任加蓬常驻联合国教科文组织代表。1984 年返回加蓬后，出任总统奥马尔·邦戈的参谋长。1994 年，任外交和合作部长。他在 1996 年 12 月、2001 年 12 月和 2006 年 12 月三度在翁布韦选区当选国民议会议员。2004~2005 年，任第 59 届联合国大会主席。2007 年 1 月，任副总理兼外交部长。2008~2012 年，任非洲联盟委员会主席。2014 年 2 月，他退出执政党加蓬民主党。2016 年，参加总统选举，获得其他反对派的共同支持，对抗总统阿里·邦戈。2016 年 8 月 28 日，他提早宣布赢得总统选举。9 月 24 日，在重新统计选票后，宪法法院做出最终裁决，他以 47.24% 对 50.66% 的得票率败于阿里·邦戈，未能当选总统。让·平曾多次访问中国，他在温州的亲人亦相继移居加蓬，至今已超过 100 人。其家族在加蓬有深厚影响力，外甥徐恭德现为加蓬华侨华人协会会长。

皮埃尔·克拉弗·马甘加·穆萨武（**Pierre Claver Maganga Moussavou，1952-** ）社会民主党主席，曾任加蓬副总统。1952 年 4 月出生于穆伊拉，先后就读于加蓬国立大学、雷恩大学和索邦大学，在短短两年内就取得了博士学位。1978 年回到加蓬后担任政府的经济和金融顾问。1980 年，任国际货币基金组织执行董事顾问。1981 年返回加蓬，任全国市政委员会秘书长。1990 年，创立社会民主党。1993年和 1998 年代表该党参加总统选举，均未成功。20 世纪 90 年代中期，任规划、农业、运输、民航和旅游部长。2004 年 9 月，任宣教和重建国务部长。2006 年，当选为穆伊拉市市长，但由于加蓬法律禁止议员担任当地政治代表，于第二年被罢免。2008 年 1 月，任城乡规划和公共政策评估部长。2009 年，参加总统选举，获得了 0.76% 的选票。2017 年，作为反对派代表参加了全国政治对话。2017 年 8 月，任副总统。由于参与了一家中国公司的非法木材贸易，2019 年 5 月，被罢免副总统一职。他的妻子是国民议会议员艾伯丁·马甘加·穆萨武（Albertine Maganga Moussavou），两人育有一子比安迪·马甘加·穆萨武（Biendi Maganga Moussavou），其曾为共和国农业、畜牧业、渔业和食品部长。

**安德烈·姆巴·奥巴梅（André Mba Obame，1957－2015）** 加蓬政治家，在奥马尔·邦戈执政期间曾多次担任部长。1957 年 6 月出生于沃勒-恩特姆省的梅杜纳小镇，芳人。毕业于拉瓦尔大学和巴黎第一大学，获得政治学博士学位。1984 年至 1986 年，他担任奥马尔·邦戈总统的非洲和国际事务副顾问，随后担任总统的发展和公共及生产投资顾问。1990 年 4 月，任农业、畜牧业和农村经济部长。同年 11 月，调任人权事务部长。他和阿里·邦戈在 20 世纪 90 年代初被视为加蓬民主党中的改革派。1991 年宪法改革将进入内阁任职的年龄提升到了 35岁，其因而被迫辞职，与阿里·邦戈一同离开政府。1991～1994 年，任共和国总统府副秘书长。1994～1997 年，任内政部高级专员。1996年 12 月议会选举中，他在沃勒-恩特姆省以加蓬民主党候选人的身份赢得了国民议会议员的席位。邦戈再次当选后，奥巴梅于 1999 年 1 月被任命为国家教育部长及政府发言人。2002 年 1 月，任全国团结、社会事务和福利部长。2006 年 1 月，他升任内政、安全和移民国务部长。2009 年 6 月，他被调任政府行动协调和监督部长。2009 年 7 月宣布参加总统竞选，获 85814 票，得票率位列第三。2010 年 2 月，加入加蓬民主与发展联盟。2010 年 4 月，当时的反对党加蓬民主与发展联盟和另外两个政党合并成立了新的反对组织——全国联盟，他在其中任执行秘书。2011 年 1 月，奥巴梅宣布自己当选总统，还任命了由 18 名部长组成的政府。作为回应，邦戈宣布解散全国联盟，剥夺了奥巴梅的议员豁免权，指控奥巴梅叛国。2015 年 4 月 12 日，由于健康原因于喀麦隆雅温得去世。

**阿里·邦戈·翁丁巴（Ali Bongo Ondimba，1959-　）** 曾任共和国总统、加蓬民主党党魁。本名阿兰·贝尔纳·邦戈（Alain Bernard Bongo），1959 年 2 月出生于利伯维尔，巴特克人，为前总统奥马尔·邦戈之子。1973 年，随父改信伊斯兰教。曾就读于巴黎第一大学，获法学博士学位。2018 年，获武汉大学名誉博士学位。1981 年加入加蓬民主党，1984 年任总统私人代表。1986 年 9 月，当选为加蓬民主党中央政治局主席。1987~1989 年，担任总统高级私人代表。1989 年 8 月，出任外交部长。1991 年改革后的宪法规定年满 35 岁才可担任内阁成员，他因而于 1991 年 6 月卸任外交部长一职。1990 年 9 月，当选上奥果韦省国民议会议员。1991 年，任国民议会副议长。1992 年 2 月，邀请美国流行歌手迈克尔·杰克逊来加蓬演出。1996 年，任加蓬伊斯兰事务高级理事会主席。1999 年至 2009 年，担任国防部长。在他的积极推动下，加蓬军队先后与摩洛哥、中国等国的部队在加蓬举行医疗军事演习。2009 年 8 月，首次当选总统。2011 年，提出"新兴加蓬计划"。2016 年 8 月，在总统选举中获得连任，担任加蓬共和国总统至 2023 年 8 月。阿里·邦戈在任期间，积极参与地区和国际事务，推动非洲一体化进程。积极通过"中部非洲和平与安全理事会"及"几内亚湾委员会"参与几内亚湾安全防务工作，以及打击几内亚湾内海盗、有组织犯罪、毒品交易、武装非法采掘资源、轻小武器泛滥等行动。他曾 13 次访问中国。2016 年连任总统后，当年 12 月，应习近平主席邀请来华进行国事访问。2018 年 9 月，出席中非合作论坛北京峰会。2023 年 8 月，阿里·邦戈第三次赢得总统选举，但因政变而下台。

弗兰克·伊曼纽尔·伊索泽－恩贡戴（Franck Emmanuel Issoze-Ngondet，1961－2020）著名外交官，曾任共和国总理。1961 年 4 月出生于马科库，巴科塔人。1988 年开始在外交部工作，最初担任外交部顾问，其后同年到 1990 年转任条约和国际公约司研究主任。1990～1991 年，任加蓬驻喀麦隆大使馆文化参赞。1991～1993 年，改任加蓬驻英国大使馆一等参赞。1993～1994 年，任加蓬驻加拿大大使馆一等参赞。1994～1997 年，任加蓬驻德国大使馆一等参赞。1997～1998 年，任外交部美洲事务司司长。1998～2000 年，任外交部欧洲事务司司长。2000 年至 2006 年在首尔担任加蓬驻韩国大使。2003 年，任加蓬驻泰国大使。2004 年，任加蓬驻菲律宾大使。2008～2009 年，任能源部长。2009 年 1 月，任加蓬政府能源、水力资源和新能源部长。2010 年 3 月，任联合国安理会主席。2012 年 2 月，任外交部长。2015 年 9 月，晋升为外交、法语国家和区域一体化国务部长。2016～2019 年，任总理。2020 年 5 月 21 日，因哮喘发作而住院治疗。6 月 11 日，于利伯维尔的一家医院去世，享年 59 岁。伊索泽－恩贡戴著有法语小说《宫廷里的苦行者》（*Un Ascète dans la cour*），该书已于 2007 年 2 月出版。

朱利安·恩科格·贝卡莱（Julien Nkoghe Bekale，1962－　）曾任加蓬总理。1962 年 1 月出生于距离河口省利伯维尔 95 公里的坎戈，芳人。2009 年，任石油、天然气和碳氢化合物部长。2011 年，任运输和设备部长。2019 年 1 月至 2020 年 7 月，任共和国总理。

罗斯·克里斯蒂亚娜·奥苏卡·拉蓬达（Rose Christiane Ossouka Raponda，1963－　）曾任加蓬总理。1963 年出生，姆庞圭人。早年毕业于专门为国家经济和金融领域培养高级干部的加蓬财经学院，主攻公共财政管理，后赴法国巴黎留学深造。21 世纪初，入职加蓬住房银行，担任副行长和经济主管。2012 年进入政府任职，担任预算部长。2014 年，作为加蓬民主党候选人参加了首都利伯维尔市市政选举，成功当选市长。她是自 1956 年以来该市选出的首位女性市长。就任市长之时，面临艰巨的地方财政治理任务，她发挥所长，进行了多次改革，整肃财政，在经济治理方面取得了不俗的政绩，大大改善了利伯维尔市的财政状况，离任时留下了 270 亿中非法郎（约合 4100 万欧元）的预算盈余。2019 年 1 月，加蓬发生未遂政变，深受总统信任的拉蓬达被任命为加蓬国防部长。2020 年 7 月 16 日，她被任命为加蓬总理。她是加蓬历史上首位女性总理。

# 第四章

# 经　济

　　加蓬是资源型国家，虽然国土面积较小，但矿产和森林等自然资源丰富，为加蓬经济发展提供了很好的资源禀赋。加蓬因其丰富的石油资源被誉为"非洲的科威特"，矿产资源的开发为加蓬带来了大笔石油美元，使加蓬成为撒哈拉以南非洲"较高中等收入"国家之一。2018 年加蓬国内生产总值为 170 亿美元，人均国内生产总值为 9077 美元，相当于世界平均水平的 72%，在非洲国家中稳居第 4 位。[①] 2019 年加蓬国内生产总值为 153 亿美元，占世界经济的 0.01%，在非洲国家中居第 23 位。[②]

## 第一节　经济发展总体情况

### 一　经济发展周期

　　20 世纪 60 年代，加蓬独立，开始了较快的经济发展过程，国内生产总值年增长率相对较高，国家逐渐步入撒哈拉以南非洲少有的富裕国家之列。但从其经济发展轨迹来看，加蓬经济经历了蓬勃发展、危机、恢复与低速增长、发展陷入低迷的曲折过程。

#### （一）经济蓬勃发展时期（20 世纪 60 年代至 70 年代末）

　　加蓬的政治独立，使长期被殖民主义束缚的生产力获得解放，加蓬由此释放出巨大的经济能量，国民经济进入快速发展的轨道。自 1956 年石

---

① "Gabon Indicators," Trading Economics, https：//tradingeconomics.com/gabon/indicators.

② The World Bank, *World Development Indicators*, New York, 2019.

油开始商业性开采之后，加蓬以石油生产为经济增长的发动机，使得国民经济以较快的速度向前发展。1960～1965年，加蓬的国内生产总值平均增长率为9.5%。[①] 70年代，两次国际石油价格的暴涨，进一步推动了加蓬的石油生产，1976年产量达1132.5万吨，[②] 同年国内生产总值也增至7191亿中非法郎，这是整个70年代加蓬国内生产总值增长的最高峰。在独立后的最初20年里，在石油美元的刺激下，加蓬经济以高速度向前发展。据统计，1965～1980年，加蓬国内生产总值年均增长率高达9.5%。[③]

**（二）经济危机时期（20世纪80年代）**

20世纪80年代伊始，西方世界爆发了二战以来最严重、最深刻的经济危机。由于发达国家纷纷转嫁经济危机的苦果，造成国际市场上原材料价格下跌，再加上70年代末以来政府公共支出规模过大的弊端逐渐显现，80年代初，加蓬通货膨胀率高达12.6%～15%，1980～1985年国内生产总值实际增长率降为2.1%。[④] 1986年，加蓬又遭遇油价下跌和美元贬值的不利形势，这造成加蓬国际收支严重逆差，债台高筑，国内生产总值连年下降。1986～1990年，国内生产总值年均下降了0.8%。[⑤]

**（三）经济恢复与低速增长时期（1991～1997年）**

20世纪90年代的前4年，在不利的国际经济环境的影响下，虽然国际货币基金组织给加蓬提供了经济结构调整贷款，但加蓬经济仍然持续困难。据英国经济学家情报部的统计，1990～1997年，加蓬国内生产总值实际增长率为3.9%。[⑥]

1994年，因中非法郎大幅度贬值，经济增长率下降，财经形势更加

---

① 陈宗德、吴兆契主编《撒哈拉以南非洲经济发展战略研究》，北京大学出版社，1987，第225页。

② David E. Gardinier, *Historical Dictionary of Gabon*, Second Edition, London: Scarecrow Press, 1994, p. xxxv.

③ *Africa South of the Sahara 2000*, Europe Publications, 2000, p. 485.

④ The World Bank, *African Development Indicators 1994-95*, New York, 1995, p. 18.

⑤ *Africa South of the Sahara 2000*, Europe Publications, 2000, p. 485.

⑥ EIU, *Country Profile: Gabon*, London, 2004, p. 27.

严峻。1991~1994 年，国内生产总值实际增长率为 1.8%，其中 1994 年为
1.7%。① 随着世界经济的复苏、国际原材料价格的上涨及国内经济结构
调整取得初步成效，加蓬经济出现转机，主要经济指标上升。1995~1997
年，国内生产总值年平均增长率在 2% 左右徘徊，其中 1995 年增长率为
3.9%，1996 年为 1.0%，1997 年为 1.3%。石油年产接近 2000 万吨，锰、
铀矿公司扭亏为盈，木材畅销国际市场，贸易顺差继续扩大，国际收支逆
差减少。1995~1997 年，国内通胀率由 9.6% 下降到 4.0%；政府财政略
有盈余，1997 年为 440 亿中非法郎。②

**（四）经济发展陷入低迷时期（1998 年以来）**

加蓬经济恢复与增长的良好态势未能持续下去，1998 年亚洲爆发金
融危机，对于以外向型出口经济为重要特征的加蓬来说，这是一次沉重打
击。木材出口不畅和石油产值的下滑，造成加蓬经济发展受挫，1998~
2003 年，国内经济负增长 0.1%。③

1998 年严重的贸易危机之后，加蓬经济继续滑坡。1999 年与 1998 年
相比，加蓬国内生产总值实际下跌 11.3%。④ 2000 年，世界经济走势看
好，加蓬的传统木材出口市场东南亚国家经济缓慢攀升，石油价格猛增，
加蓬原油产值占国内生产总值的比重上升了 9 个百分点。⑤ 加蓬经济积重
难返，国内生产总值名义上呈上升态势，但由于中非法郎不断贬值，实际
上加蓬 2000 年经济仍处于负增长境况。2001 年初，铌矿石的开采成为加
蓬经济增长中的新亮点，因此在经历连续两年的衰退之后，2001 年加蓬
经济重新出现增长的局面，增长率为 1.9%。⑥ 2002 年和 2003 年，受国际
石油价格波动及加蓬国内石油产量下降的影响，国内生产总值增长率分别

① The World Bank, *African Development Indicators 1996–1997*, New York, 1997, p. 10.
② EIU, *Country Profile: Gabon & Equatorial Guinea 2000*, London, 2000, p. 37.
③ EIU, *Country Profile: Gabon*, London, 2004, p. 27.
④ EIU, *Country Profile: Gabon & Equatorial Guinea 2000*, London, 2000, p. 37; EIU, *Country Profile: Gabon & Equatorial Guinea 2001*, London, 2001, p. 15.
⑤ "Gabon," in OECD and African Development Bank, *African Economic Outlook 2002*, Paris: OECD Publishing, 2002, p. 143.
⑥ EIU, *Country Profile: Gabon & Equatorial Guinea 2002*, London, 2002, p. 20.

为-0.1%和1.2%。① 2005年，加蓬国内生产总值增长率迎来一个小高峰，为5.9%，但随即在下一年就跌至1.7%，此后国内生产总值增长率一直平稳波动。2005~2008年加蓬吸引外资总额为7750亿中非法郎，2009~2012年为12350亿中非法郎。加蓬近年来吸引的外资金额大幅增加的原因包括施行开放政策，减轻赋税，向除法国以外的新兴国家（如中国、韩国、印度、土耳其、摩洛哥等）开放市场，也正因为有了这些国家的加入，加蓬外资进入的领域逐渐由矿业和石油业转向了电力、交通、通信等行业。虽然加蓬被世界经济论坛评为中非地区最具经济竞争力的国家，但2009~2012年加蓬吸引外资总额还是大大落后于刚果（布）（49000亿中非法郎）、赤道几内亚（42300亿中非法郎），位列中非六国第三。

2013年，加蓬国内生产总值增长率为5.6%，迎来了2010~2020年十年内的一个最高点。此后国内生产总值增长率一路下跌。2014年由于国际油价暴跌，加上原材料价格低迷，加蓬国内生产总值为89880亿中非法郎，国内生产总值实际增长率跌至4.3%。2015年国际大宗商品价格下跌，实际增长率跌至3.9%，政府经常账户赤字为7.93亿美元。② 2016年国内生产总值实际增长率为2.1%，2017年更是跌到了0.5%，③ 当年政府财政赤字达2966亿中非法郎，占国内生产总值的3.4%。贫困人口占总人口的33.4%，相较于2005年32.7%的贫困人口，上涨了0.7个百分点。2018年由于食品价格上涨及国际石油价格上升，加蓬国内生产总值实际增长率略有回升，估算为1.2%。④ 财政总收入达15180亿中非法郎，农业占国内生产总值的比例同比上涨3个百分点，工业占国内生产总值的比例上涨5个百分点，服务业上涨2个百分点。2019年加蓬经济重新出现增长的局面，根据世界银行统计数据，2019~2021年加蓬国内生产总值分别为168.7亿美元、153.1亿美元、202.2

① EIU, *Country Profile：Gabon*, London, 2004, p.45.

② EIU, *Country Report Gabon 2nd Quarter 2019*, London, 2019, p.12.

③ EIU, *Country Report Gabon 2nd Quarter 2019*, London, 2019, p.12.

④ EIU, *Country Report Gabon 2nd Quarter 2019*, London, 2019, p.12.

亿美元（见图 4-1），国内生产总值年增长率分别为 3.9%、-1.8% 和 1.59%。

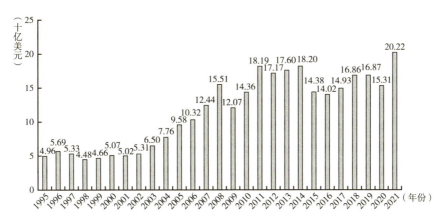

**图 4-1 加蓬 1995~2021 年国内生产总值**

资料来源：世界银行数据库，http://devdata.worldbank.org。

## 二 基本经济状况

由于长期以来加蓬国民经济过于依赖石油等资源产品的出口，自 2014 年起，受国际油价大幅下跌的影响，加蓬财政收入锐减，经济下行压力增大。世界经济论坛《2019 年全球竞争力报告》显示，加蓬在全球最具竞争力的 141 个国家和地区中，居第 119 位。得益于国际经济复苏和石油、原材料价格上涨，2017 年后加蓬经济逐渐回暖，瑞士投资基金发布的《2018 年最具投资吸引力非洲国家排名报告》中，加蓬居第 29 位，比 2017 年上升了 5 位。世界银行发布的《2018 年营商环境报告》显示，加蓬在全球 190 个经济体中居第 167 位。根据美国传统基金会发布的 2018 年全球经济自由度指数报告，加蓬在中部非洲经济与货币共同体中排名第一，在全非洲居第 15 位。

由于加蓬国民经济收入严重依赖石油、锰矿和林产品出口，2014 年以来，受国际油价暴跌和原材料价格低迷的影响，加蓬经济增长步伐明显放慢，债务负担逐年加重。2016 年底，加蓬债务占国内生产总值的比例达 64.2%，[①] 而该比例在 2008 年仅为 17%。

由于加蓬政府难以承受过高的负债率，加之国际货币基金组织等国际机构的压力，加方开始努力降低负债率。2017 年，在加蓬公共债务中，外债占比 76.9%，内债占比 23.1%。至 2018 年底，加蓬债务总额为 5.3 万亿中非法郎，占国内生产总值的比例降至 58.6%，外债占比降至 68.3%，内债占比则升至 31.7%。

据英国经济学家情报部的估算，2018 年加蓬国内生产总值为 94000 亿中非法郎，实际国内生产总值增长率为 1.2%。人均生产总值为 18213 美元，货物与服务出口占国内生产总值的 4.5%，货物与服务进口占国内生产总值的 6.9%。2018 年加蓬中央政府财政收入占国内生产总值的比例为 16.9%，中央政府预算余额占国内生产总值的-2.8%，财政修正预算为 27732 亿中非法郎，相较 2017 年预算草案下调 868 亿中非法郎。其中预算纯收入为 19489 亿中非法郎，较上年增加 2343 亿中非法郎；借贷融资收入为 8243 亿中非法郎，较上年减少 3211 亿中非法郎。预算净支出为 19812 亿中非法郎，较上年增加 945 亿中非法郎。加蓬政府总债务约占国内生产总值的 2.8%。经常账户赤字为 3.85 亿美元，占国内生产总值的 3.2%。公共债务占国内生产总值的 60.6%。外债债务存量为 66.79 亿美元，占国内生产总值的 40%，国际储备总额为 9.23 亿美元。[②]

从产业结构来看，长期以来，石油、木材和锰矿是加蓬国民经济的三大支柱产业，其经济增长和财政状况在很大程度上依赖于这三大部门，其中石油开采在该国经济发展中占有举足轻重的地位。在饱尝 80 年代经济危机的苦果后，加蓬政府采取经济多元化政策，力图培育多极经济增长点，进行产业结构调整。总的来看，加蓬三次产业格局没有发生质的变化。值得注意的是，近年来，由于旅游业和信息产业的快速发展，以及私有化进程的加快，加蓬的第三产业在国民经济中占有重要地位，一般要占

---

[①] EIU, *Country Report Gabon 2nd Quarter 2019*, London, 2019, p.14.

[②] EIU, *Country Report Gabon 2nd Quarter 2019*, London, 2019, p.14.

国内生产总值的 1/3，这一比例在中非国家中是比较高的。

为遵循多元化战略，近年来加蓬非石油经济产业一直在快速扩张，2011~2015 年加蓬非石油经济的年均增长率（按固定价格计算）接近 7%。2015 年，非石油经济下滑，增速降至 3.2%。加蓬 2015 年的经济总产值为 8.48 亿中非法郎（约合 127 亿欧元）。2017 年，加蓬农业、工业、服务业占国内生产总值的比例分别为 21.6%、19.5% 和 58.9%；2018 年，加蓬农业、工业、服务业占国内生产总值的比重分别为 21.5%、19.9% 和 58.6%。[①]

加蓬的失业率很高，原因主要有：石油工业发展乏力，吸纳劳动力有限；缺乏具备高技能的人力资源，且劳动力工资水平高；经济结构单一；一些加蓬人不愿意从事条件艰苦的职业，而多由外籍移民担任这些工作；劳动密集型产业始终无法取代石油产业成为加蓬经济的主要支柱。2014 年加蓬的总劳动力参与率为 61%，失业率为 19.9%（见图 4-2）。2015 年，加蓬失业率为 20.0%，公共部门的劳动力就业人数约为 101700 人，相当于加蓬总人口的 6%；服务业就业人数占私营企业劳动就业总人数的 15%，其次是运输业（13.3%）和农业（12.5%）。2016 年底，加蓬失业率达 19.6%，其中 70% 的失业者为青年，其中 15~24 岁的失业率为 35%，25~34 岁为 26%。根据人口普查数据，2019 年加蓬的总人口估计为 220 万人，失业率从 2018 年的 19.5% 增长到 2019 年的 19.6%。[②] 公共部门是加蓬吸纳劳动力的主渠道。但随着私有化进程的加快，加蓬私营企业提供的就业岗位也在逐年增加。从劳动力就业门类来看，各类行政机构、林业及木材加工业和服务业的就业人数居多。从就业结构来看，与产业结构变动趋势相一致，第一产业和第二产业提供的就业岗位有限。得益于电子通信业、金融服务业和城市相关服务业的快速发展，第三产业就业人数占全国总就业人数的 3/4 以上。

---

[①] 加蓬经济和振兴部。

[②] "Gabon Unemployment Rate," Trading Economics, https://tradingeconomics.com/gabon/unemployment-rate.

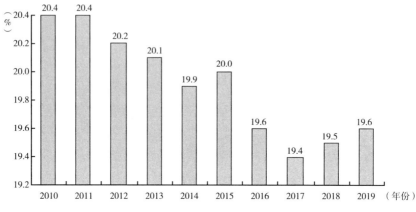

图 4-2　2010~2019 年加蓬失业率

资料来源：国际劳工组织。

加蓬通货膨胀率较低，但其总体物价水平高，因而被称为"欧洲式物价"。截至 2020 年 5 月，加蓬的消费者物价指数（CPI）为102。[①] 加蓬物价居高不下的主要原因是其工业和农业发展相对滞后，长期以来，国内市场所需的生活、办公用品，甚至蔬菜、大米和各类食品等都基本要靠进口。如图 4-3 所示，截至 2020 年 3 月，加蓬通货膨胀率为0.7%。[②]

加蓬实行高福利政策。从社会保障制度的性质看，加蓬属于全民福利型国家，即社会保障惠泽全体公民。[③] 加蓬的社会保障制度涵盖养老、残疾人的社会保障制度，患病、医疗和生育的社会保障制度，工伤社会保障制度以及家庭津贴制度。经过几十年的发展，加蓬的社会保障制度取得了很大的进步。残疾人、病人、老人、孤儿等社会弱势群体的基本生活得到了保障；加蓬实行的社会保障制度兼顾公平与效益，有利于社

① "Gabon Consumer Price Index CPI," Trading Economics, https：//tradingeconomics.com/gabon/consumer-price-index-cpi.

② "Gabon Inflation Rate," Trading Economics, https：//tradingeconomics.com/gabon/inflation-cpi.

③ US Social Security Bureau, *Social Security Programs Throughout the World*, 1999.

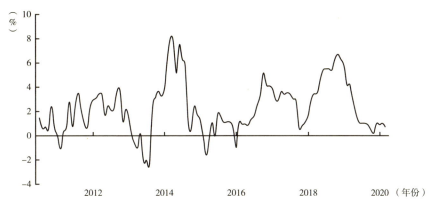

**图 4-3　2012~2020 年加蓬通货膨胀率**

资料来源：EIU。

会稳定与进步。家庭津贴制度使儿童在抚养和学费方面得到一定资助，使穷人家庭的子女也能接受初等、中等教育，有利于提高居民的人力资源素质。可以说，加蓬的高福利政策为公民提供了较优越的生存和发展环境。

### 三　经济发展战略与政策

加蓬独立以来，国内政治比较稳定，这为经济政策的连续性提供了有力保证。自 20 世纪 60 年代中期开始，根据资源型经济发展的特点，加蓬选择了从以石油为主的初级产品出口为主逐渐向经济多元化转变的经济发展战略，加蓬政府先后实施了多个经济发展计划。

#### （一）第一个五年计划（1966~1970 年）

在"有领导、有计划的经济自由主义"的发展方针的指导下，政府积极采取措施，优先发展以石油工业为中心的采矿业，并以此推动其他经济部门和基础设施的发展。这一时期，国家用于经济建设的总投资额为 930 亿中非法郎。[①] 经济自由化、鼓励本国和外国私人投资等措施使

---

① 中国现代国际关系研究所非洲经济编写组编《非洲国家经济发展与改革》，时事出版社，1992，第 167 页。

石油工业在这期间发展迅速，逐渐成为国民经济的主导部门。到60年代末，石油和其他矿产品的产值超过木材采伐业，在国内生产总值中跃居首位。

**（二）第二个五年计划（1971~1975年）**

投资总额为1500亿中非法郎。[1] 发展计划仍以采掘工业为经济发展重点，以石油工业为中心的采矿业获得突飞猛进的发展，石油、天然气、锰和铀矿石的产量分别由1970年的536.4万吨、2500万立方米、145.3万吨和1077吨增加至1975年的1131.5万吨、4742.9万立方米、222万吨和1766吨。[2]

**（三）第三个五年计划（1976~1980年）**

针对采矿业的片面发展所造成的经济失衡局面，加蓬转而实施经济多元化和全国平衡发展的经济发展战略，其重点是加强基础设施的建设，如铁路、港口和水电站等方面的公共投资总额达6000亿中非法郎。这一时期，由于基础设施建设规模过大，上马的工程项目过多过急，政府财政入不敷出，该计划难以为继。1978~1979年，加蓬政府不得不实行"稳定计划"，采取调整基建规模、停建或缓建一些工程项目、紧缩开支等措施，这使国民经济状况开始好转，国内生产总值由1976年的7191亿中非法郎下降至1978年的6222亿中非法郎，到1980年则上升为9045亿中非法郎。[3]

**（四）1980~1982年的"临时计划"**

这是为进一步巩固和发展"稳定计划"的成果而制定的。3年"临时计划"的主要目标是争取财政经济的根本好转，保证经济的稳定增长，有控制地开采石油，以及加强农业、能源和交通事业的发展。该计划的投资额为8779亿中非法郎。为促进国民经济的平衡发展，政府重视优先发

---

[1] 中国现代国际关系研究所非洲经济编写组编《非洲国家经济发展与改革》，时事出版社，1992，第167页。

[2] David E. Gardiner, *Historical Dictionary of Gabon*, Second Edition, London: Scarecrow Press, 1994, p. xxxv.

[3] 英国经济学家情报部：《国家概况——加蓬》，伦敦，1983年增刊，第7页。

展农业，制定了全国农业发展计划，积极促进粮食和蔬菜生产、发展畜牧业及种植经济作物，加大支农投资力度，争取减少粮食和食品进口。1982年，国内生产总值继续呈上升态势，达到 11481 亿中非法郎，国家财政收支和国际收支都出现了顺差。①

## （五）第四个五年计划（1984~1988 年）

这一计划的目标是通过进一步严格管理公共开支和继续奉行减少债务的政策，巩固"临时计划"期间已经开始的财政复兴。第四个五年计划规定，加蓬将坚持经济对外开放、有计划的自由化道路，将在中非国家联盟和中部非洲国家经济共同体的范围内同非洲国家开展地区性合作，力求全国的平衡发展。这个计划的总投资额约为 12300 亿中非法郎，计划将 50% 的资金用于对该国经济发展有决定性影响的基础设施建设，如铁路、公路网和邮电设施等；将 20% 的资金用于生产性部门，尤其优先用于农业、农村发展和能源方面；将 17% 的资金用于教育和社会事业；将 13% 的资金用于行政设施。② 由于 1985 年之后，加蓬经济陷入危机，政府被迫停止实行该计划，开始对经济进行改革。

## （六）"新兴加蓬计划"（2011~2025 年）

这是阿里·邦戈执政后制定的重要国家发展战略规划，旨在减少经济对石油等资源产品的过分依赖，摆脱石油产业对加蓬经济的影响，在2025 年前发展加蓬除石油产业外的新兴产业，主要包括第二产业和第三产业，③ 积极推进国家经济多元化发展。该计划的主要目标是通过吸引外资发展制造业、电信业和农业，打造"工业加蓬、服务加蓬和绿色加蓬"，保持经济稳定发展。"工业加蓬"的重心在于提高国内工厂的加工能力并提高资源产品如石油和木材的附加价值；"服务加蓬"的目标是通过学习国外先进经验，发展加蓬落后的服务业如金融等产业；"绿色加蓬"则是致力于提高农业生产率、发展农业现代化并打造优美生态环境，

---

① 英国经济学家情报部：《国家概况——加蓬》，伦敦，1983 年增刊，第 7 页。

② 新华社布拉柴维尔 1984 年 6 月 29 日法文电。

③ Plan Stratégique Gabon Emergent：Vision 2025 et orientations stratégiques 2011 – 2016, Libreville，Gabon，2012.

吸引外国游客来加蓬旅游。①

由于采矿业是国家的优势产业之一，加蓬将加大矿产开发力度，未来几年将重点推进六大采矿业项目：位于恩古涅省米蒙戈的 Etéké 金矿，由摩洛哥 Managem 公司开发；位于上奥果韦省布曼戈的 Baniaka 铁矿，由澳大利亚 Genmin 公司开发，其目前正在进行预可行性研究，拟建设一条 60 公里的铁路，该铁路与加蓬现有铁路连接后预计铁矿年产量达 5 百万吨；位于奥果韦-伊温多省的贝林加铁矿和位于尼扬加省奇班加的 Milingui 铁矿，由南非 Havilah 公司开发，其于 2017 年底获得上述两个铁矿的开发许可，计划在 24 ~ 30 个月后投产；位于上奥果韦省的奥孔贾锰矿，由新加蓬矿业公司开发，其已完成可行性考察，计划在 18 个月内投产；位于奇班加的大理石项目，其将实现复产以满足加蓬和中部非洲地区的需要。除了上述重点项目，加蓬还拟开发其他矿产资源，如位于恩古涅省的铅锌矿等。

"新兴加蓬计划"需要巨额投资以加强国家基础设施建设来支撑相关产业的发展。加蓬政府计划支出高达 120 亿美元用于基础设施建设。然而，由于 2014 年以来国际油价暴跌，原材料价格低迷，加蓬政府财政收入锐减，用于石油勘探、开发以及相关基础设施建设的外债增加，经济下行压力增大，加蓬根本无力投资如此巨大的基础设施建设项目。

**（七）国家基础设施指导大纲（2012 ~ 2025 年）**

由加蓬政府于 2010 年聘请美国柏克德公司制定。该大纲于 2012 年制定完成并施行。其目标是通过确定国家基础设施建设的发展方向，对基础设施建设做出合理规划。根据大纲，到 2025 年，加蓬政府将实施 189 个大型项目，涉及电力、矿产、交通运输、通信、住房、工业园区等多个领域。①住房项目。至 2025 年，加蓬将建设 20 万套住房和多个集居住、商业、教育、绿化、休闲等功能于一体的街区。其中在 2012 ~ 2016 年，投资 1.42 万亿中非法郎完成 3.75 万套住房的建设；2017 ~ 2025 年投资 3.8

---

① Plan Stratégique Gabon Emergent: Vision 2025 et orientations stratégiques 2011 - 2016, Libreville, Gabon, 2012.

万亿中非法郎建设 16.25 万套住房。住房项目主要由政府提供土地，私人房地产开发商投资。但目前实际建设进度明显滞后。②公路项目。加蓬政府计划在 2025 年之前，在全国建成现代化公路网，连接主要省市和工业区，促进旅游业和原材料出口物流的发展。加蓬政府计划在 2012～2016 年投入 3 万亿中非法郎修建 3320 公里公路，在 2017～2025 年投入 3.3 万亿中非法郎修建 2500 公里公路。③铁路项目。加蓬政府计划在 2025 年之前投入 2.75 万亿中非法郎新建 920 公里铁路。新建铁路由三条新线路组成：让蒂尔港铁路（全长 300 公里）、马永巴—姆比谷铁路（全长 300 公里）、贝林加—布韦铁路（全长 320 公里）。但目前，项目仍处于前期研究阶段。④港口和机场项目。加蓬政府计划投入 4500 亿中非法郎用于新建利伯维尔国际机场和让蒂尔港国际机场的扩建工程；同时，投入 5600 亿中非法郎用于国家主要港口建设和扩建工程。⑤能源项目。加蓬政府计划投入 1.42 万亿中非法郎新建 6 个水电站，到 2020 年全国实现供电 100% 覆盖。⑥通信项目。加蓬政府计划投入 3800 亿中非法郎用于全国省会城市间的光纤网建设项目、政府行政网建设项目和移动电话网优化项目。⑦教育项目。未来 5 年投入 5000 亿中非法郎用于建设新的学校以及提高现有学校的现代化水平。⑧卫生项目。加蓬政府计划在 2012～2016 年投入 3350 亿中非法郎建设 4 所大型综合医院。该项目目前资金缺口较大，实际执行情况不佳。

**（八）"三年经济振兴计划"（2017～2019 年）**

2017 年，加蓬政府与法国开发署签署 1480 亿中非法郎（合 2.25 亿欧元）的贷款协议，用于实施"三年经济振兴计划"。该计划的目标在于严格遵守外汇管制规定，确保将出口纳入国家管理，努力增加在中非国家银行中的外汇储备，坚定维护中部非洲区域货币稳定。国际货币基金组织、世界银行、非洲开发银行和法国开发署已向加蓬提供了总计 1310 亿中非法郎的贷款，支持加蓬落实 2017 年预算计划，帮助加蓬实施"三年经济振兴计划"。2017 年 10 月，国际货币基金组织派小组对加蓬宏观经济进行考察，对加蓬在控制债务增长和人员工资规模等方面做出的努力表示满意，在年底前又向加蓬提供了 3610 亿中非法郎贷款，其中非洲开发银行提供 1150 亿中非法郎，法国开发署提供 492 亿中非法郎，世界银行提供 1968 亿中非法郎。2018 年 11 月，国际货币基金组织派遣专家组对加蓬进行访问，对加蓬努力推动"三年经济振兴计划"的情况总体表示满意。在肯定加蓬所取得成绩的同时，专家组指出加蓬部分公共部门和国有企业的财政状况仍不稳定，加蓬需要对陷入困境的三家银行加紧进行清算，财政预算管理仍有进一步完善的空间。①

## 四 新冠疫情前后的经济状况

在"三年经济振兴计划"的支持下，加蓬经济已从 2014 年的油价冲击中逐步复苏，经济有所回升，财政和对外贸易状况得到改善，公共债务开始减少。加蓬已成为撒哈拉以南非洲第五大产油国、非洲第二大木材生产国，有望成为全球最大的锰矿生产国，加蓬政府致力于通过"新兴加蓬计划"实现经济多元化，但加蓬经济严重依赖石油行业，生产要素成本高昂，电力、交通等配套基础设施落后，腐败问题依然存在，失业率较高，地区性贫困问题仍比较突出，其营商环境出现问题。

进入 2020 年，加蓬的经济复苏开始受到新冠疫情及不利贸易条件的威胁。加蓬政府已经采取了几项紧急措施，以控制疫情并减轻其对民众的影响。截至 2021 年 10 月 22 日，该国有 34281 例确诊病例和 219 例死亡病例。与其他中等收入国家相比，加蓬的卫生系统仍不发达，这限制了其应对更大范围疫情的能力。世界卫生组织为此帮助加蓬政府制定卫生对策，世界银行和法国开发署也与加蓬政府合作，提供技术援助并调整卫生项目，以便有针对性地调整应对疫情的措施（如提供核酸测试、增加呼吸设备并配备新的重症监护室）。

疫情的持续蔓延以及油价暴跌持续影响加蓬经济的各个方面。2020

① 《国际货币基金组织对加蓬执行经济振兴计划总体表示满意》，丝路网，2018 年 11 月 22 日，https://www.imsilkroad.com/news/p/121120.html。

年加蓬实际 GDP 增长率从 2019 年 12 月国际货币基金组织预测的 3.8% 跌至 -1.8%①，加蓬的财政收入减少、国际收支失衡，产生大量额外的融资需求（见表 4-1）。

表 4-1　2020 年前后加蓬部分经济指标变化

单位：十亿中非法郎，%

|  | 第 4 次、第 5 次修订 | 2020 年预计 |
|---|---|---|
| 石油收入 | 684 | 398 |
| 非石油收入 | 1245 | 1047 |
| 当前支出 | 1278 | 1351 |
| 货物与服务 | 161 | 193 |
| COVID-19 | 0 | 42 |
| 其他 | 161 | 151 |
| 转移支付和补贴 | 216 | 232 |
| COVID-19 | 0 | 23 |
| 其他 | 216 | 209 |
| 资本支出 | 513 | 354 |
| 国内融资 | 220 | 129 |
| 国外融资 | 293 | 225 |
| 综合差额 | 152 | -245 |
| 综合差额占 GDP 的比例 | 1.5 | -2.7 |

资料来源：IMF，*Gabon：Request for a Purchase under the Rapid Financing Instrument—Press Release；Staff Report； and Statement by the Executive Director for Gabon*，IMF Country Report No. 20/109，2020。

## （一）增长前景较弱

尽管近年来加蓬在经济多元化方面取得了进展，但该国经济仍然高度依赖石油。2018 年，石油出口占总出口的近 70%。石油收入约占政府总收入的 37%，相当一部分非石油活动仍与石油部门有关。2020 年，受新冠疫情、世界经济衰退、原油供需失衡等因素的影响，国际原油价格暴

---

① IMF 数据库，https：//www.imf.org/en/Countries/GAB#countrydata。

跌，全球油价从 2019 年 12 月的 60 美元/桶大幅下跌到 2020 年的 36 美元/桶。① 加蓬石油出口大幅下降，非石油出口也因全球经济增长放缓而下降。但国际油价下跌和投资减少也有助于控制进口。这些冲击使加蓬经常账户赤字占国内生产总值的比重从 2019 年 12 月国际货币基金组织预计的 2% 上升到 8.5% 左右。由于国际油价和石油部门利润的下降，预计外国直接投资将减少 1530 亿中非法郎（占国内生产总值的 1.7%）。② 考虑到全球需求下降，加蓬下调石油生产目标，这也是为了减少投资计划以提高老油井的产量。非石油活动占国内生产总值的比重为 0.4%，比 2019 年 12 月国际货币基金组织的预测低 3.6 个百分点，反映了大多数部门生产的下降。新冠疫情导致贸易中断、投资减少、全球需求低迷和工作场所缺勤率提升，从而影响农业、制造业和服务业的产出。③

**（二）政府将承担巨大财政成本，财政收入和支出都将受到影响**

1. 2020 年的支出

与健康有关的直接支出将达到约 420 亿中非法郎（占国内生产总值的 0.5%），社会转移支付将增加 230 亿中非法郎（占国内生产总值的 0.2%）。

2. 资本支出

外国融资资本将减少 680 亿中非法郎（占国内生产总值的 0.8%）。

3. 非石油收入

由于经济活动放缓和税收中断，非石油收入预计将减少 1198 亿中非法郎（占国内生产总值的 2.2%）。目前加蓬政府已与两大主要商业协会举行了会议，讨论由运营商编写的关于新冠疫情潜在经济影响的自下而上

---

① IMF, *Gabon：Request for a Purchase under the Rapid Financing Instrument—Press Release；Staff Report；and Statement by the Executive Director for Gabon*, IMF Country Report No. 20/109, 2020, p. 3.

② IMF, *Gabon：Request for a Purchase under the Rapid Financing Instrument—Press Release；Staff Report；and Statement by the Executive Director for Gabon*, IMF Country Report No. 20/109, 2020, p. 4.

③ IMF, "COVID-19：An Unprecedented Threat to Development," in IMF, *Regional Economic Outlook Sub-Saharan Africa*, Washington, D. C., 2020.

的分析报告。然而，政府尚未计划采取任何具体措施来支持受危机影响的
企业。

### 4. 石油收入

石油总收入将减少 2860 亿中非法郎（占 GDP 的 3.2%）。[1]

### （三）公共债务仍然是可持续的，但已变得更容易受到风险的影响

假设仅是暂时地偏离整固路径，且从 2023 年开始加蓬实现了财政平
衡的目标，那么公共债务占国内生产总值的比重将达到 69% 的峰值，然
后在 2025 年下降到 52%。[2] 然而，鉴于债务可持续性的风险增加，加强
债务管理，寻求更多优惠贷款，包括从双边和多边伙伴那里获得贷款，以
及提高公共投资的效率就变得更加重要。

### （四）预计短期内金融部门风险有限

据报告，2020 年偿付能力比例为 15%，短期流动性比例接近 200%，
而在 2019 年 3 月底，两者最低分别为 10.5% 和 100%，[3] 如此看来，银行
系统似乎仍在健康运转。然而，较低的国内生产总值可能会通过国家提
高不良贷款率和增加拨备要求来影响银行的偿付能力，因此，政府应当
努力限制国内欠款，银行也应实施有效的业务连续性计划，以确保金融
服务的正常运行，并尽量将新冠疫情蔓延的不利影响降至最低。[4]

中部非洲银行委员会（COBAC）正在密切监测金融部门。其在 2020
年 3 月发给银行和小额信贷机构的一封信中要求这些机构：鉴于新冠疫
情，审查其贷款组合；严格遵循现行的贷款分类和拨备监管要求，在重组

---

[1] IMF, *Gabon*: *Request for a Purchase under the Rapid Financing Instrument—Press Release*; *Staff Report*; *and Statement by the Executive Director for Gabon*, IMF Country Report No. 20/109, 2020, p. 5.

[2] IMF, *Gabon*: *Request for a Purchase under the Rapid Financing Instrument—Press Release*; *Staff Report*; *and Statement by the Executive Director for Gabon*, IMF Country Report No. 20/109, 2020, p. 9.

[3] IMF, *Gabon*: *Request for a Purchase under the Rapid Financing Instrument—Press Release*; *Staff Report*; *and Statement by the Executive Director for Gabon*, IMF Country Report No. 20/109, 2020, p. 5.

[4] IMF, "COVID-19: An Unprecedented Threat to Development," in IMF, *Regional Economic Outlook Sub-Saharan Africa*, Washington, D. C., 2020.

或再融资的情况下，可根据需要使用 2.5% 的缓冲资金来弥补与疫情相关的损失，从而保持至少 8% 的偿付能力比例，但在股息分配方面遵循限制性政策，并在资本不足时提供资本重组计划。其同时进一步敦促这些银行和小额信贷机构继续提供必要的金融服务，并根据需要实施业务连续性计划。2020 年 3 月，中非国家银行货币政策委员会（MPC）通过了一揽子货币宽松措施。在分析了新冠疫情和原油价格下跌对中部非洲经济与货币共同体各经济体的潜在影响后，考虑到影响货币金融稳定的风险因素，中非国家银行货币政策委员会暂停流动性吸收操作并决定：放宽货币政策，将政策利率下调 25 个基点，从 3.5% 降至 3.25%；收窄利率走廊宽度，将边际贷款利率下调 100 个基点，从 6% 降至 5%；[①] 将流动性准备金从 2400 亿中非法郎增加到 5000 亿中非法郎，以在必要时提高注资额度；扩大作为货币政策操作抵押品的私人金融工具接受范围。中非国家银行货币政策委员会亦鼓励管理层向董事会建议降低作为再融资操作抵押品的公共证券及私人金融工具的扣减率，并将中央银行对其成员国规定的综合信贷本金偿还期推迟一年等。委员会还建议，银行应确保金融服务的连续性，包括通过自动取款机提供现金、增强远程银行业务以及降低银行服务成本。

**（五）中期前景依然良好，但仍存在相当大的不确定性和下行风险**

预计非石油收入将从 2021 年开始反弹，非石油国内生产总值将在 2022 年后恢复到疫情发生前的水准。然而，疫情可能比预期的更严重、更持久，对大宗商品价格、经济增长以及财政和外部形势产生持久影响。国际油价正在接近盈亏平衡的水平，其进一步下跌可能会侵蚀石油收入，削减未来的石油生产，从而对债务的可持续性产生影响。其他潜在的外部风险包括全球增长疲软和较高的风险溢价，将导致融资成本增加，资本流入量可能减少。加蓬政府已开始制定应对冲击的经济政策。当务之急是提供必要的健康相关支出以保障人民的福祉，照顾病人，减缓病毒的传播，

---

① IMF, "COVID-19: An Unprecedented Threat to Development," in IMF, *Regional Economic Outlook Sub-Saharan Africa*, Washington, D. C., 2020.

并保障医疗用品的生产。在政府收入急剧下降的情况下，这需要其额外支出约 650 亿中非法郎（占国内生产总值的 0.7%）。政府正在采取措施控制非优先支出，并将节省的资金（170 亿中非法郎，占国内生产总值的 0.2%）转用于与应对疫情相关的支出。①

尽管加蓬政府已做出了相当大的努力，但仍需增加财政赤字，以应对冲击的影响。非石油赤字占非石油国内生产总值的比例估计将从预计的 4.2% 增加到 5.7%。考虑到已确定的融资来源，未涵盖的财政需求总额将达到约 2520 亿中非法郎，即国内生产总值的 2.8%。② 鉴于政府仍在考虑采取紧急减税和提供有针对性的补贴等措施，以支持受影响的公司和家庭，融资需求可能会更大。政府必须仔细评估任何拟议的税收政策。对于医疗设备和用品（如呼吸机、检测试剂盒、口罩等）可以采取减少或取消关税或降低增值税税率等有针对性的政策，但这些政策应当是临时性的。为了帮助企业应对现金流紧张的问题，延迟缴税的措施是合适的，但应避免采取更为激进或永久性的税收政策。对于针对企业和家庭的临时性措施，政府仍然需要进行成本计算，并仔细评估其影响，以避免任何"无谓"影响。③

加蓬政府应对外部冲击的一揽子政策是适当的，其正确地增加了保健和社会开支，控制了新冠疫情蔓延及疫情对加蓬社会和经济造成的影响。除此以外，政府还在通过重新审视其投资计划来适应国际油价的下降。加蓬政府仍然需要更多的外部预算和国际财政支持，以进一步应对冲击。

---

① IMF, *Gabon : Request for a Purchase under the Rapid Financing Instrument—Press Release ; Staff Report ; and Statement by the Executive Director for Gabon*, IMF Country Report No. 20/ 109, 2020, p. 7.

② IMF, *Gabon : Request for a Purchase under the Rapid Financing Instrument—Press Release ; Staff Report ; and Statement by the Executive Director for Gabon*, IMF Country Report No. 20/ 109, 2020, p. 7.

③ IMF, *Gabon : Request for a Purchase under the Rapid Financing Instrument—Press Release ; Staff Report ; and Statement by the Executive Director for Gabon*, IMF Country Report No. 20/ 109, 2020, p. 7.

# 第二节　产业结构概况

## 一　农牧林渔业

### （一）战略与政策

加蓬耕地肥沃，降水量丰沛。然而，加蓬大约60%的粮食需求却依赖进口，这给加蓬每年造成的损失超过3000亿中非法郎。根据加蓬经济与计划部的数据，2005~2010年，加蓬农业占国内生产总值的平均比例为4.7%，到了2014年，加蓬的食品进口额增至3492亿中非法郎，农业仅占国内生产总值的2.64%。粮食生产的平均价值也从2006~2008年的153美元/人一路下跌至2015~2017年的89美元/人。①

1956年发现石油后，加蓬就染上了所谓的"荷兰病"，农田荒芜，农村人口外流，农业产量随着石油产量的增长而不断下降，这严重侵蚀了政府的消费能力，加蓬上涨的食品进口费用使政府财政负担沉重。2009年阿里·邦戈上台后，开始推行"新兴加蓬计划"，加蓬开始加大力度发展非石油行业，促进多元化经济增长。打造"绿色加蓬"是"新兴加蓬计划"中的重大方针之一，林业、渔业、种植业等都是重要的发展方向。自2014年年中以来，全球石油价格下跌，加上政府在启动"新兴加蓬计划"相关方面的投资受到预算限制，这意味着实现粮食自给自足的任务变得更加紧迫。加蓬的土地资源丰富，拥有非常有利的条件来发展种植业。因此，作为多元化战略的一部分，加强农业发展非常重要。

然而，政府由于资金有限，无法推动实现2011年设定的目标，即到2020年将农业对国内生产总值的贡献提高到20%，并实现粮食自给自足。根据2003年的《关于农业和粮食安全的马普托宣言》，非洲国家承诺将其国家预算的10%分配给农业。然而在加蓬，只有0.8%的预算用于农业。此外，农业、畜牧业、渔业和农村发展部2014年的年度预算削减了

---

① 联合国粮农组织数据库，http：//www.fao.org/statistics/databases/zh/。

约 40%，这是其他部门的两倍。

近年来，石油、木材和锰矿的出口是加蓬经济增长的主要动力，但随着后石油时代的来临，加蓬迫切需要开发新的收入来源，以实现收入多样化，减少进口费用，如在农村地区创造就业机会，减缓农村人口外流，提高粮食安全水平。因而在 2015 年 3 月，加蓬政府在联合国粮农组织、世界银行、中部非洲国家经济共同体和非洲发展新伙伴计划的协助下，通过了 "国家农业投资与食品和营养安全计划"（Programme National d'Investissement Agricole, de Sécurité Alimentaire et Nutritionnelle, PNIASAN）。该计划预计在 2015~2020 年进行共计 4000 亿中非法郎的投资。资金主要来源为国际金融机构和私人部门，旨在通过促进可持续生产和提高部门生产力，减少粮食进口，增加粮食供应，以及创造就业和减少贫困。这些目标正通过七个方案取得进展，包括促进土地和资金的获取；发展从收获到运输、储存、加工和销售的产业链，以符合国际食品安全规范；以及提高妇女和年轻人的社会经济水平等。其可量化目标是：到 2020 年，农业对国内生产总值的贡献达到每年 8.4% 的可持续增长率，贫困率从 33% 降至16.7%，长期营养不良率降至 5% 以下。

**（二）林业**

林业是仅次于石油业的国家第二大经济部门，同时也是加蓬第三大吸纳劳动力的就业部门。根据世界银行的数据，加蓬约有 85% 的土地（相当于 2430 万公顷）被森林覆盖，其中约 1250 万公顷适合木材生产。原木储量约 4 亿立方米，居非洲第三位。①

**1. 林业开采法规**

加蓬政府对森林开采实行发放固定数量许可证的制度，对森林开发单位或个人颁发三类经营许可证和一类砍伐许可证。1982 年 7 月 22 日的《森林法》和 1993 年的《环境法》规定：①临时经营许可证，临时经营许可证项下的森林面积占出让森林面积的 42.1%，对就地木材加工没有配额规定；

---

① 《加蓬地理》，中华人民共和国驻加蓬共和国大使馆经济商务处网站，2013 年 1 月 26 日，http://ga.mofcom.gov.cn/article/ddgk/zwdili/201301/2013-0100013275.shtml。

②加蓬铁路运输区域内的经营许可证，该类许可证项下的大部分原木用于出口，森林面积占出让森林面积的 30.1%；③工业经营许可证，该类许可证项下的森林面积占出让森林面积的 27.8%；④家庭砍伐许可证，这类许可证主要发给当地百姓，砍伐数量以棵计算，每证不得超过 100 棵。

此外，为防止过度开采对加蓬森林资源造成损害，1991 年以来，加蓬政府对奥库梅木和奥兹戈木的生产实行配额限制。加蓬国家木材公司根据总统令以及当年产量和上一年度产量的情况将配额分发给有关的森林开发企业。

2. 林业资源

加蓬的森林资源十分丰富，享有"森林之国"的美称。森林面积占全国土地总面积的 85%，全国有 200 万公顷林地被列为保护林区。在丰富的森林资源中，天然林面积为 1783.8 万公顷，人工林仅有 206.2 万公顷。可开采森林面积占比超过 90%，位列非洲第一。根据森林开发成本与产出效益，全国森林被划分为三类森林采伐区：一类区为利伯维尔与让蒂尔港之间的沿海地带，面积约为 350 万公顷，是加蓬著名的奥库梅木的主产区，主要由当地公司开采；二类区位于恩古涅、尼扬加、中奥果韦和奥果韦-伊温多四省区内，面积约为 1000 万公顷，是目前林木大量采伐的重要地区；三类区位于加蓬的中部地区，主要以布韦—拉斯图维尔—弗朗斯维尔一线为中心，采伐面积有 650 万公顷，出产奥库梅木以外的其他贵重木材。一类区离港口近，当地公司可利用河流放木运抵港口，开采费用很低，基本不需要进行基础设施投资。而在二、三类区，一方面木材需用专用卡车、火车运输或通过水路运输，运输费用相应增加；另一方面，需进行住房、电力等配套设施建设，基建费用高，故这两类林区的投资比较高。

3. 林业生产

加蓬森林中有 400 多种木材，其中许多木材可以加工以做不同用途，例如，奥库梅木和奥兹戈木可被制成高质量的胶合板，莫阿比木和紫檀可用于木工。虽然加蓬是非洲四大热带木材生产国之一，但其木材的加工率不到 10%，生产的原木 90% 以上用于出口。加蓬的森林开采大部分被外国企业所控制，20 世纪 90 年代中期以来，一些新的投资者开始进入加蓬林业，其中以中国和马来西亚商人居多。

加蓬出产的木材以奥库梅木和奥兹戈木最具盛名，其是制作胶合板的上等木材。由于大部分亚洲原木生产国颁布了禁伐令，20 世纪 90 年代以来，加蓬的原木产量呈不断上升之势，1997 年原木产量达 277.5 万立方米，为 90 年代最高峰。1998 年，亚洲国家由于受金融危机影响，从加蓬进口的原木数量锐减，这使加蓬原木产量陡然降至 216.4 万立方米。由于中国、法国、日本、摩洛哥、以色列、菲律宾木材进口需求量的增加，1999 年加蓬原木产量达 234 万立方米，比上一年增长 8.1%。

2000 年，加蓬原木产量增加至 290 万立方米，超过 90 年代原木产量的最高峰值。由于国际市场上木材价格的波动，加蓬木材产量呈下滑之势，2001 年和 2002 年，原木产量分别为 238.6 万立方米和 247.8 万立方米。[①] 2010 年 5 月加蓬禁止原木出口后，木材产品出口量暴跌，大量木材企业经营困难。现经过一段时间的调整适应，加蓬境内的木材企业逐步走出困境。

2010 年对原木的出口禁令实际上推动了该行业的快速增长，尽管在产能建设后收入低迷，但木材加工业最近出现了两位数的增长，并雇用了加蓬 28% 的正规劳动力。加蓬大多数的木材加工公司涉及基本的干燥作业，但目标是转向制作家具等成品。诺克经济特区最初是为木材加工而设立的，尽管后来特区内已经实现了多元化发展，但该区正计划让加蓬木材工业公司等公司每年加工 100 万吨木材。这家马来西亚公司在 12 公顷的土地上投资了 2600 万美元，建立了三家木材工厂并创造了 300 个工作岗位，现在每月可生产 1500 立方米的锯材产品。另一印度公司施纳戈（Shinago）投入 200 万美元，收购了 4 公顷土地，并雇用了 120 名工人。2016 年 3 月，为了支持木材加工，加蓬成立了一个 200 亿中非法郎的国家木材基金。得益于亚洲市场和当地市场旺盛的需求，2018 年加蓬木材产量为 96.4 万立方米，同比增长 13.7%，其中本地销售 11 万立方米，同比增长 67.5%，出口 73.5 万立方米，同比增长 8%。从生产木材种类看，

---

① IMF, *Gabon: Statistical Annex*, IMF Country Report No. 04/29, 2004, p. 31.

其中锯材产量为 61.1 万立方米，同比增长 17.1%；贴面板产量为 31.5 万立方米，同比增长 14.8%；胶合板产量为 3.7 万立方米，同比下降 26.9%。2019 年上半年加蓬木材产量增长 3.5%，达 511514 立方米。得益于国际市场尤其是亚洲市场的强劲需求，上半年加蓬木材出口量增长 5.1%，达 428560 立方米，由于国内市场需求减少，木材内销量下降 63.4%，为 24496 立方米。2019 年前三季度加蓬加工木材产量同比增长 14.4%，达约 95 万立方米；出口量同比增长 15.8%，达约 71 万立方米。① 中国是加蓬第一大木材出口目的国。

### （三）渔业

渔业部门具有巨大的潜力，但由于财政支持、资源和基础设施不足以及高税收，加蓬的渔业发展受到严重的阻碍。

加蓬渔业分为海洋渔业和内陆渔业两种。海洋渔业又可分为手工捕捞和商业捕捞，占渔业总产量的 50%~75%。加蓬是中部非洲最大的鱼类消费国之一，全国需求量大约为每年 45000 吨，人均消费 40 公斤，几乎是全球平均水平的两倍。加蓬渔业主要由莱凯迪公园开发公司（Société d'exploitation du Parc de la Lékédi）经营，该公司在莱凯迪的农场每年约生产 120 吨鱼。加蓬的水域每年有 20 万至 30 万吨鱼供捕捞，但在 2012 年，渔业产量仅为 32160 吨，其中 32000 吨来自捕捞，160 吨来自水产养殖。根据政府的数据，总产量为 4.2 万吨，远低于高峰期 1998 年至 2000 年年均产量的 6.6 万吨。②

根据 2015 年 3 月的"国家农业投资与食品和营养安全计划"发展蓝图，渔业产量下降被归因于运输船队的减少、加工和冷藏能力有限以及从业者需以关税和增值税的形式缴纳 20%~30% 的重税。根据该计划，加蓬将为发展个体捕捞划拨 450 亿中非法郎，目标是到 2020 年将年产量从 15000 吨提高到 26600 吨，并使部门收入从 2014 年估计的 1118 亿中非法

---

① 中华人民共和国驻加蓬共和国大使馆经济商务处网站，http://ga.mofcom.gov.cn/article/jmxw/202001/20200102928588.shtml。

② Oxford Business Group, *The Report：Gabon 2016*, London, 2016.

郎增加到 2900 亿中非法郎。① 其目的在于增强渔业部门能力，采取财政措施以减轻税收负担，支持购置和维护渔船，对从业人员进行培训，以及努力改善产品加工和营销情况。

2011 年的"绿色加蓬"计划设立了以下目标：到 2025 年，工业和非工业捕捞（包括水产养殖）的产量翻一番，达到 8 万吨，收入翻两番，达到 1500 亿中非法郎；工业和内陆非商业捕捞产量翻两番，分别达到 1.5 万吨和 4 万吨，收入增长 6 倍，分别达到 500 亿中非法郎和 600 亿中非法郎。该战略还要求所有在加蓬水域内进行工业捕捞的渔船必须在其港口卸货。但迄今为止，支持工业捕捞的投资尚未到位。

与此同时，加蓬也强调了其保护自然栖息地的决心，加蓬总统于 2015 年 5 月宣布禁止在面积超过 120690 平方公里的水域（占加蓬海洋水域的 23%）内进行商业捕捞，以保护面临过度捕捞风险的海洋物种。此举旨在控制非法捕捞，据估计，非法捕捞量占加蓬水域所有捕捞量的 60%。②

**（四）种植业、畜牧业**

1. 种植业

加蓬重要的粮食作物主要有木薯、大蕉、芋头、玉米、稻谷等。木薯是加蓬人民的主食之一，对自然条件适应性强，在全国广泛种植。东部高地是玉米和芋头的主要种植地。此外，奇班加地区出产水稻，恩古涅河流域出产大蕉、高粱和稻谷等粮食作物。加蓬生产的粮食不能满足国内居民的生活需求。小麦、大米和玉米这三种主要谷物都是进口的。根据联合国粮农组织的统计，2014 年小麦进口量几乎翻了一番，从 2003 年至 2005 年的年均 6 万吨增至约 11.3 万吨。2009~2011 年，大米进口量平均约为 61000 吨。③

加蓬的传统经济作物主要有咖啡、可可、油棕、天然橡胶、花生和

① Oxford Business Group, *The Report：Gabon 2016*, London, 2016.
② Oxford Business Group, *The Report：Gabon 2016*, London, 2016.
③ 联合国粮农组织数据库, http：//www.fao.org/statistics/databases/zh/。

甘蔗。加蓬北部沃勒-恩特姆高原和伊温多河-奥果韦河流域气候湿热，适宜种植可可；东部高原由于受传统专业化种植影响，主要是咖啡产区；北部沿海和南部边境，集中种植棕榈；在兰巴雷内和西南沿海沙壤土区，主要种植花生。由于有限的耕地（1995～2015 年，加蓬的耕地一直维持在 32.5 万公顷）、落后的交通通信等基础设施及低水平的农业投资，加蓬的经济作物生产发展乏力。从生产技术看，加蓬农业灌溉不发达。另外，由于农业生产中的机械化程度较低及劳动力成本较高，农业产出效益不佳。近年来，随着农业企业的私有化，农产品产量有所提高。2002 年加蓬粮食总产量仅为 25046 吨，到 2010 年产量已达 40754 吨，根据联合国粮农组织统计数据，2018 年加蓬粮食总产量达 47835 吨。[①]

2014 年 12 月，加蓬政府通过"加蓬公民参与实现农业成果倡议"（Gabonaise des Réalisations Agricoles et des Initiatives des Nationaux Engagés，GRAINE）。该项目是与总部位于新加坡的奥兰国际有限公司合作开发的公私合营项目，旨在通过提供土地所有权、启动资金、设备和培训，帮助小农户组建合作社，生产经济作物和长周期作物，从而促进培养农业领域的创业精神。目标是到 2020 年拥有 20 万公顷的耕地，并创造 2 万个就业岗位。这个项目是第一个有私人投资者参与的项目。此外，国际金融机构以及联合国粮农组织和国际农业发展基金等全球机构资助的其他项目也在进行中，其中包括加蓬农业发展和投资项目（PRODIAG），该项目由加蓬发展支助研究所（Institut Gabonais d'Appui au Développement，IGAD）于 2011 年启动，由法国开发署提供资金，是 2004 年加蓬城市周边农业发展支助项目的后续项目。这些项目的重点是通过提供技术咨询和培训促进城郊地区农业的商业化，并通过合作社支持大规模生产，改造木薯和大蕉等主要作物，发展猪和家禽养殖业。

2017 年 5 月，加蓬农业部与联合国粮农组织签署国家规划框架协议，计划于 2017 年至 2022 年筹集 750 万美元用于提高加蓬粮食安全水平，确

---

① 联合国粮农组织数据库，http：//www.fao.org/statistics/databases/zh/。

保农业生产可持续发展。该协议内容涵盖加蓬农业和农村发展范畴内的各个方面，与"新兴加蓬计划"契合，与联合国发展援助规划框架和联合国粮农组织战略框架紧密相连。

加蓬政府将棕榈油和橡胶的发展视为其扩大农业部门的关键因素。加蓬热带作物投资公司（SIAT GABON）目前是加蓬唯一的大型橡胶和棕榈油生产商。其由加蓬政府和比利时 SIAT 集团于 2004 年共同出资 700 亿中非法郎成立，主要经营农产品加工，包括香蕉、油棕的种植和加工等。目前，该公司在加蓬农副市场上基本处于垄断地位。加蓬热带作物投资公司在比塔姆、米齐克等的 13000 公顷种植园每年生产 20000 吨胶皮。其位于兰巴雷内的炼油厂每年生产 3 万吨精油，占当地对食用油和肥皂用硬脂需求的 40%。截至 2001 年，加蓬热带作物投资公司已向橡胶产业、棕榈油产业和畜牧产业投资了 1200 亿中非法郎。[①]

相较于生产棕榈油，加蓬热带作物投资公司优先考虑的是扩大橡胶的生产，并制定了以每年 2000 公顷的速度将其橡胶种植园增加到 3 万公顷的目标，这是因为相信橡胶市场在未来几年里会带来更多的增长机会。同时，在劳动力成本和产量方面，橡胶生产比棕榈油生产更有优势。橡胶的劳动密集程度较低，加蓬热带作物投资公司的橡胶种植园的平均产量为 2.2 吨/公顷，而亚洲的橡胶种植园产量为 1.6 ~ 1.7吨/公顷。相比之下，其棕榈果油的平均产量为 22 吨/公顷，虽然产量很高（按照区域标准来衡量），但与亚洲的平均产量 40 吨/公顷相比仍是偏低的。

近年来，加蓬农业领域获得大量外资，尤其是在橡胶和棕榈油生产领域。新加坡奥兰国际有限公司投资 1.4 亿欧元，从 2013 年起在加蓬北部比塔姆种植 2.8 万公顷橡胶，2020 年收获，初期产量达 62000 吨天然橡胶浆。加蓬棕榈油主要由加蓬热带作物投资公司、奥兰国际有限公司生产。2018 年加蓬棕榈油产量为 12065 吨。奥兰国际有限公司面积达 3 万公顷的油棕种植项目已于 2012 年启动，2015 年和 2017 年两家棕

①　新华社利伯维尔 2001 年 4 月 10 日电。

桐油生产厂先后投产，2018 年上半年，初榨棕榈油产量达 1.73 万吨，较上一年同比增长 93.2%。此外，棕榈果油产量亦达1038 吨。① 预计到 2022 年，奥兰和加蓬的合资企业将取代加蓬热带作物投资公司，成为加蓬最大的棕榈油和橡胶生产商。奥兰橡胶加蓬公司预计其 2.8 万公顷种植园的橡胶产量将在 2022 年达到年产量 3.65 万吨的峰值；而奥兰棕榈油加蓬公司则是计划到 2022 年拥有 10 万公顷的油棕种植园，年产量达 41 万吨，平均产量为 4.1 吨/公顷，这将使加蓬成为非洲第二大生产国。②

### 2. 畜牧业

加蓬畜牧业主要饲养牛、羊、猪以及其他家畜。其牲畜饲养量呈逐年增加之势，但萃萃蝇的危害阻碍了畜牧业的进一步发展。加蓬的畜牧业规模很小，主要有两类生产方式：一是在农村，农民散养一些肉牛、山羊、猪、家禽等；二是一些具有一定规模的畜牧企业从事有组织的生产。加蓬的活畜和肉类产品不能满足国内消费需求，肉禽消费绝大部分靠进口维持。

## 二 工矿业

工矿业在加蓬的国民经济中占有重要地位。尤其是采矿业（包括原油生产）产值占国民生产总值和政府财政收入的一半以上，是国家外汇收入最主要的来源。加蓬的主要工业门类有石油冶炼、木材加工、食品加工等。长期以来，加蓬工业发展较为缓慢。近年来，由于部分矿产资源储量面临枯竭，工业发展面临资源短缺的困难。2019 年原油价格为平均每桶 64.2 美元，相较于 2018 年的 71.3 美元/桶，下降了约 10%。

### （一）工矿业发展政策

加蓬独立以后积极地开发本国丰富的矿产资源和农业资源，为本国采矿业和加工工业的发展提供原材料。20 世纪 80 年代以来，加蓬政府制定

① Oxford Business Group, *The Report：Gabon 2016*, London, 2016.
② Oxford Business Group, *The Report：Gabon 2016*, London, 2016.

并实施了一系列工矿业改革措施，使本国工业进入良性发展轨道。

1. 实行工业"企业加蓬化"政策，维护民族利益和发展民族资本

在加蓬推动本国经济发展的过程中，为逐步做到由加蓬人自己管理经济，加蓬政府推行企业本地化政策，提高国家和民族资本的地位。为此，政府在工矿业经济部门中，建立了一系列以国家资本为主的企业，并不断提高国营经济的地位和作用。主要采取的办法是逐步增加国家在企业中的股份份额和增强对企业的控制权，而不是采取国有化形式。1977 年 3 月，邦戈总统宣布：加蓬的自由经济将是混合式的，国家在各外国公司中必须至少拥有 49% 的股份。目前加蓬政府在各外资企业中已分别拥有 10%～60% 的资本。[①]

2. 整顿国营工矿企业，加快私有化进程

从 1987 年起，加蓬政府决定调整公共企业，也包括重要的国营工矿企业。采用调整、关闭和私有化改造的方式，提高企业的管理能力和竞争能力。1996 年，加蓬制定了国营企业私有化法，并推出了国营企业私有化计划。

3. 建立加蓬中小企业发展基金（FODEX），大力发展中小企业

为促进中小企业的发展，加蓬在政府中设立了中小企业部，1985 年成立了援助和保障中小企业基金，在进口税、土地税、营业税、注册税等方面对中小企业实行优惠政策。1993 年，成立了加蓬中小企业发展基金。该基金主要用于加蓬本国中小企业的创立、经营调整、扩大发展，其还向中小企业提供流动资金等。加蓬全国的许多中小企业得到过该基金的帮助，取得了良好的经营业绩。

4. 成立加蓬工业产权中心，进一步完善经济领域法规

2001 年 8 月，加蓬部长会议通过了一项法令草案，决定成立"加蓬工业产权中心"，将此作为在工业产权领域实施国家支持政策的机构，其还负责与工业产权方面的国际机构特别是非洲地区工业产权组织进行

---

① 法国《欧洲·海外》杂志第 622 期，1982 年 1 月 1 日，第 108～109 页，转引自陈宗德、吴兆契主编《撒哈拉以南非洲经济发展战略研究》，北京大学出版社，1987，第 230 页。

联系。该中心的主要职责是：在全国乃至国际范围内，与有关组织和机构合作，以解决工业产权及技术进步条件下工业开发的问题；在本国促进工业产权的保护和利用；在国际产权机构中代表和捍卫加蓬国家的利益；草拟涉及工业产权的双边、多边的协定、公约和条约的批准书或撤销书并监督其实施；确保对实业家就起草工业产权证书申请以及许可证转让书给予技术上的支持；接受驻加蓬个人与企业向非洲地区工业产权组织提出的有关获取工业产权证书的申请，在备案后将之提交给非洲地区工业产权组织；在加蓬全国组织、协调和领导工业产权方面的宣传和咨询活动。该中心的成立是保护知识产权、促进国家经济长足发展的一个重大举措。

5. 实行地区鼓励政策，建立各州自主发展基金（FID）

加蓬的矿产、水力资源主要集中在内陆地区。加蓬政府重视首都以外地区的发展，鼓励外资到内陆投资。2018 年 4 月，加蓬宣布建立各州自主发展基金，为全国 48 个州分别设立每年 10 亿中非法郎的基金，用于基础发展项目。

（二）采矿业

自独立以来，石油生产一直是加蓬经济发展的动力，然而加蓬的其他矿产资源也同样丰富。采矿业是加蓬的主要经济部门。20 世纪 50 年代，加蓬发现并开采石油，1961～1963 年石油开采量达到每年 80 万吨左右，在非洲仅次于阿尔及利亚、埃及和尼日利亚。[①] 加蓬的石油出口带动了加蓬经济的发展，石油经济的利润丰厚，这奠定了加蓬经济严重依赖于石油资源的格局。加蓬地处中非金属矿带，除了石油资源，加蓬的锰矿、铀矿、铁矿资源也十分丰富。加蓬是世界第四大锰生产国，锰矿蕴藏量达 2 亿吨，占全球已探明储量的 1/4。铌矿储量约为 40 万吨，占世界总储量的 5%。铁矿储量为 8 亿～10 亿吨，品位在 60%以上。其他矿藏有铀、磷酸盐、黄金、重晶石、镍、铬、锌等。

---

① 佚名：《非洲的石油开探业》，载张振克主编《非洲经济地理与区域发展研究资料汇编》第一卷，江苏人民出版社，2019。

1. 石油

2018 年加蓬原油产量为 964.6 万吨（7042 万桶），较 2017 年下降 8.2%；出口原油 871 万吨，较 2017 年下降 7.8%。[①] 但得益于国际原油价格上涨，加蓬原油出口金额达 45 亿美元，同比增长约 20%。亚洲是加蓬原油主要出口地区，占出口总额的 80.9%，[②] 其次是欧洲、拉丁美洲。

（1）石油立法

1974 年，加蓬政府就有石油立法，规定加蓬政府持有原油、天然气的所有权及其开采权，加蓬政府在石油开采公司中所占的股份不得低于 25%，在加蓬投资开发石油的公司通过购买政府持有的股份，所占的股份份额最高可达 60%。1982 年，加蓬又出台了新的石油立法，规定在加蓬投资开发石油的公司需与政府签订产量分成合同。国家石油收入主要来自生产特许权费、生产所得税、矿区使用税、持股与利润分成、石油收益 5 个方面。

随着加蓬采矿业的发展，政府也在适时调整相关规定。1997 年的产量分成合同规定，一般深水域的矿区使用费率为石油 20%、天然气 16%，更深的水域可通过谈判确定更低的矿区使用费。成本回收比例随水深和日产量而变化，产量超过 4 万桶/日时，承包商可得到产量的 15%～25%；深水域产量超过 10 万桶/日时，承包商可得 35%～45%。1998 年新的产量分成合同规定，政府参股比例最小为 25%，公司所得税为 40%（承包商的税由国家根据产量分成合同支付）。合同还规定：企业的勘探期一般为 4～8 年；在发现有开采价值的石油后，开采期为 10 年，可延续两次，每次 5 年。对签约石油公司的产品商业销售价格，加蓬政府不予干涉，由企业根据国际原油市场价格的变化自行决定。

为了维护国家在石油工业中的利益，加蓬政府于 2011 年成立了加蓬

---

①　EIU，*Country Report Gabon 2nd Quarter 2019*，London，2019，p. 11.

②　中华人民共和国驻加蓬共和国大使馆经济商务处网站，http：//ga. mofcom. gov. cn/article/jmxw/201904/20190402858374. shtml。

石油公司。加蓬石油公司的职能多种多样，其主要任务是：代表国家举办、管理和执行一系列石油活动；管理国家在石油和天然气领域的参与活动；监督持有成立公约和产量分成合同的公司；监测和经营（单独或联合、合伙或合资的）碳氢化合物矿藏以及其他任何相关物质；通常根据加蓬或外国法律执行与碳氢化合物行业直接或间接相关的所有金融交易。加蓬最新的《油气法》于2014年生效，允许国家与公司签订产量分成合同，国家在近海深层的分成份额至少要达到50%，在陆上和浅水区的分成份额要上升到55%。加蓬石油公司还可以按市场价格在产量分成合同之外额外购买最多15%的股份，并可以购买任何申请或持有开采权的公司20%的参股权益。该法律还适用新的环境保护标准，如对天然气的燃烧有更严格的限制。

（2）油气生产

加蓬的石油生产正式始于1956年，当时的原油产量很低，1960年全年产量只有80万吨。70年代以后，产量开始逐年增加，1976年生产原油1132.5万吨，为70年代最高峰。1979~1987年，产量回落至1000万吨以下。1987年，在发现拉比-昆加油田后，加蓬石油生产进入快速增长期，原油年产量突破1000万吨。[①] 1997年达到历史最高峰的1850万吨。1998年，由于石油价格剧跌，加上受亚洲金融危机的影响，原油产量降至1760万吨。此后，该国石油生产虽略有波动，但总体呈下降趋势，根据石油输出国组织提供的数据，2016年加蓬的原油产量为22.9万桶/日，2017年为21万桶/日。2018年原油产量为19.3万桶/日，总产量为964.6万吨，合计7042万桶，较2017年下降8.2%；探明原油储量为20亿桶，出口原油871万吨，较2017年下降7.8%。[②] 2019年为21.8万桶/日，截至2020年3月，每月产量降至20万桶/日（见图4-4）。

---

① David E. Gardinier, *Historical Dictionary of Gabon*, Second Edition, London: Scarecrow Press, 1994, p. xxxv.

② OPEC, *Annual Report 2019*, Vienna: OPEC Public Relations and Information Department, 2020.

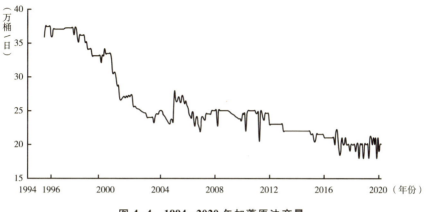

**图 4-4 1994~2020 年加蓬原油产量**

资料来源：美国能源信息署。

加蓬的石油开采主要由外国公司进行。根据石油输出国组织的数据，加蓬近年来原油产量持续走低，2019 年加蓬日产原油约 21.8 万桶，远远低于 1997 年 37 万桶的峰值。[①] 道达尔加蓬公司、英荷壳牌加蓬公司和佩伦科加蓬公司是加蓬三大上游生产商。

一是道达尔加蓬公司。其是加蓬的第一家运营商，自 1928 年开始运营。道达尔加蓬公司拥有大约 30 个生产油田，是三大生产商中资产组合最多的。截至 2015 年，该公司还拥有 1774 平方公里的勘探领域，其中 664 平方公里是产量分成合同项下的。根据道达尔加蓬公司的数据，2015 年该公司的原油产量约占加蓬原油总产量的 25%，相当于 2090 万桶/年，约合 5.73 万桶/日。2018 年道达尔加蓬公司平均原油产量为 3.61 万桶/日，2019 年受原油价格下跌影响，其原油产量略微下降，为 3.12 万桶/日。[②] 2017 年，道达尔加蓬公司将 5 个陆上和海上油田出售给佩伦科加蓬公司，以陆上油田为主，交易金额约 1100 亿中非法郎。

---

① OPEC, *Annual Report 2019*, Vienna：OPEC Public Relations and Information Department, 2020.

② 道达尔加蓬公司官网，http：//www.total-gabon.com/。

二是英荷壳牌加蓬公司。它是加蓬最大的石油生产和经营商。1960年，英荷壳牌公司进入加蓬，于1967年开始生产。英荷壳牌公司注册资本为150亿中非法郎，其中英荷壳牌公司占75%，加蓬政府占25%。该公司在加蓬的勘探面积约为1万平方公里。英荷壳牌加蓬公司经营4个油田：加蓬最大的油田拉比-昆加油田、埃希拉油田、甘巴-伊温加油田和肯盖里油田。除此以外，英荷壳牌加蓬公司还拥有两个海上区块的勘探许可证。该公司年产原油最高达1100万吨，2015年该公司原油产量占加蓬原油总产量的22%。[①] 2017年，英荷壳牌公司将其在加蓬的两家公司（加蓬壳牌股份、加蓬壳牌上游股份）的资产全部出售给美国凯雷（Carlyle）集团旗下的Assala Energy公司，主要是陆上油田，总交易金额为6.28亿美元，其中包括2.85亿美元的债务。

三是佩伦科加蓬公司。其专门收购一些大公司接近开采完毕的、以大公司标准衡量已无开采价值的油田。在购买了让蒂尔港海上油田之后，佩伦科从1992年开始在加蓬开展生产运营。除了生产约31%的国内石油，佩伦科在加蓬的天然气市场中也发挥着重要作用，2015年天然气产量约为5000万立方英尺。[②]

除此以外，中国的埃达克斯（Addax）石油公司、总部位于英国的塔洛石油公司和法国的莫雷尔＆普罗姆（Maurel & Prom）公司，也在加蓬的石油总产量中占据重要比重，所占比重约为22.5%。

（3）石油加工业——炼油工业

加蓬原油几乎全供出口，每年只留下5%由加蓬炼油公司在当地加工，以供内需。加蓬唯一的炼油厂——加蓬炼油公司（SOGARA），始建于1967年，位于让蒂尔港。1964年，由非洲国家［包括乍得、中非共和国、刚果（布）、喀麦隆］组成的财团创立了赤道炼油公司（SER），1973年，为发展本国炼油厂，伙伴国家相继退出，赤道炼油公司改为加蓬炼油公司，其遂成为加蓬政府、道达尔公司及埃尔夫公司等公司的合资

---

① Oxford Business Group, *The Report：Gabon 2016*, London, 2016.
② Oxford Business Group, *The Report：Gabon 2016*, London, 2016.

企业。该公司的注册资本为 12 亿中非法郎，其中加蓬政府是最大的股份持有者，占 25%。加蓬炼油公司的产品主要有高级汽油、煤油、重油、航空汽油和沥青等。加蓬全国公路稀少，工业化程度低，故燃油的需求量非常小，狭小的国内市场限制了企业的生产能力。2015 年，加蓬炼油公司加工了 90 万吨原油，加工石油产品达 70 万吨。

（4）石油输出国组织

石油输出国组织（Organization of the Petroleum Exporting Countries，OPEC），简称欧佩克，是亚、非、拉石油生产国为协调成员国石油政策、反对西方石油垄断资本的剥削和控制，于 1960 年 9 月在巴格达成立的一个政府间组织，现今共拥有 13 个成员国，对全球原油价格有着重大影响。1975 年，加蓬加入欧佩克，但于 1995 年初退出。2016 年，加蓬再次加入欧佩克。欧佩克的宗旨是"协调统一成员国的石油政策与价格、确保石油市场的稳定，以确保为石油消费国进行有效、经济而稳定的石油供应，为产油国提供适度的尊重和稳定的收入，为投资于石油行业的资本提供公平的回报"。[1]

加蓬主要是石油输出国，该国的石油总产量中，仅约 10% 用于国内市场。根据欧佩克提供的数据，截至 2018 年，加蓬的出口总额达 65.1 亿美元，其中石油出口总额就达 42.18 亿美元。2018 年原油产量为 19.3 万桶/日，原油出口为 17.41 万桶/日，石油产品产量为 1.32 万桶/日，石油产品出口为 8900 桶/日。[2]

2. 锰

加蓬是世界重要的锰矿生产国，锰矿产量仅次于南非、澳大利亚和中国，位居世界第四，出口量位居世界第二。2018 年加蓬锰矿产量达到 530 万吨，同比增长 6.8%；出口量约为 520 万吨，同比上升 2.8%，出口金额上升 5%，主要销往中国、欧洲和印度。2018 年加蓬锰矿行业营业额达 7892 亿中非法郎（约合 14.35 亿美元），同比增长 14.6%。[3]

---

① OPEC 官方网站，https：//www.opec.org/opec_ web/en/。

② OPEC, *Annual Report 2018*, Vienna：OPEC Public Relations and Information Department, 2019.

③ 中华人民共和国驻加蓬共和国大使馆经济商务处网站，http：//ga.mofcom.gov.cn/article/jmxw/201904/20190402858049.shtml。

加蓬最大的锰矿公司是奥果韦矿业公司。该公司同时也是全球第二大锰矿公司。总部位于莫安达，由加蓬政府和法国埃赫曼集团（ERAMET）合资组建，加方占股35%。该公司主要开采和冶炼锰矿石，2018年产量达420万吨。

2000年12月，该公司投资建成了莫安达工业联合企业（CIM），奥果韦矿业公司占26%的股份，该企业主要以莫安达矿区30余年来堆积的锰矿"粉末"为原料来生产锰烘结块，这种新工艺实现了废物利用。加蓬锰矿储量原先估计为2.5亿吨，但如果把锰矿"粉末"也计算在内的话，则实际可利用的储量达到3.3亿吨。[①] 加蓬的锰矿砂在开采时的品位平均为46%，经过初步筛选后，品位可达到52%，然后再经过进一步筛选，品位可高达59%。

奥果韦矿业公司主要生产两种产品：一是钢铁冶金用的冶金矿砂，这种矿砂占总产量的95%；二是二氧化锰，经过加工，可用于生产电池。加蓬二氧化锰的产量占世界的1/2，是世界上最大的二氧化锰生产国。加蓬锰矿主要出口到工业化国家。尽管近年来面临全球市场锰矿产量过剩的状况，但奥果韦矿业公司并不打算缩减规模，未来几年锰矿产量预计稳定在每年400万吨左右。

排名第二的是中信大锰华州矿业（加蓬）工贸有限公司。排名第三的是印度企业投资的新加蓬矿业公司（Nouvelle Gabon Mining），目前年产量约为30万吨。加蓬政府计划在2020年实现锰矿资源全部本地加工化，将加蓬打造成金属冶炼业中心，具体措施包括：建设奥果韦矿业公司硅锰和电解锰冶炼厂；建设为该厂提供电力供应的大布巴哈水电站；扩建锰矿运输铁路；成立莫安达矿产和冶金大学以及培养矿产领域的工程师和技术人员。

3. 铀

1960~1970年，非洲的铀矿产量占世界的30%以上。法国作为世界核电大国，其战略矿产资源——铀矿短缺，因而非洲的铀矿资源对法国核

① 新华社利伯维尔2001年6月19日电。

电能源的发展至关重要，故在加蓬独立之后，其国内的矿产资源开发仍然被法国控制。[①] 1961 年，加蓬开始了商业性开采。加蓬的铀矿位于国家东南部，由弗朗斯维尔铀矿公司（COMUF）独家经营，加蓬政府占 26% 的股份。1961~1980 年，加蓬铀矿产量为 1000~2000 吨。1977 年加蓬铀矿产量达历史最高峰，为 1850 吨。20 世纪 80 年代，法国加强了核能研究与发展，对铀矿的需求更为突出。20 世纪 80 年代的非洲铀矿产量占世界总产量的 35%，其中 1984 年法国从非洲进口的铀矿为 7460 吨，占当年铀矿总进口的 68.6%。[②] 从 80 年代起，由于国际社会要求削减核能计划，世界市场上的铀矿价格下滑，加蓬的铀矿产量随之下降。1999 年 6 月，加蓬铀矿资源枯竭，加蓬弗朗斯维尔铀矿公司将开采完毕的枯井封闭。

4. 黄金

加蓬黄金开采以小规模的手工开采为主。自 1998 年以来，加拿大的寻金资源公司与加蓬当地的黄金资源公司合作开发该国的金矿。

总部设在摩洛哥的 Managem 公司是加蓬最大的商业黄金生产商，通过黄金资源公司的子公司经营其业务。Managem 公司拥有黄金资源公司 75% 的股份，其余股份由加蓬政府控制。黄金资源公司在加蓬东南部经营一个短寿命金矿，生产周期为 5 年，该公司希望通过扩大金矿的勘探规模，将生产周期延长至 8 年。该公司有跟随美国加息的趋势。黄金资源公司预计在其金矿寿命内的产量将达到 100 万吨/年左右。

法国国家赤道矿业公司在加蓬主营 4 个金矿项目：在兰巴雷内附近的马文斯（Mavenza）黄金项目、贝林加地区的 6 号营地（Camp 6）项目、河口省的科里森（Kolissen）项目和奥果韦-洛洛省的隆博-布恩吉迪（Lombo-Bouenguidi）项目。该公司的活动以手工开采为主，这反映了加蓬拥有广泛的近地表矿藏。这些小规模的采矿活动发生在河岸和山

---

① G. Martin, "Uranium: A Case-Study in Franco-African Relations," *The Journal of Modern African Studies*, Vol. 27, No. 4, 1989, pp. 625-640.

② Secretariat du Comité monétaire de la zone franc (Comozof), La Zone Franc en 1985, Paris: Banque de France, 1986, p. 359.

坡上，法国国家赤道矿业公司经营着一个贸易网络，向手工采矿者购买黄金。这些小型作业每天可收集约10克黄金。2015年底，法国国家赤道矿业公司还与中国迈宁公司签署了合作协议，将在贝林加地区勘探金矿。

5. 铁

贝林加铁矿最初发现于1895年，64%品位的铁矿储量约为10亿吨。该铁矿面积为700平方公里，品位高达60%～65%。虽然人们早在一个多世纪前就发现了贝林加的铁矿潜力，但由于其东北位置处于密林之中，电力基础设施落后，交通运输条件不便，勘探工作一直没有进展。因此在2012年制定完成的国家基础设施指导大纲中，加蓬政府计划开发贝林加铁矿，制定贝林加铁矿发展计划，确定矿产储量，并建设必要的基础设施，包括在铁矿周边新建一个400～500人的居民点、建设贝林加至布韦的320公里铁路和沥青公路、建设可停放800节车皮的车场、建设一个装机容量为20～25兆瓦的发电站等。预计贝林加铁矿未来可年产铁矿5000万吨，将成为加蓬除石油之外的又一经济支柱。加蓬政府正在寻求让其铁矿储量获得国际标准认证，如获得澳大利亚矿产储量联合委员会的认证。2015年，加蓬国内其他地区的铁矿勘探也传来了一些积极的消息，铁岭资源公司在奇班加矿区勘探出了高品位的铁矿。据矿业技术网2015年11月的一份报告，采样结果显示铁矿化率为45.2%。该矿床的高质量优势将在加工时帮助公司节约成本，由于该矿床有一条公路连接到目前正在规划中的马永巴港口，未来的运输成本将会更低。

（三）电力工业

加蓬部分地区电力供应存在不足，与周边国家尚未实现电力基础设施互联互通。截至2016年底，加蓬全国电力用户约为29.5万户。2019年，全国装机容量约为710兆瓦，其中火力发电占65%，水力发电占35%。大布巴哈水电站项目是利用中国政府优惠贷款的项目，水电站已完工并投入使用。加蓬政府计划到2022年，将装机容量从2020年的710兆瓦提高到1200兆瓦，未来将火电比例从目前的65%降至20%，将水电的比例从目前的 35% 提高到 80%。2018 年，加蓬和赤道几内亚计划建立两国之间的电力能源输送通道，将赤道几内亚过剩的电能供应给加蓬北部地区，即推动兴建蒙戈莫—奥耶姆输电线路项目，但截至 2020 年尚未取得实质性进展。

### 三 商业服务业

**（一）综合性销售企业**

加蓬有三大综合性销售企业，经营范围广泛，销售机械、建材、汽车、电子等产品。

1. SOGAFRIC 集团

它是加蓬最大的销售商业股份公司，科莫公司（COMPAGNIE DU KOMO）占85%的股份。该集团下有五个销售企业：丰田加蓬（TOYOTA GABON）汽车销售公司，是丰田汽车出口公司在加蓬的独家代理；SODIM TP 公司，销售小汽车（包括雷诺、五十铃、马自达等品牌）、卡车、工业器材、公共工程及林业器材和工具，也兼营公共工程机械的零配件及提供售后维修服务；SOGAFRIC FROID 制冷公司，主营空调设备，也销售摩托艇、渡船和轮转印刷机的塑料部件；加蓬工业公司（SOGI），负责销售金属锁具等，以及船舶和机械设备等部件；埃希拉（EIECTRA）公司，业务范围是销售大众家用设备、视听设备、声响设备、办公用具、家具和文具，以及提供善后维修服务。

2. 非洲商业运营公司加蓬分销公司（CECA-GADIS）

注册资金为 4 亿中非法郎，CA、GE、PAR 3 家公司控股42%，加蓬国家占股29%，SOGAFRIC 集团占股12%，SHO GABON 占股11%，其他私营企业占股6%。该公司营业额的75%源于食品销售，非食品类产品由法国 OPTORG 销售中心提供。

3. CFAO GABON 集团

它是法国 CFAO 集团分公司，注册资金为 21.4 亿中非法郎。按经营业务的不同，可分为以下六个公司。中部汽车（CENTRAL MOTORS）公司，主要负责销售三菱汽车和零配件，并经营汽车租赁业务。TECMAT 公司，销售大型建筑设备（雷诺卡车、叉车、压路机和器材）、发动机、拖拉机、轮胎等。SOMEMAGA 车行，销售白茹、雪铁龙、尼桑、五十铃汽车。LIFTEL-ELECTOHALL 公司，业务范围包括电话、办公用具、无线电通信、电梯、报警器、电缆、冰箱、冰柜和专业电子设备。BROSSETTE 公司，主要经营建筑装修材料、空调、公共工程炸药、雷管和石油器材、饮料等商业零售业务，也承揽一些建筑装修工程。SODIEX 进出口销售公司，注册资金为 1.19 亿中非法郎，其商品和仓库分布在上奥果韦省弗朗斯维尔和莫安达，从法国 OPTORG 销售中心进货，销售各种建筑材料（如胶合板、梁柱等）、纸张、药品、小五金、日常用品、餐具和家用电器。

### （二）食品销售企业

CECA-GADIS 集团是加蓬食品的主要批发零售商。批发业务通过分支网络 GABOPRIX 进行，另外，SCORE、CASH、BONPRIX 和 SODIGROS 也是该公司下属的食品批零商店。

CECA-GADIS 集团的食品零售挂有 GABOPRIX、CECADO 和 MAXI-CECADO 三块招牌。食品零售商除了 CECA-GADIS 集团，还有 MAGAMOD 集团、格莱斯超市（SUPERGLASS）、路易斯超市（SUPERLOUIS）、购物中心（CENTER' AFFAIRES）和巴黎商品（PRIS IMPORT）等综合性商店，其服务于国内居民的食品消费。

### （三）工业设备及器材销售企业

SOGAFRIC 集团和 CFAO GABON 集团不仅是加蓬重要的综合性销售企业，也是其主要的工业设备和器材销售商。除此之外，还有几家年营业额在 50 亿中非法郎以上的公司：加蓬上奥果韦贸易、农业和工业集团 TRACTAFRIC 公司、BERNABE GABON 公司、贸易促进商务处（L'AGENCE DE PROMOTION DE COMMERCE）、MATFORCE COTEGA 公司及联合原料公司（MATERIAUX REUNIS）。其他规模较小的工业设备及器材销售企业有加蓬进口公司（SOGAIMPORT）、加蓬联合原料公司（MATERIAUX DE GABON）、加蓬柴油机（DIESEL GABON）、加蓬 DAVUM CMM 公司、加蓬发动机供应公司（GABON APPROVISIONNEMENT DEPANNAGE）和 MIAG

公司。

此外，MATELEC 公司是加蓬电器材料市场中最主要的供货商。注册资金为 2 亿中非法郎，主营绝缘的铝铜电缆。CODIREL 公司专营低压和照明器材。TABELEC 则以安置配电盘、销售和维修换流器业务为主。同时，SOGEC、SETEC 和 ENELEC 三大设备公司也是加蓬一部分电器材料的供货商。

**（四）药品**

加蓬的药品销售分为国营和私营两类。国营药品销售中心（医院、社会医药中心等）由国家药物局负责管理。私营市场则由加蓬唯一的批发商加蓬药房控制。

**（五）旅游业**

加蓬具有丰富的旅游资源，旅游业发展潜力巨大。落后的基础设施、较高水平的物价及旅游资源尚未得到充分开发利用，使加蓬旅游业发展较慢。为了使加蓬的经济从单一依赖石油出口转向多元化发展，加蓬政府长期以来都在试图发展旅游业，积极制定促进生态旅游和商务旅游的新发展计划，将此作为创汇、创造就业机会以及促进全国社会经济发展的手段。根据世界旅行与旅游理事会的数据，2015 年加蓬旅游业对国内生产总值的（直接和间接）贡献为 2.7%。在 2017 年非洲国家杯（ACN）在加蓬成功举办之后，由于酒店容量的扩大、交通基础设施的升级以及航空交通情况的改善，预计该行业将在未来逐步发展。据加蓬移民部门的统计，2010~2015 年，加蓬平均每年接待 18 万至 20 万名游客，其中大部分游客出于商务目的（59%）来加蓬，一部分游客是为了休闲（22%）和参加会议（8%）。预计到 2025 年，旅游业在国内生产总值中所占的份额将上升到 5%，并且就业岗位将从 4000 个增加到 25000 个。①

为推进旅游业的发展，加蓬政府曾于 1976 年、1986 年和 1995 年实行旅游促进措施，开发旅游资源。加蓬政府曾投资 370 亿中非法郎制定了 1996~1999 年 4 年发展规划。进入 21 世纪以来，加蓬又出台了切实有效

---

① Oxford Business Group，*The Report：Gabon 2016*，London，2016.

的措施来发展旅游业，包括建设旅游服务设施、提高服务水平、简化入境手续、鼓励国内外私人资本投资旅游业等。加蓬约有 85% 的领土被森林覆盖，有潜力成为主要的生态旅游目的地。2007 年，加蓬建立了 13 个国家公园，覆盖了该国 11% 的土地面积，以保护加蓬未受污染的栖息地。在 2011 年 12 月同西方国家签订的债务转换协定中，加蓬国家公园委员会获得了 72 亿中非法郎的资金用于环境保护和国家公园管理，国家公园委员会一度推动发展生态旅游。2013 年，加蓬成立专门负责旅游管理的部门，旨在为私营旅游业提供助力。2014 年，加蓬政府建立了由 10 个海岸公园组成的海洋保护区网络，面积总计 47000 平方公里，占加蓬领海和专属经济区面积的 23%。这些措施源于"蓝色加蓬"计划（"绿色加蓬"计划的扩展，重点是发展旅游业的增值和可持续产业），该计划的目标是实现海洋区域的可持续发展。因此，为了保护加蓬的沿海生态系统以及鲸、鲨鱼和海龟等物种，国家禁止在保护区内进行商业捕捞。该政策为基于高附加值服务的高端旅游业的发展铺平了道路，如运动钓鱼、海滩旅游、野生动物观察等。①

　　除此以外，加蓬还于 2015 年 7 月推出了在线电子签证服务，游客现在可以通过电子平台申请签证，申请处理时间为 72 小时。在新服务推出之前，冗长的签证申请程序被认为是阻碍游客来加蓬的主要因素之一，加蓬期望新服务的推出能提高该国作为旅游目的地的吸引力。电子签证将成为游客的便利工具，并通过可追溯性的提高来确保安全。加蓬还将出台新的旅游法，新旅游法草案的修订工作已历时 3 年，旨在适应"绿色加蓬"的发展目标，满足旅游管理部门、行业经营企业等各方的关切，制订旅馆标准等规范，为加蓬政府正在积极推动发展的旅游业创造良好的法律环境。

## 四　交通运输与通信业

### （一）交通运输业

交通运输业在加蓬经济中占有重要地位，包括公路运输、铁路运输、

---

①　Oxford Business Group, *The Report：Gabon 2016*, London, 2016.

水上运输和航空运输。20 世纪 90 年代以来，尽管加蓬政府加大基础设施投资力度，交通运输业仍处于不发达状态，成为制约其经济快速发展、吸引外资、推动旅游等服务业进一步发展的不利因素。

作为经济增长战略的一部分，加蓬近年来一直希望加快发展交通基础设施，以此提高国家物流竞争力，促进国家偏远地区的发展。为此，2010年至 2015 年，交通方面的公共支出平均每年达 7800 亿中非法郎，占国家投资预算的 70%，而 2009 年这一数字仅为 3100 亿中非法郎。政府在2012 年制定的国家基础设施指导大纲中对所有国家规划的基础设施发展项目进行了概述。国家基础设施指导大纲旨在促进城市间的联系，并将交通基础设施提高到国际标准。

1. 公路

与大多数非洲国家一样，陆路运输仍然是加蓬的主要运输手段，但加蓬的陆路运输并不发达。截至 2017 年底，加蓬的公路总长 10378 公里，其中国道 3726 公里，省级公路 2700 公里，县级公路 2784 公里，乡村公路 1168 公里，沥青公路仅占 20%。加蓬国家级公路分两条主线：北至喀麦隆，南到刚果（布）的公路全长 870 公里，由东向西至刚果（布）的公路全长 774 公里。交通运输问题是加蓬经济发展的一大瓶颈，公路建设是加蓬工程领域的发展重点。为改善公路交通的落后状况，加蓬政府正在加快进行公路网的建设。公路建设的重点一方面是改善加蓬与周边国家的公路交通情况，另一方面是改善国内公共交通状况。

加蓬政府计划在 2025 年之前，在全国建成现代化公路网，连接主要省市和工业区，促进发展旅游业和原材料出口物流的发展。其中，2012~2016 年，计划投入 30000 亿中非法郎修建 3320 公里公路；2017~2025 年计划投入 33000 亿中非法郎修建 2500 公里公路。除自行出资外，加蓬政府还向非洲开发银行、伊斯兰发展银行和法国开发署等机构筹资修建公路。但近年来随着石油价格的下跌，加蓬政府的偿付能力降低，不少公路项目因资金不足陷入停滞。2007 年以来，中资公司在加蓬承建了 10 余条公路。2009 年至 2015 年，加蓬全国铺设了约 650 公里的公路。

2. 铁路

加蓬的铁路系统建于 20 世纪 70~80 年代，目的是打开加蓬偏远却矿产丰富省份的大门，其由一条 814 公里长的横贯加蓬的单线铁路组成，把位于大西洋之滨的加蓬首都利伯维尔和东部城市弗朗斯维尔紧密地连接起来。

"横贯加蓬铁路"是全国唯一的铁路，该铁路穿越 5 省，共有 22 个车站，主要用于锰矿、原木和集装箱等货物运输以及人员运输。1999 年 12 月，加蓬铁路局实施私有化，被木材公司等多家机构收购。铁路经营权正式出让，实行私营。自 2005 年以来，横贯加蓬铁路由加蓬铁路运营公司（SETRAG）运营，特许经营期为 30 年。① 年货运量为 470 万吨，年客运量达 33 万人次。加蓬铁路运营公司是奥果韦矿业公司的子公司，隶属于法国埃赫曼集团。

在客运和货运方面，横贯加蓬铁路近年来的交通运输量有了明显的提升。2015 年，锰矿运输量（占总货运量的 85%）增长了 10%，总运输量为 410 万吨。同期，非采矿产品（主要是木材和建筑材料）的运输量稳定在 60 万吨，原木和碳氢化合物的运输量减少，但木材和莫安达工业联合企业加工的锰金属的运输量增加，抵消了这一减量。奥果韦矿业公司有专线把锰矿从莫安达运至奥文多锰矿码头，沿线有专用罐车运送石油，也有货车把原木运至码头。木材运输收益占加蓬铁路收益的 50%，锰矿运费占 10%，其他货运收益占 20%，另外 20% 则源自客运收益。除货运外，铁路乘客人数也呈上升趋势，部分原因是推出了每周一次的汽车运输服务。

近年来，加蓬一直热衷于改造老旧的铁路基础设施，以满足采矿业者日益增长的过境能力需求。加蓬铁路运营公司启动了 2016~2024 年铁路升级计划，目的是恢复铁路线路并进行现代化改造，到 2023 年使横贯加蓬铁路的运输能力提高一倍。除此以外，加蓬政府还计划在 2025 年之前投入 27500 亿中非法郎建设让蒂尔港铁路（全长 300 公里）、马永巴—姆

---

① 法国埃赫曼集团官网，https://www.eramet.com/en/setrag。

比谷铁路（全长 300 公里）和贝林加—布韦铁路（全长 320 公里）等三条总长 920 公里的新铁路。

3. 水运

加蓬现有两个较大的深水港。①利伯维尔的奥文多港，是加蓬最大的港口，主要用于进口一般货物，出口木材和石油制品，有木材和锰矿专用码头及鱼码头 3 个泊位。奥文多码头有较好的避风锚地，水深 9~11 米，可停靠 25000 吨级的船舶。加蓬 3/4 的进口货物在该港卸货，装卸设备有各种岸吊、装矿机、驳船、拖船等。②让蒂尔港，主要服务于石油出口及木材装运，是加蓬石油出口的主要平台，由道达尔加蓬公司运营。该港口水深 11 米，拥有一个 375 米长的码头，以及一个 10 公顷的集装箱堆场，可容纳 30 万吨级船，存储多达 640000 立方米的货物。该港附近有石油输送终点站，加蓬大部分原油由此出口。2017 年 10 月，奥文多港新码头启用，将该港吞吐能力扩大一倍。2018 年，奥文多港口和让蒂尔港口装卸船只 850 趟，较 2017 年增长 13%；货物吞吐量为 730 万吨，较 2017 年增长 28%；装卸 EVP 集装箱 14.1649 万个，较 2017 年增长 17.1%。

加蓬海运主要由外国的海运公司和国营海运公司（SONATRAM）承担。国营海运公司负责加蓬至欧洲的海运。此外，还有约 10 家公司在加蓬开展运输业务，其中 COMARGA 和加蓬 SECAM 船务公司往亚洲国家运输原木；DELMAS 船务公司属于 SDV 集团；国家海上运输公司和中非地区大公司 DAMEN 运输公司主要承运石油。

加蓬拥有约 3300 公里可通航的内陆水路，现已通航 600 公里，2015 年输送旅客 14.9 万人次，输送货物 13.1 万吨。内河运输对加蓬偏远地区的经济活动起着关键作用。主要运营商为国家内陆和国际航运公司（CNNII），该公司提供客运及货运代理服务，包括管理非正规船只和小型轮渡公司。然而，近年来，国家内陆和国际航运公司遭遇了一些财务和技术上的困难，在总计 14 艘船的船队中，只有 4 艘船仍在照常运营。2016 年，加蓬启动了一项计划，旨在重组国家内陆和国际航运公司在让蒂尔港、兰巴雷内、甘巴、翁布韦和费尔南·瓦兹盐湖之间的国内线路，这有助于在短期内维持公司的财务状况，并可以为利伯维尔至让蒂尔港线路购置一艘新的 350 座双体船，以缩短河运时间。2016 年初，国家内陆和国际航运公司重新开通了利伯维尔—贝宁线路。

4. 空运

加蓬 2020 年人口约为 223 万人，却拥有相对密集的航空网络，是非洲机场密度最大的国家之一。加蓬现拥有利伯维尔、让蒂尔港和弗朗斯维尔 3 个国际机场，以及遍布全国的 44 个公共机场。

加蓬的主要航空运输枢纽是利伯维尔的莱昂·姆巴国际机场（LMIA），自 1988 年以来由利伯维尔机场公司（ADL）运营，总计运送超过 2100 万名旅客，并自筹资金 400 亿中非法郎用于机场的维护建设。2018 年 10 月，利伯维尔机场公司与加蓬政府 30 年的特许经营协议到期，由加蓬经济特区公司（GSEZ）接替其开展机场业务。加蓬经济特区公司由加蓬政府和新加坡奥兰国际有限公司合资组建，其接手机场管理后，原有的 160 名机场员工继续在机场工作。[①]

2016 年，为了应对非洲国家杯前增加的交通量，改善通往石油之都的交通，几项重大的基础设施升级工程破土动工。2016 年 6 月，加蓬完成了让蒂尔港国际机场的扩建工程，并将之改名为"阿里·邦戈·翁丁巴国际机场"，其每年可接待 100 万名乘客。该机场的升级改造由道达尔加蓬公司和政府合作完成，包括将跑道从 1900 米延长到 2600 米，使机场能够容纳大型飞机并运营长途航班等。

加蓬现有近 20 家国际航空公司，包括法国航空、摩洛哥皇家航空、埃塞俄比亚航空、土耳其航空和南非航空。一些非洲地区的航空公司也提供服务，如尼日利亚的阿里克航空、刚果航空、科特迪瓦航空、肯尼亚航空和阿斯基航空等。其中主要航线包括利伯维尔—巴黎、利伯维尔—亚的斯亚贝巴、利伯维尔—卡萨布兰卡、利伯维尔—伊斯坦布尔等，加蓬旅客还可以飞往邻国刚果（布）、刚果（金）、喀麦隆、圣多美和普林西比、赤道几内亚等。国内航线主要由 Afrijet、NRT 等加蓬私营航空公司经营。中国通往加蓬的主要航线为国内城市—巴黎—利伯维尔、国内城市—亚的

---

① 中华人民共和国驻加蓬共和国大使馆经济商务处网站。

斯亚贝巴—利伯维尔、国内城市—伊斯坦布尔—利伯维尔。

**（二）通信业**

1. 电信

与非洲大陆其他国家一样，加蓬的电信部门发展良好，竞争力强，4G 覆盖率和总体渗透率超过 100%。

2015 年，加蓬的移动电信市场总收入达 2328.9 亿中非法郎。2005～2015 年，加蓬的移动网络市场竞争激烈。就收入而言，印度电信跨国公司的子公司 Airtel（于 2010 年从科威特电信公司 Zain 收购了包括加蓬在内的非洲业务）在 2015 年占领了加蓬的移动电信市场，营业额高达 1031 亿中非法郎，排名第一。紧随其后的是加蓬电信公司，其营业额约为 868 亿中非法郎。加蓬电信公司原为加蓬国有运营商，但 2007 年摩洛哥电信公司（Maroc Telecom）收购了该公司 51% 的股份，现在该公司中拥有多数股份。加蓬第三大运营商为 Moov 公司。该公司由科特迪瓦的大西洋电信公司（Atlantique Telecom）所拥有，本身隶属于阿联酋电信公司 Etisalat，2015 年的收入约为 221 亿中非法郎，仅以微弱优势领先于黎巴嫩 Bintel 公司的加蓬本地公司 Azur（169 亿中非法郎）。2014 年 3 月，阿联酋电信公司 Etisalat 收购了法国维旺迪（Vivendi）媒体集团在摩洛哥电信公司的 53% 的股份，收购成功后，阿联酋电信公司 Etisalat 同意将其子公司大西洋电信公司出售给摩洛哥电信公司。2016 年初，经加蓬政府批准，加蓬电信公司与 Moov 公司合并。

根据国际电信联盟（UIT）的数据，截至 2019 年 1 月，加蓬有 300 万名移动电话用户，市场渗透率为 144%。其中，加蓬电信公司占有 59% 的手机市场份额，Airtel 占有 41% 的市场份额。加蓬固定电话用户约为 1.85 万人，渗透率为 1.22%。加蓬现今在网络速度、质量和服务提供方面的竞争比以往任何时候都要激烈。运营商正在扩大 4G 覆盖范围，鼓励用户使用增值服务，提高网络可靠性。这在一定程度上要归功于加蓬于 2012 年成立的电子通信和邮政服务监管机构带来的压力。在某些情况下，加蓬对未能确保提供优质服务的运营商进行罚款。截至 2016 年年中，加蓬拥有约 500 个手机信号塔，其中包括 40 个屋顶天线。由于人口稀少，网络的地理覆盖有限，在 500 个站点中，有 300 个位于利伯维尔和让蒂尔港这两个主要城市，其余分布在全国各地。当前，3G 和 4G 消费的增长给网络带来更大的压力，加蓬正在寻求扩大后端容量，投资光纤连接。

近年来，加蓬的移动互联网活动稳步增长，部分原因是新的下一代网络的推出。在耗资 55 亿中非法郎获得了加蓬的首个 3G/4G 许可证之后，Airtel 于 2014 年 4 月在利伯维尔推出了 3G 服务，2015 年 12 月推出了 4G 服务。加蓬电信公司于 2014 年 3 月获得了第二个 3G/4G 许可证，并于 10 月在利伯维尔直接开通了 4G 网络，这是中部非洲地区建成的首个 4G 商用网络。2019 年 11 月，加蓬电信公司宣布第 5 代移动通信网络（5G）启动试运行。加蓬已在首都利伯维尔市区建成三个基站，以获得更好测试效果，体现 5G 通信技术的革命性成果和创新运用价值。在华为公司的技术支持下，加蓬有望成为非洲首批建设 5G 商用网络的国家之一。

2. 互联网

加蓬是中部非洲互联网交换中心，目前正在世界银行的支持下积极推进中部非洲光纤骨干网相关项目，投资金额约为 1.1 亿美元。截至 2019 年 1 月，加蓬互联网用户约为 100 万人，市场渗透率为 48%。加蓬社交媒体用户 73 万人，市场渗透率为 33%。国际电信联盟 2017 年 11 月发布的 2017 年全球互联网发展指数排名报告中，加蓬位列非洲地区第 6、全球第 114。

3. 邮政

加蓬邮政欠发达，市民用户要租用邮箱。县、镇设有邮局或邮政所。

## 第三节　财政与金融

与撒哈拉以南许多非洲国家相比，加蓬由出口石油带来的丰厚收入使其能够摆脱财政赤字的重压。随着世界经济一体化的加快，加蓬资源经济的脆弱性逐渐显现，其无法应对千变万化的国际市场的冲击。

## 一 货币与汇率

加蓬货币为中非法郎。20 世纪 30 年代金本位体系崩溃后，法国为抗衡西方列强，维护法郎的国际货币地位，组建了法郎区。1945 年 12 月，第二次世界大战以后，法国在其领地确立法属非洲殖民地法郎为其流通货币，简称非洲法郎。非洲法郎与法国法郎挂钩，固定汇率为 0.5∶1。加蓬独立后，由于财力匮乏、管理能力低下以及无力建立新的货币制度，加蓬依旧沿用非洲法郎作为该国货币。1968 年新法郎开始流通后，这一固定汇率改为 1∶0.02，直到 1994 年才发生变化。

随着法郎区成员国相继独立，法属非洲殖民地法郎的殖民地货币概念逐渐被禁止。1965 年，原法属赤道殖民地国家组建了中部非洲关税和经济联盟（CEUCA），使用中非金融合作法郎（简称中非法郎），该货币由中非国家银行负责发行，可与法郎通过固定比价自由兑换。加蓬是该联盟成员国之一。这种法郎具有区域性货币属性。各成员国的中央银行在法国财政部纷纷设立"业务账户"，将大部分外汇存入该账户，如有必要，可使用该账户进行透支。这些规定均保证了货币的可兑换性。20 世纪 80 年代，非洲金融界开始"去法国化"。冷战结束后，国际市场上初级产品价格持续下跌，导致法郎区国家出口严重受损，经济形势进一步恶化，财政赤字进一步扩大，外汇储备降至谷底，于是在 1994 年 1 月 11 日，法郎区 14 个国家共同宣布从次日起，非洲法郎和法国法郎的固定汇率从 50∶1 改为 100∶1，非洲法郎币值贬值 50%。非洲法郎贬值后，法国对法郎区的控制也进一步弱化。1999 年 6 月，中部非洲经济与货币共同体（CEMAC）正式成立，由赤道几内亚、刚果（布）、加蓬、喀麦隆、乍得和中非共和国 6 个成员国组成，下辖中部非洲国家开发银行、中非国家银行、各成员国中央银行和中部非洲银行委员会，拥有中部非洲经济联盟、中部非洲货币联盟、执行秘书处、共同体议会及共同体法院等组织机构。货币政策越来越被视为加蓬国家主权的一部分。

1999 年 1 月 1 日，欧洲单一货币正式发行。法郎的最终消失引发了人们对非洲法郎贬值的忧虑。中非国家银行及加蓬金融界官员和专家认为，鉴于非洲法郎与法国法郎保持固定比价，法国法郎进入欧洲单一货币体系也就意味着非洲法郎间接与欧元挂钩，因此，欧元正式流通将在经济上给中部非洲经济与货币共同体国家乃至整个非洲法郎区带来益处：欧盟的国内生产总值与美国大致相同，欧元和美元同为国际上重要的储备货币与交易货币，其中欧元占国际外汇储备总量的30%，而非洲法郎通过法国法郎与欧元挂钩，可确保非洲法郎区国家在对外贸易中扩大本国货币的使用份额，避免兑换的风险，可进一步促进非洲法郎区国家货币的稳定，并可在欧元的框架内促进非洲法郎区各国金融的多样性，也为企业在欧洲大市场内开拓新市场提供了良好机遇，并可为非洲国家吸引更多的私人资本，从而有利于推动非洲国家经济的稳定发展。与此同时，法郎区各国财政部长一致呼吁法郎区的运行机制保持不变。根据这一原则以及欧元和法国法郎的比价，2002年1月1日欧元自动成为非洲法郎的担保货币，非洲法郎与欧元之间为固定汇率，1欧元=655.957非洲法郎。非洲法郎与美元之间的汇率随着欧元的行情上下浮动。法国与法郎区国家以往所达成的协议维持不变，法国将继续保证非洲法郎与欧元的无限制兑换。因此，法郎区运行机制保持稳定以及法国的经济实力可保证非洲法郎在今后一段时期内不贬值。从近期来看，非洲法郎与欧元的固定汇率对法郎区国家包括加蓬的经济会产生一些积极影响，包括法郎区国家与欧盟国家的贸易随着汇率风险的消失将比目前会有所扩大，有利于吸引更多的欧盟国家企业到法郎区国家投资等。但从中、长期分析，非洲法郎与欧元的固定汇率，也存在一些不利因素。主要表现在：非洲法郎区国家在政府预算、宏观经济政策的统一和达标等问题上将受欧盟左右，法国对法郎区的影响会逐步减弱等，这些会使法国在法郎区的利益上与欧盟其他国家产生矛盾。

二　政府财政

加蓬政府的财政收入可分为两部分：一是石油收入，包括生产特许权费、生产所得税、矿区使用税、持股与利润分成、石油收益等；二是非石油收入，主要源于税收（分为直接税、间接税和关税3种）。财政支出由两大项构成：一是经常项目支出，包括薪水、行政开支、补助金或津贴、债务还本付息等；二是资本项目支出，主要是用于社会经济发展计划的公共投资。

石油、木材等资源的强劲出口带来了充足的政府财政收入，使加蓬财政收支能够保持紧张性平衡。1998 年，由于石油、木材出口锐减，政府财政收入同比下降 15%，出现入不敷出。1999 年，加蓬政府大量举借外债，以弥补收入的不足。国际货币基金组织鉴于加蓬偿债能力的下降，停止执行 3 年援助计划，不再向加蓬支付援款。其他国际金融机构及法国也纷纷效仿，相继冻结了应支付的各项援助贷款，但由于当年石油收入比上年增长一倍，加蓬政府财政盈余 4216 亿中非法郎。2000 年 12 月，加蓬与德国签订债务重新安排协议，调整了债务利息和偿还期限，但当年的外债支出总额却居高不下，达 3184 亿中非法郎，致使政府的财政支出升至 10387 亿中非法郎。2001 年 10 月，加蓬政府采纳了关于 2002 年财政政策的建议，调整财政支出。2002 年，加蓬政府继续实行财政紧缩政策，加之债务支付额只有 1596 亿中非法郎，政府财政仍能保持少量盈余。①

2014 年大宗商品价格急剧下跌之后，加蓬通过精简非优先支出的方式进行了财政整顿，但其仍有必要开展更多工作以调整额外税收收入，实现全区域范围的改革。根据 2017 年加蓬财政法案，考虑到加蓬经济运行和公共债务管理情况，2017 年预算收入下调至 24775 亿中非法郎，相较 2016 年财政法案的 26260 亿中非法郎，减少了 1485 亿中非法郎。同时，投资支出降至 3921 亿中非法郎（减少 1706 亿中非法郎），其中 2751 亿中非法郎来自外部融资。在此背景下，2017 年财政法案侧重于基础设施建设，以实现经济持续增长和多元化发展。

财政部公布的 2018 年第三季度财政数据显示，与 2017 年同期相比，政府支出增长了 15%；截至 2018 年 9 月底，总收入达到 13347 亿中非法郎，与 2017 年 9 月底相比增长了 12%。税收和海关管理的加强、采矿业

---

① EIU, *Country Profile：Gabon*, London, 2004, p. 44.

的发展以及全球油价的上涨都为财政收入的增长提供了支持。然而，财政收入增长的12%被财政支出增长的15%所抵消。截至2018年9月底，政府的财政支出已达11194亿中非法郎。[1] 尽管加蓬在削减公共部门就业以控制工资支出方面取得了进展，但由于工资水平居高不下，公共部门的工资支出仍高于预算水平。除此之外，与选举相关的支出也使2018年的政府支出居高不下。鉴于高支出的压力，在此期间进行的大部分公共投资的资金很可能是外部借款，这将增加加蓬的债务存量，从而对2019年政府支出产生影响。在2019年财政预算中，政府总支出的25%被分配给社会支出，其中15%用于教育、培训和就业，10%用于医疗部门。加蓬政府想要提振非石油经济，这使得资本支出必将增加。2019年，随着货币政策收紧，新货币政策框架的进展以及外汇监管为加蓬的宏观经济调整提供了支持。加蓬已与国际货币基金组织建立融资安排，尽管油价高于预期，但加蓬外汇储备仍然表现不佳。在国际货币基金组织的压力下，加蓬政府努力加快工资法案改革，加强对非优先支出的控制，从而抵消较高支出，使财政支出占国内生产总值的比例下降。高支出将被收入增长所抵消，这是取消关税、免税等收入调整措施实施和非石油经济增长复苏的结果，然而，由于全球油价的跌幅远超预期，下行风险仍旧存在，这对政府财政收入产生负面影响，从而影响公共支出计划。在加蓬2020年财政预算草案中，2020年政府财政收入和支出均为33308亿中非法郎，较2019年增加2974亿中非法郎。[2]

## 三　金融服务业

### （一）融资服务

在融资服务方面，外资企业与当地企业享受同等待遇。但由于当地缺

---

[1] IMF, *Gabon : Request for a Purchase under the Rapid Financing Instrument—Press Release ; Staff Report ; and Statement by the Executive Director for Gabon*, IMF Country Report No. 20/109, 2020, p. 14.

[2] 中华人民共和国驻加蓬共和国大使馆经济商务处网站，http：// ga. mofcom. gov. cn/ article/jmxw/201911/20191102910036. shtml。

乏资金，且银行规模普遍较小，外企融资条件较苛刻，贷款不多。外国企业在当地银行开具保函时需要缴纳 100% 的保证金，并支付担保金额 1% 左右的费用。目前，中资企业不可以使用人民币在加蓬开展跨境贸易和投资合作。加蓬属于中部非洲经济与货币共同体成员国，基准利率由中非国家银行制定。

2015 年年中，中非国家银行决定将加蓬银行的再融资上限从 600 亿中非法郎提高到 1000 亿中非法郎，以帮助其应对油价下跌。2015 年 7 月，中非国家银行将利率下调 50 个基点至 2.45%。2016 年 7 月，中非国家银行货币政策委员会决定维持利率不变。2018 年，中非国家银行货币政策委员会宣布上调利率，以更好促进中部非洲经济与货币共同体的经济发展。中非国家银行将再融资利率（基准利率）从 2.95% 上调至 3.5%，上浮 55 个基点，相应将滞纳金率从 7% 上调至 7.55%，将银行同业拆借利率从 4.7% 上调至 5.25%。中非国家银行行长多利表示，此次利率上调的目的在于提高中部非洲经济与货币共同体的外汇储备水平，缓解该区域面临的外汇储备不足的危机。

**（二）金融体系**

加蓬金融体系包括中央银行、商业银行、发展银行、基金会、信托局和保险公司。这些金融机构属于政府或私人，提供各类金融服务。

1. 中央银行

20 世纪 60 年代，加蓬加入非洲法郎区，成为中非国家银行的成员。中非国家银行是加蓬、喀麦隆、中非共和国、刚果（布）、乍得和赤道几内亚的中央银行。

2. 商业银行

加蓬共有 5 家商业银行。①加蓬法国国际银行（BGFIBank），是加蓬最大的银行之一。该行主要从事租赁信贷与消费信贷服务。它成立于1972 年，原名为"加蓬巴黎荷兰银行"，为加蓬私人投资者与巴黎及荷兰资本的合作银行，加蓬私人投资者持有 33.4% 的股份。2000 年 3 月 17日，为更好地打入国际市场，其改名为加蓬法国国际银行。其中加蓬政府持有 8% 的股份，私人投资者持有 29.59% 的股份，以法国资本为主的加蓬发展银行持有 15% 的股份，该行职员持有 7.04% 的股份，其余为两家大公司持有。②加蓬国际工商银行（BICIG），成立于 1973 年，是股份制银行，加蓬政府持有 26.35% 的股份。③花旗银行（Citibank）。④金融银行（Financial Bank）。⑤加蓬联合银行（UGB），成立于 1962 年，是股份制银行，加蓬政府持有 25% 的股份。

3. 发展银行

加蓬有四家发展银行。①加蓬发展银行（BDG），成立于 1960 年，主要是通过对中小企业放贷来发展国民经济。其主要业务范围包括给政府和私人部门发放短、中长期贷款，直接参与企业投资等。该行是政策性银行。②农村信贷国家银行，成立于 1986 年，是股份制银行，加蓬政府持有 74% 的股份。③加蓬 - 法国国际发展银行，成立于 1997 年。④加蓬国家投资银行，成立于 1968 年，为国有银行。

4. 基金会

加蓬偿还公债基金会是加蓬国家唯一的基金管理机构。

5. 信托局

加蓬信托局（Caisse des Dépôts et Consignations，CDC）于 2010 年 8 月成立，属于工商性质的公共金融机构，启动资金为 100 亿中非法郎，旨在振兴国家经济和金融。2011 年 12 月，信托局与 ROUGIER 集团达成伙伴协议，获得 ROUGIER 非洲国际子公司约 35% 的股权，合 2400 万欧元。

6. 保险公司

加蓬主要的保险公司有 OGAR 集团、恩西亚保险公司和加蓬商业再保险公司等。

OGAR 集团是加蓬保险业巨头，集团旗下的 OGAR 公司主营财产保险和人身伤害保险业务，是中部非洲经济与货币共同体地区第一大保险公司；集团的另一家子公司 OGARVIE 公司，主营人寿保险和保险储蓄业务，是中部非洲经济与货币共同体地区第一家人寿保险公司。恩西亚保险公司是加蓬第二大保险公司。加蓬商业再保险公司是加蓬政府和加蓬保险公司共同建立的企业，目的在于支持保险市场的发展，促进加蓬经济多元化。

## 第四节 对外经济关系

对外部市场的严重依赖是加蓬经济的一个重要特点，因此，对外经济关系，尤其是对外贸易在加蓬经济发展中占有重要地位。在某种程度上，对外贸易是加蓬经济增长的发动机。有鉴于此，加蓬在经济战略上逐步调整与改革贸易、投资等的对外经济环境，推动与其他国家和地区经济关系的不断发展。

### 一 对外贸易

对外贸易在加蓬国民经济中占有重要地位。优越的自然资源和地理位置为加蓬对外贸易提供了丰富的资源和较为便利的运输条件。加蓬执行自由贸易政策，与140多个国家和地区建立了贸易关系。外贸历年保持顺差，主要出口石油、木材和锰矿，进口食品、轻工产品、机械设备等。2018年的主要出口对象国为中国、印度、特立尼达和多巴哥；主要进口来源国为法国、比利时、中国。2017~2021年加蓬对外贸易情况如表4-2所示。

表 4-2 2017~2021 年加蓬对外贸易情况

单位：亿美元

| 年份 | 2017 | 2018 | 2019 | 2020 | 2021 |
|---|---|---|---|---|---|
| 出口额 | 53.47 | 61.58 | 67.53 | 52.76 | 76.41 |
| 进口额 | 28.92 | 29.66 | 30.21 | 28.49 | 30.88 |
| 差额 | 24.55 | 31.92 | 37.32 | 24.27 | 45.53 |

资料来源：《伦敦经济季评》。

### （一）对外贸易政策

自20世纪八九十年代以来，加蓬对外贸易朝自由化方向发展。加蓬是世界贸易组织成员，进出口贸易相对比较自由。

1. 外贸管理机构

加蓬贸易主管部门是贸易部，其主要职责是制定有关加蓬内外贸易和国际经济合作的政策、法规，负责相关进出口商品的管理，促进外商投资和工业发展，推动相关经济发展与合作。附设一个技术监督机构——加蓬外贸中心，其宗旨是促进贸易和投资。另有加蓬商会，其是对外贸易的咨询和协调机构。

2. 进口贸易主要法规及措施

加蓬贸易相关的法律主要包括《竞争法》《市场法》《直接、间接税总法则》《关税法》等。加蓬实行自由贸易政策，除有时对国内可以生产的水泥、食糖、矿泉水等实行进口数量限制外，允许各种商品自由进口。加蓬鼓励外商在加蓬开办企业，并给予其国民待遇。2017年7月，为保护国内水泥生产企业，加蓬政府颁布为期2年的水泥进口禁令。出口方面，加蓬于2009年禁止原木出口和部分珍稀树种加工产品出口。2019年3月，全面禁止采伐珍稀树种巴花。任何商品的进出口均需检验、检疫。经济部下属的全国技术转让中心（CNTT）负责商品检验工作，农业部负责检疫工作。

3. 关税制度

加蓬是中部非洲经济与货币共同体成员国，适用《中部非洲经济与货币共同体海关法》，实行共同的海关制度，共同体内部国家关税互免。在加蓬，企业在货物进口时均需委托清关代理行办理清关、提货手续。加蓬主要商品关税税率见表4-3。

表4-3 加蓬主要商品关税税率

单位：%

| 商品名称 | 关税税率 |
| --- | --- |
| 生活必需品 | 5 |
| 原材料和设备 | 10 |
| 中间商品及多种商品 | 20 |
| 消费品 | 30 |

资料来源：加蓬海关总署。

188

4. 外汇管理制度及许可证

加蓬外汇管理不严，既可自由兑换，也可以自由汇入和汇出。

（1）外汇

中非法郎与欧元挂钩，固定汇率为 655.96 : 1，中非法郎与美元的汇率是浮动汇率，2020 年 7 月 3 日中非法郎与美元的汇率是 587.74 : 1。人民币与中非法郎不可直接兑换。在经过相当一段时期的财政紧张后，加蓬外汇储备逐渐增长。2018 年第二季度，加蓬外部净资产达 4872 亿中非法郎，增长了 22%。这主要是由于其主要银行外部净资产由 2017 年同期的 1150 亿中非法郎增至 2731 亿中非法郎，从而使加蓬外部净资产对定期存款的保障率达到 56.45%。随着英国脱欧和欧洲议会选举的临近，欧元在 2019 年底之前无法持续走强，欧洲央行开始为金融市场逐步实现利率正常化做准备。2020 年，美国经济增长持续放缓。欧洲央行采取行动解除其宽松货币政策，欧元兑美元的汇率在 2021 年保持大致稳定。随着欧元区宏观经济基本面的改善以及欧元区货币政策的逐步收紧，欧元兑美元的汇率在 2022 年走强，在 2023 年企稳。中非法郎兑美元的汇率从 2018 年的 555.2 : 1 跌至 2019 年的 586.0 : 1，然后在 2020 年上涨至 575.6 : 1。2022 年升至 591.8 : 1。

（2）外汇管制政策

加蓬实行外汇管制政策，其与法国、摩纳哥和业务账户国家之间的资本流动不受外汇管制，向其他国家输出资本必须经金融机构委员会的批准，并受到限制，但加蓬允许这些国家的资本自由流入。加蓬居民或非居民持有的外国债券、外币以及加蓬对外国或非居民拥有的各种债权，必须存放在加蓬的指定银行内。除黄金方面的管理之外，加蓬的外汇管制措施不适用于法国（及其海外部门和领地）和摩纳哥，以及其发行银行通过业务账户与法国财政部相联系的所有国家［贝宁、布基纳法索、喀麦隆、中非共和国、乍得、科摩罗、刚果（布）、科特迪瓦、赤道几内亚、马里、尼日尔和多哥］，对上述国家的所有支付可自由办理。除上述国家以外的其他国家都被视为外国。

从国外借款和向国外贷款、吸收国外投资和向境外投资，以及在加蓬发行、宣传或要求出售外国债券，除受外汇管制外，还被实行特殊管制。管制措施同样不适用于法国、摩纳哥和业务账户国家。投资者在向境外直接投资时必须向财政、预算部申报，除非向境外投资者采取以其未分配利润再投资来增加资本的形式。投资者在对境外投资进行部分或全部清算时也必须向该部申报，除非清算涉及撤销过去已批准成为境外投资的股份。外国投资者在加蓬直接投资时必须向财政、预算部申报，除非投资者采取以未分配利润再投资来增加资本的形式。该部可在收到申报两个月内要求推迟项目。无论是加蓬向境外投资还是外国在加蓬直接投资，投资者都必须在每一次活动之后的 20 天内向财政、预算部报告相关投资和清算。直接投资限定为企业所控制的投资。投资者在加蓬发行、宣传或要求出售外国证券时须事先获得财政、预算部的批准。所有在加蓬的公共、私人机构以及境外分公司或子公司在加蓬的法人，在向外提供贷款时均须事先获得财政、预算部的批准。在加蓬投资注册的企业，其外汇收入要在一个月内返回加蓬境内，以便国家对外汇进行管制。外国投资者有权把投资资本、在经营活动中获得的利润和派出雇员的工资储蓄自由汇回本国；投资者在法郎区内可以自由过户资金，特别是存在中非国家银行的资金。外资企业与当地企业在融资方面享受同等待遇，但当地银行普遍规模较小且融资条件较高。2019 年 2 月，加蓬加强外汇管制，暂时取消所有在加蓬企业的外汇账户，有需要的外贸企业需重新提出开设外汇账户的申请，由账户所在商业银行提交中非国家银行从严审批。人员出入境时，每人每次只可携带 100 万中非法郎以内的现金（约合 1700 美元），超出部分需申报。但前往中部非洲经济与货币共同体国家的人员不受此规定的限制，在提供合法收入证明的情况下，其可携带更多现金。

在非贸易外汇收入管理方面，从与法国、摩纳哥和业务账户国家的无形交易中获得的收入可以保留。对于从其他国家获得的劳务收入及从其他国家的外国资产中获得的收益，如果收取的是外币，则必须在预定日期的 1 个月内缴售。居民和非居民旅游者可以带入中非国家银行、法国银行或在法国财政部开有业务账户的任何其他发行银行发行的现钞和硬币，数量不限，还可带入业务账户以外国家的现钞和硬币，数量不限。加蓬允许自由地向法国、摩纳哥及业务账户国家办理非贸易支付。向其他国家的非贸易支付则在提交了必要的文件后，经过审批方可办理。批准当局授权给指定银行办理多种形式的非贸易支付。当主要贸易活动不必审批时，与之有关的非贸易支付则可自由进行。当基本交易已获批准时，向非居民的利润、股息和版税等支付可自由进行。

（3）黄金管理

居民可在加蓬自由地持有、买入或出售任何形式的黄金。黄金的进出口必须经财政、预算部的批准。下列情况可不经批准：货币当局或代表货币当局进出口黄金；含金量很少的加工制品的进出口（如包金或镀金制品）。黄金出口由加蓬矿产开发协会专营。黄金进出口不需许可证，但必须向海关申报。

（4）许可证制度

加蓬贸易保护政策的另一个措施是实行进出口许可证制度。

所有价值超过 50 万中非法郎的商品需要进口许可证。申请者需提交经签字的形式发票，不需公证。进口许可证有效期为 6 个月，例外情况下可延期。需在许可证失效前发运货物。加蓬禁止进口保质期长的牛奶、食用油（橄榄油除外）和矿泉水。目前除本国可以生产的水泥、食糖、卫生纸、洗衣粉和部分矿泉水外，其他产品均可自由进口。

**（二）对外贸易规模**

对外贸易规模主要指进出口商品的数量和贸易额。加蓬濒临大西洋，其属于贸易依赖型国家，对外贸易在国民经济中起重要作用。加蓬外贸历年保持顺差。根据《伦敦经济季评》的数据，2017～2021 年商品出口额分别为 53.47 亿美元、61.58 亿美元、67.53 亿美元、52.76 亿美元和 76.41 亿美元；同期，商品进口额分别为 28.92 亿美元、29.66 亿美元、30.21 亿美元、28.49 亿美元和 30.88 亿美元。

**（三）对外贸易结构**

加蓬的出口商品结构充分反映了该国的资源禀赋及国内生产结构。加蓬主要出口石油、锰矿砂和木材。2021 年，加蓬石油出口占出口总额的

67.1%，木材占 15.1%，锰矿砂占 9.2%。① 由于农业基础薄弱、制造业发展水平较低，加蓬进口商品以机械设备、食品、日用消费品和建材为主。

**（四）对外贸易伙伴**

加蓬已与 140 多个国家和地区建立了贸易关系。其贸易伙伴主要集中在欧洲、北美和亚洲，与非洲国家的经济互补性不强。2020 年，加蓬主要出口对象为中国（占出口总额的 46.3%）、荷兰（11.7%）、爱尔兰（8.1%）、韩国（6.5%）；主要进口来源地为法国（占进口总额的 22.7%）、比利时（15.6%）、中国（15.6%）、美国（4.2%）（见表 4-4）。加蓬向亚洲地区出口的商品主要是木材和原油。根据加方统计，自 2013 年起，中国已连续保持该国第一大贸易伙伴地位，近年来也成为加蓬第一大出口目的地和第三大进口来源地。

表 4-4　2020 年加蓬商品主要进出口贸易伙伴

单位：%

| 商品出口额占比 | | 商品进口额占比 | |
| --- | --- | --- | --- |
| 中国 | 46.3 | 法国 | 22.7 |
| 荷兰 | 11.7 | 比利时 | 15.6 |
| 爱尔兰 | 8.1 | 中国 | 15.6 |
| 韩国 | 6.5 | 美国 | 4.2 |
| 其他国家和地区 | 27.4 | 其他国家和地区 | 41.9 |

资料来源：EIU, *Country Report： Gabon*, London, February 23, 2022, p.14。

## 二　外援与外债

**（一）外援**

加蓬长期接收官方发展援助，但其接收的外援日益减少。按人均收入

---

① 商务部国际贸易经济合作研究院等编《对外投资合作国别（地区）指南：加蓬》，中华人民共和国商务部网站，http://www.mofcom.gov.cn/dl/gbdqzn/unload/jiapeng.pdf。

来衡量，加蓬是撒哈拉以南非洲国家中唯一的中等收入国家。国际金融组织以此为由早在20世纪90年代以后就逐步减少了对加蓬的公共发展援助，90年代中期以来，只剩下法国等少数几个发达国家还向其提供少量发展援助。但是以联合国人文指数衡量，加蓬的人类发展指数仅为0.702，在联合国成员国中居第115位（2018年），① 仍然是一个没有摆脱贫困的发展中国家。在很长一段时间里，加蓬政府不断呼吁国际社会在考虑对外援助时不要以人均收入来衡量加蓬的发展水平，但收效甚微。根据经济合作与发展组织提供的数据，2015年，加蓬共获得9880万美元的官方发展援助，其主要援助方有法国（9409万美元）、美国（779万美元）、欧盟（697万美元）和日本（385万美元）（援助额为2014~2015年度平均值）。② 据经济合作与发展组织发展援助委员会数据，截至2019年，加蓬共获得12020万美元的官方发展援助，其中法国是该国的最大援助方，提供了11960万美元，占总额的99.5%。③

加蓬接收的外部援助的分布如下：近90%的资金用于公路、公共工程等基础设施的建设，其中62%用于公路建设，27%用于公共工程及其他基础设施建设；用于环境保护、农业发展、机构建设和教育文化方面的资金仅分别占4%、2%、2%和1%。

**（二）外债**

从加蓬外债结构来看，加蓬外债全部是长期债务且大部分是官方债务。加蓬大部分外债缘起于20世纪70年代末80年代初。当时盛行的经济发展理论认为，持续的高速增长可以通过公共投资计划和大量的外国资本流入来获得。于是，加蓬政府大规模举借外债，试图以此满足国内大规模基础设施建设需要，推动国民经济的增长。沉重的外债负担使加蓬政府每年不得不将财政收入的一半用于还本付息，国家发展经济的投资难以为继。但由于加蓬是中等收入国家，其未被世界银行和国际货币基金组织列

---

① 联合国官方网站，https://www.un.org/zh/。
② 经济合作与发展组织网站，http://www.oecdchina.org/。
③ 商务部国际贸易经济合作研究院等编《对外投资合作国别（地区）指南：加蓬》，中华人民共和国商务部网站，http://www.mofcom.gov.cn/dl/gbdqzn/upload/jiapeng.pdf。

为重债穷国计划受益国。加蓬认为以人均国内生产总值为标准把加蓬排除在减债国家行列之外有欠公允，衡量标准还应包括其他参数。[①] 2021 年上半年，加蓬公共债务高达 65400 亿非郎，较 2020 年底增长 14.7%。其中，内债达 24645 亿非郎，同比增长 48.4%，占债务存量的 37.7%；外债为 40755 亿非郎，同比增长 0.9%，占债务存量的 62.3%。[②]根据国际货币基金组织数据，加蓬债务已超其国内生产总值的 70%，成为中部非洲经济与货币共同体中第二大负债国。

## 三 外国资本

### （一）投资政策

加蓬实行开放政策，欢迎外来投资，并对投资者实行国民待遇。在加蓬，私人投资者既享受共同权利又可享受优惠待遇。此外，企业还可同政府签订企业协议。一般来说，加蓬当局保证在加蓬设立的所有企业，不论是本国的，还是外国的，都能获得各种应有的权利和享受平等待遇。

1. 投资主管部门

加蓬的投资主管部门是经济、展望和发展规划与促进公私投资部；水资源、能源和矿产增值与工业化部负责矿业方面的投资；石油、天然气和烃能源部负责矿业和石油方面的投资；森林方面的投资则由森林、环境和气候计划部负责。加蓬投资促进署（ANPI）是加蓬政府专门成立的投资促进机构，具有吸引投资和促进加蓬产品出口的双重职能。

2. 投资行业的规定

外国投资几乎可以进入加蓬所有行业，包括对国民经济起主导作用的石油、锰矿、森林等行业。但外国投资者必须事先获得政府有关部门签发的许可证。

---

① 法国《青年非洲》杂志第 1994 期，1999 年 3 月 30 日，第 32 页。
② 中华人民共和国驻加蓬共和国大使馆经济商务处网站，http://ga.mofcom.gov.cn/article/jmxw/202111/20211103216390.shtml。

2019 年 2 月，加蓬内阁会议批准新石油法草案。主要进行以下改进：允许石油公司在开发区域进行勘探活动；在首个勘探阶段，免除由合同规定的石油利益转让产生的增值税；在边缘地区发现新资源的情形下，有可能重新协商合同条款；将石油独家勘探许可期限延长为 8 年，独家开发和生产许可期限延长为原油 30 年、天然气 35 年；取消作业企业中国家股份的石油行业特别税（现石油法规定为 20%）；将国家参股比例减少到最低 10%（现石油法规定为 20%）；将石油成本回收上限提高到 70% ~ 75%，天然气成本回收上限提高到 80% ~ 90%。新石油法草案还对企业社会责任、本地化、透明操作、良好管理等方面的要求进行了更新。

3. 投资优惠政策

在加蓬设立的企业，可享受的投资优惠制共 4 种。企业的投资优惠申请先由经济、展望和发展规划与促进公私投资部长领导的投资委员会签署意见，再由内阁通过法令予以批准。

（1）IA 号优惠制

IA 号优惠制规定企业在 10 年内享受免除原材料的进口海关税和生产的营业额税的待遇。此外，企业在生产所需的机械设备和工具的进口上享受只缴 5% 关税的减税待遇。

（2）IB 号优惠制

IB 号优惠制规定，对在加蓬设立的所有企业，免除前 5 年的利润税和暂时免除土地税。企业协议还规定，企业可不承担在它获准成立时没有的任何新税收款项，但此待遇的期限为 10 年。此外，企业还可要求获得能够进一步减免关税和其他税收的各种特惠许可。

（3）II 号优惠制

II 号优惠制涉及的是对发展国民经济有极重要意义的企业，有稳定的税收制度，期限一般可达 25 年。如果项目实施期可延长，还可追加 5 年。II 号优惠制包括 IA 号和 IB 号中的各种减免税收待遇和规定。

（4）III 号优惠制

III 号优惠制涉及的是经营活动开展到若干个中部非洲经济与货币共

同体国家的企业，规定实行中部非洲经济与货币共同体内部的统一税则。同时 IA 号和 IB 号优惠制规定的税收优惠亦可被给予享受 III 号优惠制的企业。

此外，经批准享受 IB 号、II 号或 III 号优惠制的企业，可同政府签订企业协议，其优惠期限不超过 10 年的，由政府通过法令批准；超过 10 年的，需通过法律批准。企业协议一方面规定企业经营的条件和义务，另一方面也规定国家给予的优惠条件，包括特殊的稳定销售条件、自由雇佣外籍劳动力的权利、原材料和企业经营必需的各种产品的优先供应。

除了投资法规定的上述条款，1984 年 6 月加蓬还制定了旨在促进中小企业发展的行政及财政措施。这些措施涉及所有营业额不超过 5 亿中非法郎、加方最少占有 51% 股份的企业。行政及财政措施规定企业可以享受配备技术干部的便利、"给中小企业的援助和保证基金"提供的财政援助、海关及税收的优惠待遇。

4. 基础设施 PPP 模式发展情况

加蓬鼓励外资企业以 PPP 模式投资基础设施建设，主要领域为公共工程以及社会保障房等，主要方式为 BOT（建设—经营—移交），特许经营期一般为 25~30 年。目前，加蓬基础设施领域 PPP 模式的相关法令包括 2016 年 2 月 11 日颁布的 9 号法令和 2018 年 5 月 18 日颁布的 20 号法令。相关负责部门包括：投资和公私合营促进部专门负责 PPP 项目的对接；基础设施所涉及的相关部门（如水利能源部）负责方案的技术评估；经济部和预算部对于投资所涉及的免税、担保、付款条件等给出指导意见和背书；加蓬战略投资基金代表政府出资，并参与项目的建设和运行管理。加蓬近期的 PPP 项目主要涉及基础设施建设，如水利能源领域正在探讨的项目有 5 个，包括 3 个水电站项目、1 个公共供水项目、1 个电网项目，特许经营期均为 30 年。目前在加蓬开展 PPP 合作的主要是法国、印度、瑞士等国的企业，部分中国企业与加方亦在进行积极探讨。2012 年 11 月，加蓬经济部、利伯维尔市政府和瑞士韦伯科尔（Webcor）集团签署协议，在利伯维尔市佩耶希花园地区建设一个大型商贸市场。该项目的投资为 270 亿中非法郎，采用

BOT 方式运行，由韦伯科尔集团全部出资建设并经营，特许经营期为 50 年。加蓬政府将获得该商贸市场 10% 的股份。利伯维尔市政府每月收取 1000 万中非法郎的租赁费并征收与该商贸市场活动相关的税费。该商贸市场的设计面积为 3.5 万平方米，拥有 2000 个摊位、400 个停车位。除各类鱼、肉、副食品商店之外，市场内还将设立银行分支机构、邮电所、派出所、水电费缴费点和幼儿园等，可创造 1000 个就业岗位。

5. 经济特区优惠政策

2010 年，加蓬政府与新加坡奥兰国际有限公司签署有关协议，由后者在距首都利伯维尔市区 27 公里处的恩科克地区筹建经济特区，占地面积 1126 公顷。该经济特区的主要优惠政策有：①10 年内对企业的利润或收入不征税，之后的 5 年按 10% 的税率征收；②允许企业资金自由汇出；③在企业招聘外籍劳务人员时给予额外优惠待遇；④将工业用电价格降低 50%；⑤对企业设备、机器及其零配件免征进口关税等。

目前，已有多家中资企业入驻或计划入驻该经济特区。

**（二）相关投资法律法规**

1. 投资法

加蓬于 1989 年 7 月 6 日颁布了投资法。投资法规定，不论国内资本还是外资，投资者只要在加蓬建立企业，在一定条件下均可享受减收关税和其他税待遇。加蓬本国企业在与外国企业的竞争中受到保护，可在进口物资分配、公共信贷和政府合同方面享受优先权。在加蓬投资的外国企业，必须将其不少于 10% 的股份出售给加蓬国民。投资法还涉及了外资并购安全审查、国有企业投资并购、反垄断、经营者集中等方面的问题，主要规定了外国投资的领域、方式和投资者应履行的义务等。

2. 税收管理法

加蓬实行以属地税为主的税制，已经建立以所得税和增值税为核心的税收体系，外国公司、外国人与加蓬人同等纳税。主要税种包括公司所得税、个人所得税、增值税等。

加蓬公司税收主要分为直接税和间接税两类，直接税包括公司税、工资税等，间接税包括增值税等。

（1）公司税

公司税的普遍税率为公司利润的 30%，石油和矿业领域公司为 35%，旅游和房地产行业公司为 25%。如果公司利润为负值或者低包干税金额时，则采用包干税的方法。它的标准是以营业额为基础计算，一般为 1.1%，其中大宗商品交易为营业额的 0.825%，生产活动为营业额的 0.99%，包干税的最小金额为 60 万中非法郎。在加蓬尚未有人投资的领域，投资的公司可以享受前两年免除公司税的待遇。旅游旅馆业公司在经营后的前 3 个税收年度免除公司税，前 10 年免除包干税；农业开发、养殖和农产品开发公司在经营后的前 3 个税收年度免除公司税，永久免除包干税。

（2）工资税

以公司受薪者的薪水、津贴、福利等为基数，上缴 2% 的工资税和 0.6% 的职业培训税。

（3）增值税

对于年营业额超过 6000 万中非法郎（林业开发公司超过 8 亿中非法郎）的单位和个人，除生活必需品按 10% 的税率征收增值税外，其他商品和服务的增值税税率一般为 18%。出口商品免征增值税。

（4）注册税

公司在创办或扩大、转移资本、停止经营时须缴税；每年必须向保险公司购买保险，包括海运险、河运险、空运险、火险及其他险类。

（5）个人税

个人税分两种，一种是受薪者所负担的税收，包括个人所得税和工资附加税；另一种是股东在获取分红时应该承担的税收，包括有价证券所得税和在应纳税者的收入中所做的扣除。

（6）社会团结税

年营业额超过 3000 万中非法郎的公司，自 2017 年 1 月起需要缴纳社会团结税，缴纳比例为 1%。

（7）其他

包括执照税、工地税等，在石油和矿业领域还有特殊规定。从事金融业务的公司须缴纳金融业务税。

3. 工商登记法

在加蓬，投资者设立的企业形式是分公司，分为股份有限公司和有限责任公司两种。若在加蓬注册代表处，前两年可以享受免税政策，但两年后代表处要自动转为分公司形式。从 1972 年起，所有在加蓬从事贸易活动的自然人和法人，都必须到经济部申请许可证，贸易公司也不例外。注册企业的主要程序如下。

①向贸易总局递交注册申请，注册材料包括由法院提供的无犯罪记录证明、四张身份证照片、具有法律效力的出生证复印件、具有法律效力的外国人居留证和市场研究报告。

②在直接、间接税总局登记注册，从税务中心领取公司税号。

③在国库缴纳各种费用。

④在法院书记室登记。

⑤在国家财产总局购买印花税、递交公司章程，登记。

2018 年 1 月，加蓬投资促进署一站式大厅启用，投资者可在大厅内完成企业注册程序。

**（三）外国投资情况**

加蓬凭借其丰富的资源，吸引外国公司携资到加蓬进行资源开发或参与企业私有化进程。2005 年至 2008 年，加蓬吸引外资总额为 7750 亿中非法郎，阿里·邦戈总统执政以后，积极吸引外资，取得显著成效，2009 年至 2012 年，加蓬吸引外资总额一跃至 12350 亿中非法郎。2018 年加蓬吸引外国直接投资 13 亿美元（见表 4-5），较 2017 年有了大幅度提升。法国作为加蓬最大投资国，在加蓬石油、锰矿生产以及森林开发中占有重要地位。

表 4-5　2018~2020 年外国对加蓬直接投资流量

单位：亿美元

| 年份 | 2018 | 2019 | 2020 |
| --- | --- | --- | --- |
| 金额 | 13 | 15 | 17 |

资料来源：中华人民共和国商务部网站。

加蓬近年来吸引外资金额大幅增加的原因包括实行开放政策，减轻赋税，向除法国以外的新兴国家开放市场（如中国、韩国、印度、土耳其、摩洛哥等），也正因为有了这些国家的加入，加蓬外资进入的领域逐渐由矿业和石油业转向了电力、交通、通信等行业。

## 四 国际收支与国际储备

### （一）国际收支

加蓬的国际收支与其外贸形势息息相关。1998 年，由于石油价格下滑和严重的贸易危机，加蓬经常账户赤字高达 3485 亿中非法郎。1999～2014 年，经常账户维持盈余状态，经常账户盈余于 2008 年高达 17149 亿中非法郎。2002 年，商品贸易顺差为 16559 亿中非法郎，经常账户有盈余，但由于巨大的收入失衡，国际收支仍处于赤字状态。2013 年，商品贸易顺差达峰值，为 32339 亿中非法郎。2014 年，经常账户盈余达 7086 亿中非法郎，但受油价下跌影响，从 2015 年开始，截至 2018 年，经常账户持续出现赤字。2015 年加蓬经常账户赤字为 615 亿中非法郎。2017 年经常账户赤字高达 3811 亿中非法郎，国际收入占国内生产总值的 -2.6%。受食品价格上涨以及国际石油价格上升影响，2018 年加蓬的经常账户虽仍处于赤字状态，但较 2017 年有所回升，为 3777 亿中非法郎，此年贸易顺差为 17166 亿中非法郎，国际收入占国内生产总值的 -1.3%。2019 年，加蓬贸易顺差为 18541 亿中非法郎。[①] 由于受 2020 年新冠疫情影响，对出口产品的需求及其价格下降，2020 年经常账户依旧保持赤字状态，为 3609 亿中非法郎。总的来看，近年来，受国际金融形势影响，国际收支仍是逆差。

### （二）国际储备

加蓬国际储备长期保持低水平，一般来说，其额度为一个月的进口费用。但由于石油价格的波动，加蓬的国际储备起伏较大。如表 4-6 所示，2014 年加蓬国际储备总额达 24.94 亿美元，但之后由于石油价格下跌，

---

① EIU, *Country Report Gabon 2nd Quarter 2019*, London, 2019, p.12.

加蓬的国际储备大幅度缩水，到 2017 年国际储备总额仅剩 8.04 亿美元。2018~2020 年，加蓬国际储备保持稳定，略有回升（见表 4-6）。

表 4-6 2014~2020 年加蓬国际储备情况

单位：十亿美元

| 年份 | 2014 | 2015 | 2016 | 2017 | 2018 | 2019 | 2020 |
|------|------|------|------|------|------|------|------|
| 国际储备总额 | 2.3 | 1.7 | 0.6 | 0.8 | 1.1 | 1.2 | 1.5 |

资料来源：Focus Economics，https：//www. focus - economics. com/country - indicator/gabon/international-reserves/；2020 年数据源自 Trading Economics，https：//tradingeconomics. com/gabon/24_international-reserves-excluding-gold-wb-data. html。

# 第五节 与中国和法国的经济关系

## 一 与中国的经济关系

### （一）双边贸易

1974 年 4 月中国与加蓬建交，双方签订了《关于中华人民共和国和加蓬共和国建立外交关系的联合公报》。同年 10 月，中加两国签订《中华人民共和国政府和加蓬共和国政府经济技术和贸易协定》，规定双边贸易以现汇支付。1997 年 5 月，中加两国签署《中华人民共和国政府和加蓬共和国政府投资保护协定》。1982 年 12 月建立经贸混委会机制，第四次会议于 2016 年 1 月在利伯维尔召开。2006 年 8 月，中加重签贸易协定。上述协定对于双方政治交往、经济合作等事宜均有明确约定。2016 年 12 月，阿里·邦戈总统访华，中加元首将双边关系提升为全面合作伙伴关系，双方领导人就加强两国合作达成广泛共识，为双边经贸合作的发展注入新的动力。在当前全球经济延续复苏态势的背景下，加蓬正在努力推进工业化和经济多元化，中国加快"走出去"步伐，积极实施"一带一路"倡议、推动国际产能合作，与加蓬的发展战略十分契合。2018 年 9 月，中非合作论坛北京峰会期间，中加双方签署了《避免双重征税协定》，也签订了共建"一带一路"谅解备忘录。

中加双边贸易额自 20 世纪 90 年代以来总体呈现增长势头，中方连年保持贸易逆差。目前，中国是加蓬在亚洲最大的出口市场，加蓬也成为中国重要的贸易伙伴。近年来，两国贸易取得了长足发展，中加贸易总体持续增长，中国连续多年保持加蓬最大贸易伙伴地位。

2010~2014 年，中加两国贸易额从 3693 亿中非法郎增加至 7844 亿中非法郎。[①] 2014 年，中国成为加蓬第一大经贸合作伙伴。如表 4-7 所示，据中国海关的统计，2017 年，中国与加蓬的双边贸易额为 26.82 亿美元，2018 年，中国与加蓬的双边贸易额达 33.65 亿美元，同比增长 25.5%。其中，中国对加蓬出口 3.86 亿美元，同比下降 13.5%；从加蓬进口 29.79 亿美元，同比增长 33.2%。2020 年，中国与加蓬双边贸易额为 36.4 亿美元，同比下降 27.7%。其中，中方进口额为 32.2 亿美元，同比下降 30.8%，出口额为 4.2 亿美元，增长 10.2%。双边贸易互补性强，中国进口主要商品为原油、木材和锰矿砂，出口商品主要为各类工业制成品。

表 4-7　2013~2020 年中加双边贸易情况

单位：亿美元，%

| 年份 | 总额 | 中国出口 | 中国进口 |
| --- | --- | --- | --- |
| 2013 | 13.32 | 4.33 | 8.99 |
| 2014 | 20.38 | 4.31 | 16.07 |
| 2015 | 17.68 | 6.67 | 11.01 |
| 2016 | 18.03 | 3.77 | 14.26 |
| 2017 | 26.82 | 4.46 | 22.36 |
| 2018 | 33.65 | 3.86 | 29.79 |
| 2019 | 50.2 | 3.8 | 46.4 |
| 2020 | 36.4 | 4.2 | 32.2 |

资料来源：中国海关总署网站。

---

① 参见人民网，http://ydyl.people.com.cn/n1/2018/0903/c411837-30267861.html。

据中国海关的统计，近年来，中国对加蓬出口的商品主要类别包括：机械器具及零件；车辆及其零附件（铁道车辆除外）；钢铁制品；电机、电器、音像设备及其零附件；橡胶及其制品；家具、寝具、灯具及活动房；陶瓷产品；盐、硫黄、土及石料；石灰及水泥等；鞋靴、护腿和类似用品及其零件；棉花。中国从加蓬进口的商品主要类别包括：木材、木制品及木炭；矿砂、矿渣及矿灰；矿物燃料、矿物油及其产品和沥青等；塑料及其制品；橡胶及其制品；铜及其制品；光学、照相、医疗等设备及零附件。

**（二）投资合作**

中加建交以来，两国的经济合作方兴未艾，涉及农业、渔业、公共工程等领域。中资企业在加蓬投资活跃，中石化、中信大锰、中国诚通等数十家企业在加蓬石油、矿产、林业、渔业等领域积极投资兴业，建成大批木材加工厂，实现木材在当地的初加工和深加工；为加蓬市场每年供应约万吨鱼品，丰富了当地的水产品供应；对加蓬的石油、锰矿等产品出口做出积极贡献。据中国商务部的统计，2018 年当年中国对加蓬直接投资流量为-6954 万美元。截至 2018 年末，中国对加蓬直接投资存量为 2.59 亿美元。

加蓬中国投资开发贸易促进中心是外经贸部（2003 年后为商务部）为进一步推动和促进我国与非洲经贸合作关系而组建的 11 个贸易中心之一，由大连国际合作公司承担。该机构于 1997 年 7 月成立，位于加蓬首都利伯维尔市，占地 6300 平方米，总投资为 2300 万元人民币。该中心可以为中国在加蓬从事经贸和投资业务的企业提供办公、食宿、洽谈、报关、提货、仓储、结汇、中介、经贸咨询和信息等综合服务。

**（三）基础设施建设合作**

目前在加蓬开展基础设施建设合作的中资企业有中国电建、中能建、中建公司、中国路桥、中国港湾、中航国际等，建成和正在建设的项目有大布巴哈水电站、雷拉公路、阿基埃尼—奥孔贾公路、奥耶姆体育场、让蒂尔港体育场、利伯维尔国王湾整治、让蒂尔港—翁布韦公路、三所职教中心等。中国路桥工程有限责任公司于 2012 年 10 月中标的加蓬让蒂尔港—翁布韦段公路和奥果韦河布韦桥梁建设工程项目在建成后将使让蒂尔港首次与内陆公路网相连，有利于道路沿线石油区块的开发，改善沿线交通、居住环境，对推动加蓬西南沿海地区经济发展发挥重要作用，实现加蓬人民长久以来的愿望。

**（四）社会民生项目**

在中方的帮助下，中加双方合作建成了国民议会大厦、参议院大厦、加蓬国家广播电视中心、中加友谊体育场、中加合作医院、中加友谊医院、中加示范小学等大量项目。中加双方在社会民生领域开展富有成效的合作。自 1977 年以来，中国共派遣 20 批医疗队到加蓬工作，中方派遣援加医疗队的方式加强了中加两国的医疗合作。2018 年底，中国在加蓬的首座孔子学院正式开课，这一举措为传播中国文化、加强两国友谊提供了新的途径。

中国援建的加蓬国民议会大厦工程是中加两国政府间的友好合作项目，由中国海外工程总公司承包并与北京城建集团总公司合作实施。该工程于 1997 年 1 月 19 日正式开工，1999 年 8 月 30 日竣工，2001 年 5 月正式启用。该工程的占地面积为 56250 平方米，其中建筑面积为 15475 平方米。该项目得到加蓬领导层的广泛赞誉，取得了良好的社会效益。

中加两国政府于 1999 年 10 月换文立项，中国政府同意援助加蓬建设参议院大厦项目。该项目由武汉建筑设计院承担设计，上海建工集团负责施工。该项目的占地面积为 4.4075 万平方米，总建筑面积为 10524 平方米。施工合同总金额为 1.575 亿元人民币。2002 年 8 月，中加签署施工合同。

加蓬国家广播电视中心位于首都利伯维尔邦戈大道，场地面积为 52000 平方米，建筑面积为 10376.75 平方米。主楼建筑为 7 层，钢筋砼框架结构体系，建筑高度为 30 米，是加蓬国家电视台总部所在地。2004 年 7 月，加蓬和中国签订对外施工合同，2005 年 6 月 8 日正式开工，2008 年 12 月 2 日竣工。

中加友谊体育场位于加蓬利伯维尔市北部安贡杰区，2009 年 8 月中加签署施工合同，该项目由中铁工程设计咨询集团有限公司承担设计，由上海建工集团负责施工。2010 年 1 月 23 日开工，2011 年 11 月 27 日竣工。项目总占地面积为 30 万平方米，总建筑面积约为 34000 平方米。建设内容包括一座 40000 人座体育场（包括普通观众席、总统包厢、贵宾席和残疾观众席）。内设天然草坪足球场和 8 条 400 米人工合成材料面层跑道的标准田径场地。体育场外有铺设人工草坪的专用足球训练场一块，铺设丙烯酸面层的室外网球场、手球场、篮球场和排球场各一块，还有配套的室外训练场地附属用房以及 1400 个停车位等。该体育场成功举办了 2012 年非洲国家杯决赛及闭幕式，之后还相继承办了"纽约论坛"、法国超级杯足球赛等重要活动，是目前加蓬举办大型活动的首选场地。

**（五）在加中资企业**

截至 2019 年 2 月 8 日，在加蓬共有 19 家中资企业，现列如下。

1. 中国路桥加蓬有限责任公司（CRBC GABON LIMITED）

经营范围：建设、开发、投资公路、桥梁、机场、港口、轻轨、铁路、工业园区、隧道、供水和排水系统、电网、电站、能源生产厂、矿业、经济特区、农业、林业、畜牧业及渔业产业区，项目咨询、勘探、设计、规划服务、总承包工作。

已实施重点项目：让蒂尔港至翁布韦段公路及奥果韦河布韦桥梁建设工程、让蒂尔港市出城公路 Forasol-Mbega 段建设工程。

2. 中建加蓬有限责任公司（CSCEC GABON SARL）

经营范围：进行各类型建筑、基础设施的设计及建造，开展各类型建筑材料贸易，进行各类型建筑材料进出口，提供各类型建筑用设备租赁服务。

已实施重点项目：加蓬让蒂尔港体育场项目、加蓬利伯维尔体育馆项目、加蓬利伯维尔市政道路改造和整治项目、加蓬国家 1 号公路 pk12 至 pk105 段道路整治项目。

3. 中国港湾工程有限责任公司加蓬分公司

经营范围：海事工程、公路桥梁、轨道交通、航空枢纽以及相关成套设备等基础设施一体化服务。

已实施重点项目：利伯维尔摩尔港整治项目。

4. 葛洲坝加蓬有限公司

经营范围：建筑、电力、公路、水务等基础设施的设计、建造及运营等。

5. 中国电建

经营范围：水电站、公路工程总承包。

已实施重点项目：大布巴哈水电站。

6. 华州矿业（加蓬）工贸有限公司

经营范围：锰矿勘探、开采、加工和销售。

已实施重点项目：加蓬蒙贝利锰矿项目。

7. 中石化国勘加蓬公司

经营范围：石油勘探、开发，原油销售。

已实施重点项目：Dinonga Iroundo 产品分成区块 Tsiengui/Obangue 油田开发及生产。

8. 中国天辰工程有限公司加蓬分公司

经营范围：石油、天然气、化工、材料、能源、电力、矿业、基础设施等。

已实施重点项目：Comilog 电解锰 & 金属锰项目。

9. 中加渔业公司

经营范围：水产品捕捞、销售等。

10. 加蓬拉斯图维尔木材（股份有限）公司（SBL）

经营范围：森林采伐，木材运输、加工、贸易等。

11. 加蓬三利木业股份有限公司

经营范围：原木销售和木材加工、运输及出口。

12. 加蓬华嘉木业公司

经营范围：森林采伐、原木运输和木材出口。

13. 中国石油天然气管道局

经营范围：长输管道及其辅助设施、大中型储罐、电力、通信等工程的勘察、设计、咨询、采办、施工。

14. 成都建工第三建筑工程有限公司

主营建筑施工，已在 Okolassi 处建设 1000 套社会住房。

15. 上海建工集团

经营范围：建筑业。

已实施重点项目：奥耶姆体育场、中加友谊体育场、加蓬参议院大厦。

16. 中国海外工程有限责任公司西非公司加蓬办事处

经营范围：公共工程、房建。

已实施重点项目：国民议会大厦修建、莱高昵—嘎巴拉公路整治、恩代恩代—莱邦巴公路整治、恩代恩代—奇班加公路整治。

17. 特变电工新变国际公司加蓬办事处

经营范围：输变电、水电、火电、新能源项目的投资、设计、采购、施工、运营，以及工程所属的设备、材料出口，劳务派遣。

18. 中国电力技术装备有限公司

经营范围：输变电项目工程总承包及大型电力设备出口。

19. 中国石油集团东方地球物理公司东方物探加蓬分公司

经营范围：地震勘探。

## （六）承包工程

据中国商务部的统计，2018 年中国企业在加蓬新签承包工程合同 16 份，新签合同额 2.79 亿美元，完成营业额 1.61 亿美元；累计派出各类劳务人员 124 人，年末在加蓬的劳务人员为 910 人。新签大型工程承包项目包括中国电力技术装备有限公司承包加蓬主干网项目、中国石化集团国际石油工程有限公司承包 Akondo 油田地面产能建设等。

中国企业在加蓬承包工程时应注意四点。

第一，抓住市场机遇。近年来，加蓬加大对基础设施的投资力度，尤其注重公路等方面的建设，这无疑为中资企业"走出去"提供了机会。中资企业应该抓住机遇，开拓加蓬市场。加蓬工程承包项目的招标信息一般会在当地报纸或网站上公布，建议中国公司密切关注最新信息，必要时可在当地注册分支机构。

第二，认清存在的困难。加蓬资金短缺，很多项目都需要对外融资建设，由承包商帮助落实资金或由承包商带资。目前，法国开发署等机构为加蓬一些项目提供融资，但要求其融资项目由法国公司承包，这增加了中国公司在当地承包项目的难度。

第三，注意中国劳动力和当地劳动力的有效结合。加蓬劳动力的素质不高，工作效率较低，中国公司可考虑国内劳动力和当地劳动力的有效结合，确保工作效率。

第四，注重考察，做好工程预算。中资企业要对当地市场进行充分的了解。加蓬当地物资供应匮乏，很多建材经常断货，各种不确定的因素可能会造成工期的拖延。另外，加蓬物价非常高，劳动力成本和建筑材料成本都是中国的数倍。所以，中国公司一定要充分考虑各方面因素，严格进行工程预算，避免亏损。

## 二 与法国的经济关系

### （一）双边贸易

加蓬同法国保持传统关系。法国是加蓬的最大进口来源国，法国主要向加蓬出口机械设备、工业和农副产品，主要从加蓬进口原材料和初级产品。尽管加蓬与中国等新兴国家的经贸合作发展迅速，但法国依旧在加蓬的对外经贸合作中占据垄断地位。2012 年，法国对加蓬出口额为 5050 亿中非法郎，相较于 2009 年的 3266 亿中非法郎，增长了 55%。在法国对加蓬出口的商品中，72% 为设备和工业产品，13% 为农副业产品。2012 年法国从加蓬进口额为 1128 亿中非法郎，相较于 2009 年的 1535 亿中非法郎，下降了 27%。在法国从加蓬进口的商品中，80% 为原材料及初级产品。2013 年，法国为加蓬的第一进口国，占加蓬进口总额的 35%。同时，加蓬为法国的第三大出口国，仅次于美国和中国。2016 年，法国和加蓬的贸易额达 4795 亿中非法郎，法国仅次于中国，成为加蓬的第二大贸易伙伴。2017 年，加蓬进出口贸易总额达 38901 亿中非法郎，其中，和法国的贸易额为 4588 亿中非法郎。[①]

### （二）投资合作

加蓬对法债务占其总海外债务的 50%，加蓬海外投资的 70% 来自法

---

① 中华人民共和国驻加蓬共和国大使馆经济商务处网站，http://ga.mofcom.gov.cn/jpgk/jj/art/2019/art_ 8043688b8b064fd3ac7f798b5ccbda43.html。

国，法国对加蓬的投资主要集中在石油、木材和矿产领域。法国在加蓬有200多名各种类型的顾问，有1.2万名法国侨民在加蓬工作或生活。法国在加蓬设有100多家子公司，200多家加法合资、合营企业在运行，涉足加蓬所有经济领域，控制加蓬50%的出口。在加蓬最大的10家企业中，有6家为法资企业。

法国深度参与乃至控制加蓬的主要经济来源——自然资源开采与销售，例如，加蓬石油开采由以法国道达尔和佩伦科为首的欧美企业主导；而作为加蓬经济支柱之一的锰矿开采与加工业，其最大企业奥果韦矿业公司也由法加两国共同组建，其中加方股份仅占35%，而锰矿的销售权则由法国埃赫曼集团掌控。此外，加蓬国内市场与投资也由法国企业主导，法国产品在加蓬的市场份额达到25%。百余家法国企业在加蓬成立分支机构，参与从水电等基础设施到农业、银行业以及制造业等部门的经济活动。①

2011年，法国对加蓬的直接投资流量为1400亿中非法郎，占加蓬该年吸收的外国直接投资流量的37.5%。截至2011年底，法国对加蓬的直接投资存量为5100亿中非法郎，占加蓬外国直接投资总存量的39.5%。法国对加蓬的投资主要集中在石油、木材和矿产领域，法国在其中占据主导地位。2012年7月，邦戈总统对法国进行工作访问，与法国总统奥朗德举行会谈，双方表达了加强合作的共同意愿。2014年，加蓬国际工商银行与法国开发署签署合作协议，支持加蓬中小企业融资。该协议涉及的金额约为2亿中非法郎，旨在改善加蓬的投资环境，使中小企业和个体商户更容易从银行获得融资贷款。2018年，法国埃赫曼集团在加蓬投资9.9亿欧元，其中6.8亿欧元通过其在加蓬的矿业企业奥果韦矿业公司实现，用于锰矿的开发和生产；2.5亿欧元通过其在加蓬的铁路公司——加蓬铁路运营公司实现，用于铁路设施的更新维护。2021年埃赫曼集团向加蓬

---

① "France and Gabon: Presentation," France Diplomatie, https://www.diplomatie.gouv.fr/en/country-files/gabon/france-and-gabon/.

投资 5.66 亿欧元。①

**（三）与法国开发署的经济合作**

法国开发署前称法国开发银行，成立于 1941 年，自法国合作部重组后更名。其宗旨是帮助发展中国家脱贫，创造更多的就业机会，促进受援国经济、社会的发展，资助海外省和海外领地的经济发展。法国开发署下辖三个分支机构：一是专门负责对私营企业的投资与合作的经济合作投资和促进公司（PROPARCO）；二是财政、经济、银行研究中心，专司培训业务；三是世界环境法国基金会，旨在为改善世界环境提供服务。经济合作投资和促进公司于 1977 年成立，法国开发署是其唯一的股东，该公司专门向私营企业提供贷款。1990 年，该公司转变为金融公司，注册资本达到 4.5 亿法国法郎。经济合作投资和促进公司主要通过参股、中长期贷款、金融担保、技术咨询等方式向私企提供帮助。

自 1960 年加蓬独立后，法国开发署就在利伯维尔设立了办事机构，经济合作投资和促进公司也于 1991 年设立加蓬分公司，开始从事对加蓬私人企业的资助活动。法国开发署向加蓬提供的援款主要有以下 5 种：贷给加蓬国家的优惠贷款；贷给国有企业或私企的无国家担保的中长期贷款；以当地货币形式的借贷保证金；经济合作投资和促进公司提供的基金或近似基金；世界环境法国基金会的补贴。此外，法国开发署在马赛还拥有一个培训中心，为受援国政府部门、国企、私企培训管理干部。培训班分为三类：一是三个半月的企业管理培训班，每年为加蓬培训 3~5 名干部；二是 1~3 周的职业、金融专业培训班；三是根据受援国需要举办的专题研讨班。

2000~2004 年，法国开发署为加蓬提供的各种形式的援款总计 9000多万欧元。主要实施的项目有：梅杜曼（medoumane）至拉拉哈（lalara）公路（4200 万欧元）；城郊蔬菜种植项目（590 万欧元）；资助森林企业长期规划项目（两笔总计 1000 万欧元）；首都雨水排放项目（1400 万欧

---

① 中华人民共和国驻加蓬共和国大使馆经济商务处网站，http：//ga.mofcom.gov.cn/article/jmxw/202207/20220703331733.shtml。

元）；利伯维尔—奥文多公路改造项目。同时，经济合作投资和促进公司还向加蓬 4 家主力银行提供了价值 2000 万欧元的总共 4 笔贷款，以建设工业生产性项目，尤其是木材加工项目。提供给加蓬的贷款的偿还期是11 年，宽限期为 5 年，贷款利率为 5%。

2017 年，加蓬政府与法国开发署签署 1480 亿中非法郎（合 2.25 亿欧元）的贷款协议，用于实施"三年经济振兴计划"。国际货币基金组织、世界银行、非洲开发银行和法国开发署向加蓬提供了总计 1310 亿中非法郎的贷款，用于支持加蓬落实 2017 年预算计划，帮助加蓬实施"三年经济振兴计划"。2017 年 10 月，国际货币基金组织派小组对加蓬宏观经济进行考察，对加蓬在控制债务增长和人员工资规模等方面做出的努力表示满意，又向加蓬提供了 3610 亿中非法郎贷款，其中，法国开发署提供了 492 亿中非法郎。

# 第五章

# 军　事

## 第一节　国家安全与防务政策

### 一　国家安全环境

国家的安全环境不仅涉及国内安全环境，而且与周边国家乃至地区的安全环境也密切相关。从内部环境来看，莱昂·姆巴执政时期，由于新政权刚刚建立，政党纷争，政局不稳，经济百废待兴，加蓬经历社会整形期的阵痛。1964 年，旨在推翻姆巴独裁政府的"二月政变"因法国驻军的介入而以失败告终，这激起了加蓬广大民众对法国对加武装干涉的愤怒，加蓬境内爆发了广泛的大规模群众性抗议活动。法国驻军、政府宪兵和警察对群众实行了严厉镇压。20 世纪 80 年代末 90 年代初，非洲大陆掀起了政治民主化浪潮。在这股浪潮的强烈冲击下，加蓬政局动荡，国内党派林立，纷争不已。1990~1992 年，在加蓬首都利伯维尔和石油城让蒂尔港曾多次发生抗议执政党、要求推进民主化进程的示威活动，加蓬军队和法国驻加军队也进入了戒备状态。受当时的国内外形势所迫，奥马尔·邦戈不得不宣布取消在国内实行了 20 多年的一党制，改行多党制。1993 年底，在加蓬历史上举行的首次多党制选举中，邦戈再次当选为总统，并很快平息了国内骚乱，之后的加蓬政局经历了很长时间的平稳发展。2016 年的总统选举中，阿里·邦戈击败让·平获得连任。但选举的公正性和公开透明性遭到了反对派及民众的强烈质疑。社会矛盾一度被激化，全国各地爆发骚乱，并遭到暴力镇压。表面来看，加蓬的政局复趋平稳，但在平静的表面下始终暗流涌动。2019年1月，在阿里·邦戈总统于摩洛哥治病期间，加蓬发生了一起短暂的小规模军事政变。由凯利·翁多·奥比昂（Kelly Ondo Obiang）中尉领导的军官占领国家电视台，呼吁民众走出家门一同推翻统治加蓬长达半个世纪的"邦戈体制"。但此次政变走向了和1964年"二月政变"一样的结局，在法国的军事干预下失败。纵观加蓬独立以来的国内政局总体走势，虽然局部动荡时有发生，但是稳定与发展始终是国内安全环境发展的主流。

从外部环境来看，加蓬政府对外奉行开放、不结盟和国际合作政策，反对外来势力干涉别国内部事务，强调睦邻友好，维护非洲团结。加蓬与其周边国家平安相处，基本无边界冲突。加蓬虽没有外来侵略的危险，但其外部环境也存在一些不安定因素。加蓬境内滞留着大量非法移民。加蓬政局稳定，在中西非地区国家中经济发展水平较高，所以吸引了大批外来劳工和移民。加蓬政府自1998年底后加大了对外来人口的控制力度，赋予移民局权力以从严加强出入境管理。机场、港口、边境等关口都有移民局人员严格执法。西非和中部非洲国家发生的地区冲突，如从2012年持续至今的中非共和国冲突，使得境外人员大量流入加蓬境内。其中有一部分人从事违禁商品、麻醉药品和武器走私活动，加上加蓬境内的众多难民中不乏携带武器者，这给加蓬社会治安带来了不利影响。

## 二 军事战略

自1960年以来，加蓬始终未能形成系统的防卫战略政策，只是通过宪法程序明确指出，国防政策的核心是维护国家政治和社会的稳定，维护国家的公共秩序。加蓬宪法规定，国防和安全部队为国家服务，任何个人或团体都不得私自组建军队或军事团体。在和平时期，加蓬武装部队可以参与国家的经济和社会发展。加蓬是奉行依附型军事战略的国家，与法国建立了军事联盟。与经济大国相比，加蓬是个小国，2019年国内生产总值为 155 亿美元，① 经济总量较低，军费支出处于明显的比较劣势，选择余地比较小，军费压力较大。2019 年，加蓬的军费支出占国内生产总值的 1.6%，在全世界排名第 72。② 由于受历史、地理和资源等方面的因素影响，加蓬选择了依附型军事战略，即以建立同盟的形式，将本国的利益与某个大国的利益联系在一起，换取大国的安全保护，以较少的军费获得较大的安全利益。最近几年，法国基于对国家利益的考虑，不再直接插手前法国殖民地的内部冲突。加蓬政府也从长远利益出发，正通过各种努力，如聘请外国军事顾问、增加军事演习，增强自身的军事实力，捍卫国家安全。

此外，加蓬是《渥太华禁雷公约》的签约国之一。

## 第二节 军队组织

### 一 建军简史

独立前加蓬没有自己的武装力量。独立后的加蓬政府以驻扎在加蓬的法国殖民军为基础组建了国家军队，人数不超过 300 人，由国防部领导。1960 年，加蓬和法国签订《防务协定》，法国负责加蓬军官的培训，并向加蓬供应武器装备。从 1961 年开始，加蓬军队人数增加。1972 年以后，军事装备来源趋于多元化。随着部队规模不断扩大，加蓬成立陆、海、空三个独立军种，并于 1983 年成立陆、海、空三个参谋部。1986 年，加蓬成立武装部队总参谋部，统辖三军。至此，加蓬国家武装力量初具规模，并不断发展壮大。

### 二 国防体制

#### （一）指挥体系

加蓬武装部队的最高领导机构是最高防务委员会，共和国总统任委员

---

① The World Bank, *World Development Indicators*, New York, 2019.
② CIA, World Factbook 2019 - Gabon, https：//www.cia.gov/library/publications/the - world - factbook/geos/gb.html.

会主席，负责制定防务政策。国防部长负责执行防务政策，武装部队总参谋长、宪兵司令和警察司令辅之。陆、海、空三军各设参谋部。共和国宪兵队由总统亲自指挥。全国划分 7 个军区，各军区设司令部，统辖该地区部队。

**（二）军事基地**

加蓬军队的军事基地按军种分为陆军基地、海军基地和空军基地。陆军基地有 8 个，分别设在利伯维尔、科科比奇、弗朗斯维尔、马库奥、穆伊拉、帕纳、奥耶姆和奇班加，其中以利伯维尔陆军基地最为重要。空军部队在利伯维尔、弗朗斯维尔和奇班加均设有军事基地。利伯维尔、让蒂尔港和马永巴建有海军基地。

# 第三节　军事实力

## 一　武装力量数量

加蓬武装力量数量自独立以后逐年增加。2019 年，加蓬军队的总兵力预计为 6700 人（现役），其中陆军 3200 人，海军 500 人，空军 1000 人，宪兵队 2000 人。①

作为前宗主国，法国一直在加蓬驻扎着一定数量的军队，其任务是确保法国海外领地的存在和安全，根据所在国的请求进行军事或技术援助，维持法国的影响力，保护在加蓬领土上的法国公民，保护援助用的精密设备和基本设施。法国在利伯维尔设有军事基地，常驻官兵 750 人。

## 二　武装力量编制

经过几十年的努力，加蓬已建成了军种和兵种较为全面的合成部队。加蓬部队，又名加蓬国防和安全部队，以保卫国家为目标，没有接受过进

---

① CIA, World Factbook 2019-Gabon, https：//www.cia.gov/library/publications/the-world-factbook/geos/gb.html.

攻性训练，其武装力量编制分为以下几种。

**（一）国家武装部队**

**1. 陆军**

1960 年 12 月，根据莱昂·姆巴总统所颁布的法令，加蓬从在法国殖民军中服役的士官中挑选人员组建了陆军部队。独立后的加蓬与法国签订了《防务协定》，法国为加蓬提供技术援助和培训。因而直到 1964 年 6 月，加蓬陆军参谋长一直由一名法国陆军高级军官担任。1962 年，在奥文多军营成立了一支由巴·乌马尔中尉指挥的加蓬武装部队妇女辅助分队。加蓬陆军主要由机械化步兵组成，是维护国家安全与稳定的主要力量。

**2. 海军**

成立于 1960 年 12 月，是国家军队的一部分，直到 1983 年才成为一个独立的实体。总部设在利伯维尔，分别在让蒂尔港和马永巴拥有军事基地。海军主要由水面舰队和海军航空兵组成，主要职责是监测国家的沿海水域，包括长达 800 公里的海岸线。加蓬海军主要利用快速攻击艇和巡逻艇监测其沿海水域。

**3. 空军**

自 20 世纪 60 年代初加蓬脱离法国独立后，国内就有了航空分队。1966 年在加蓬西南部建立的穆伊拉训练中心是加蓬第一个正式的航空设施处。1972 年 1 月，根据奥马尔·邦戈总统签署的总统令，加蓬空军成为武装部队的一个正式分支，独立于陆军。1980 年 1 月，在首都利伯维尔建立了姆文格空军基地。

**4. 武装部队轻飞行队和消防营**

**（二）共和国宪兵队**

成立于 1960 年，前身为利伯维尔宪兵支队。1963 年，共和国宪兵队开始培训第一批宪兵，并于次年将第一名军官派往法国梅伦的国家宪兵学院（Ecole Des Officiers De La Gendarmerie Nationale）学习。宪兵队的主要任务是保卫国家边界、确保公共安全、维持社会秩序、执行法律法规，并保障司法和政府当局所采取的直接行动。2019 年，宪兵队在美国驻加蓬大使馆的赞助下接受了美国特种部队的一对一特别培训。[①] 在 2019 年加蓬政变期间，宪兵队参与了针对被占领的加蓬国家电视台的突袭行动。

### （三）共和国卫队

独立军事编队，由共和国宪兵队管辖。负责保护政府官员及建筑物，保障国内安全。前身为总统卫队（1960~1995 年）。共和国卫队每天约有750 人执行安保任务，150 人执行正常任务。[②] 共和国卫队和美国非洲司令部东非快速反应部队保持密切联系。自 2009 年 6 月奥马尔·邦戈去世后，共和国卫队开始在利伯维尔和博德梅尔的每一个主要路口定期驻扎，在较大的路口则有法国顾问驻守。2015 年底，共和国卫队购置了一架湾流 G650 公务机用于运送要人。2019 年，共和国卫队处于政变的中心。由凯利·翁多·奥比昂中尉领导的军官宣布，他们已经推翻了邦戈总统的统治。共和国卫队在首都各地部署了 Nexter Aravis 防地雷反伏击车等装甲车，袭击了政变部队的总部加蓬国家电视台，成功镇压了政变。

除此以外，加蓬军队还包括一支训练有素、装备精良的警卫队，由1800 人组成，为加蓬总统提供安全保障。[③]

## 三 武器装备

加蓬的武器装备 80% 来自法国，其余来自南非、巴西、美国、英国、意大利、德国等。自 2010 年以来，主要供应商为法国和南非。[④] 总的来说，加蓬武器装备的发展比较缓慢，技术水平不高，作战能力极为有限。其武器装备主要包括步兵武器、反坦克武器、炮兵武器、防空武器、装甲车辆、水面舰艇和飞机。陆军主要武器装备有轻型坦克 40 余辆、装甲运兵车 35 辆、榴弹炮 4 门、多管火箭炮 8 门、迫击炮 40 门、无后坐力炮 6

① 美国驻加蓬大使馆网站，https：//ga. usembassy. gov/u－s－army－special－forces－member－provides-training-to-gabonese-gendarmes/。
② 《加蓬共和国卫队》，维基百科，https：//en. wikipedia. org/wiki/Gabonese_ Republican_ Guard。
③ 《加蓬武装力量》，维基百科，https：//en. wikipedia. org/wiki/Armed_ Forces_ of_ Gabon。
④ CIA，World Factbook 2019－Gabon，https：//www. cia. gov/library/publications/the－world－factbook/geos/gb. html.

门、高射炮 21 门等。海军有四管舰对舰导弹发射艇 1 艘、登陆舰 1 艘、小型登陆艇 3 艘、海上巡逻艇 1 艘、内河巡逻艇 4 艘等。空军有幻影战斗机 9 架、海上巡逻机 1 架、大中型运输机 4 架、中型客机 1 架、小型客机 4 架、教练机 6 架、直升机 14 架。[①]

## 第四节　军费开支

加蓬多年来处于相对稳定的和平时期，没有战火的困扰。因此，基于对国家安全环境的判断和对各种国家利益的重要性与紧迫性的认识，面对经济总量较小的现实，加蓬政府的军费开支占国内生产总值的比例一直较为稳定，基本保持在 2% 左右。2018 年，加蓬的军费支出从 2017 年的 2.67 亿美元减少到 2.4 亿美元（见图 5-1），占加蓬国内生产总值的 1.53%，[②] 在全世界排第 65 名。[③]

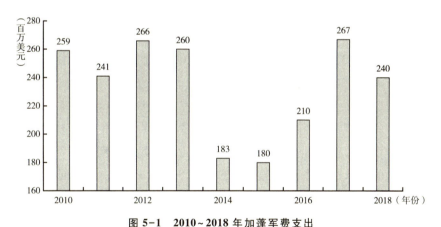

图 5-1　2010～2018 年加蓬军费支出

资料来源："Gabon Millitary Expenditure," Trading Economics, https://tradingeconomics.com/gabon/military-expenditure。

---

① 参见百度百科，https://baike.baidu.com/item/加蓬/422240? fr=aladdin#10。

② "Gabon Military," Theodora, https://theodora.com/wfbcurrent/gabon/gabon_ military.html.

③ "Military Expenditures Percent of GDP 2020," Photius, https://photius.com/rankings/2020/military/military_ expenditures_ percent_ of_ gdp_ 2020_ 0.html.

# 第五节　军事训练和兵役制度

## 一　军事训练

加蓬陆军的军事训练主要在布韦东部的内陆高原进行。中奥果韦省中部的兰巴雷内设有一所军事院校。海军训练由法国文职人员担任教官，并在法国进行。

在 20 世纪 80 年代，加蓬和法国多次合作进行联合军事演习。1982 年 6 月，加蓬军队和驻扎在加蓬的法国部队在尼扬加省举行了代号为"尼扬加 82"的军事演习。1983 年 6 月，双方又举行了代号为"马永巴 83"的联合军事演习，其目的是训练法国和加蓬部队在各兵种共同行动中的合作能力，考察加蓬现役军人的作战能力。2000 年 1 月，法国与加蓬联合举办了"加蓬 2000 年"军事演习。2009 年 6 月，中国军队与加蓬军队进行了"和平天使－2009"人道主义医疗救援联合行动。2009 年 9 月，来自非洲 25 个国家（包括加蓬）的 200 多名参演官兵在加蓬首都利伯维尔参加为期 10 天的通信技术军事演习。此次代号为"非洲努力"的非洲多国通信技术军事演习由美国非洲指挥部牵头，并得到了非洲联盟的支持，目的是检验和提高参加演习的非洲各国军队在通信指挥方面的协调作战能力，使之相互熟悉各国间的不同的通信装备，有利于在今后完成好非洲地区的维和、反恐和人道救援任务。2009 年 11 月，为共同应对日益严重的海盗行径和保护几内亚湾水域的安全，赤道几内亚、喀麦隆和加蓬在几内亚湾举行了联合军事演习，三国海岸警卫队也参加了军演。继 2009 年中加"和平天使－2009"人道主义医疗救援联合行动后，2017 年 10 月，执行"和谐使命－2017"任务的中国海军和平方舟号医院船访问加蓬。这次访问是两国军事医学交流合作的又一重要实践。

## 二　兵役制度

加蓬实行志愿兵役制，无征兵。凡年满 20 岁的公民均可服兵役。

# 第六节 对外军事关系

## 一 军事条约

法国是加蓬最重要的战略伙伴。1960~1961年，法加两国签署了3项有关防务的军事协定：《防务协定》（1960年签署）、《军事合作协定》（1960年签署）和《维护秩序协定》（1961年签署）。1998年，法国决定逐步减少在非洲的海外驻军，其中也包括在加蓬的驻军。与此同时，加蓬也不断发展与非洲大陆其他国家的军事关系，其重点是中部非洲经济与货币共同体国家和非洲地区大国南非。2010年2月，法加两国签署新的防务协定。

## 二 军事合作

如前所述，法国在军事武器、驻军等方面与加蓬保持着密切的关系。自1994年以来，法国一直在非洲推行旨在提高非洲国家自身维和能力的新防务政策。法国的非洲新防务政策有三个重点：一是培训非洲国家的职业士兵，使他们掌握维和的专门知识；二是帮助组织多国军事演习；三是为执行联合国或非洲联盟维和使命的非洲部队提供军事装备。

2000年10月，美国军事高官访问加蓬后，双方进一步加强了军事合作。2002年2月，美国在加蓬利伯维尔国际机场附近建立了一个永久性转运中心，将此作为美国在中非地区实行"人道主义援助"的物资供应基地。尽管美国官方强调该中心不是军事基地，但从几内亚湾石油对美国政治、经济和国家安全的战略重要性来看，该中心是美国加强对非洲控制、保障其利益的表现。2013年，加蓬与美国军方签署了一项技术援助协议，该协议主要涉及维修技术人员培训，旨在使加蓬军方人员获得美方经验，特别是在加蓬空军C130飞机维修方面的经验。同时，这使加蓬军方减轻对机群维修方面外援的依赖，减少维修费用。

# 第六章

# 社　会

## 第一节　国民生活

### 一　劳动就业

20 世纪 80 年代第一次石油危机期间，加蓬政府缩减公共投资，1995年，约有 50% 的劳动力没有固定工作。加蓬高失业率的主要原因有：石油工业发展乏力，吸纳劳动力有限；缺乏具备高技能的人力资源，且劳动力工资水平较高；经济结构单一；一些加蓬人不愿意从事条件艰苦的职业，而多由外籍移民从事这些工作。加蓬的劳动力素质总体不高，缺乏熟练技术人员。受近年来国际原油价格下跌、新冠疫情等的影响，加蓬经济遭受冲击，失业率增加。2019 年加蓬劳动力总数为 72.7 万人，占当年总人口的 33.2%，劳动力参与率为 54.7%，失业率为 20.7%；2020 年，加蓬失业率达到 21.7%。①

加蓬本土劳务市场规模很小，熟练技术人员和普通劳务人员都存在短缺情况。加蓬对外籍劳务人员存在需求，来自喀麦隆、马里、布基纳法索等国的大量移民在加蓬从事出租车司机、保安、加油站服务员以及建筑工人等工作。

2021 年 11 月 25 日，加蓬颁布实施新修订的《劳动法》，主要修改

---

① 商务部国际贸易经济合作研究院等编《对外投资合作国别（地区）指南：加蓬》，中华人民共和国商务部网站，http://www.mofcom.gov.cn/dl/gbdqzn/unload/jiapeng.pdf。

内容包括：加强对劳动者保护，消除就业性别歧视和不平等；向新的工作类别开放正规劳动力市场；建立灵活的合同雇佣机制以保证年轻人的就业能力；简化大型建筑工地的工作授权程序；促进公司的社会对话；为工会组织的代表性和职业选举的方式制定了标准；编写了最低义务服务的执行条例；改进解决冲突、行使罢工权和执行最低义务服务的方式；加强了学徒制，使职业培训更接近就业需求，有利于融合和职业再转化。

加蓬雇用员工的依据是工作合同。工作合同分为试用（不超过半年）、定期（不超过 2 年）和无限期三种形式。雇员还可签署全日制工作合同，并在不违反同业竞争规定的情况下兼职几份工作。劳动合同的解除必须由提出解约的当事人书面申请。当事人一方不得提前终止。非严重过失等其他原因下的不定期劳动合同的解除，取决于提出解约的当事人发出的预先通知。预先通知从通知解雇或辞职的次日起生效，其期限根据雇用劳动者所在企业内的工会规定，为 15 天至 6 个月。公司在辞退员工时一般需要多付一定期限的工资。

## 二 工资与物价

### （一）工资

加蓬《劳动法》规定，加蓬劳动者不论其出身、性别和年龄，只要劳动技能和工作效率相等，工资就相等；薪金的计算方法包括计时、计日和计月。其中受雇从事短期工作、获计时或计日报酬的临时工将在每天收工后领工资，计月工资最迟必须在应发工资的工作月月底后 5 日内支付。法定工作时间每周不得超过 40 小时。超过法定工作时间的，视为加班，应增加工资。所有农业企业和类似企业，工作时间每年按 2400 小时计。雇员罢工应提前 10 天通知，其间应保证每天 3 小时的最低服务，否则雇主有权要求不超过 20% 的人员复工以提供最低服务。

加蓬的工资标准远高于周边国家。2010 年起，加蓬决定把行业最低工资标准提高为每月 15 万中非法郎。当地劳动力月薪的参考标准为：普通雇员 15 万~25 万中非法郎，技术人员 20 万~50 万中非法郎，经理 70 万~250 万中非法郎，高层领导 150 万~600 万中非法郎。[①]

### （二）物价

1994 年，非洲法郎贬值，对法郎区国家的物价产生剧烈冲击。同年，加蓬国内物价飞涨，通货膨胀率高达 36%。1995 年，中非国家银行实施稳健的货币政策，使该国的通胀率迅速降至 10%。1998 年，由于加蓬内需不足，市场疲软，加之巨大的外债还本付息额，加蓬的消费者物价指数略有上涨。截至 2022 年 6 月底，加蓬的通胀率达 3.5%，超过中部非洲经济与货币共同体 3% 的警戒线。加蓬经济部分析称，乌克兰危机加剧和新冠疫情反复导致加蓬食品进口支出持续走高，进而推动通胀率上升，尽管政府已出台一系列措施平抑物价，但收效有限，其中面包价格上涨 5.9%、牛肉价格上涨 2.3%、家禽价格上涨 5.5%、鲜鱼价格上涨 1.9%、精炼油价格上涨 0.9% 和饭蕉价格上涨 6.1%。

虽然加蓬的通胀率较低，但总体物价水平高，被称为"欧洲式物价"。加蓬物价居高不下的主要原因是其工业和农业发展相对落后，长期以来，国内市场所需的生活、办公用品甚至蔬菜、大米和其他各类食品等都基本要靠进口。

受新冠疫情冲击，2020 年加蓬市场商业总营业额较上年下降 10.2%，为 8620 亿中非法郎。加蓬物价较高，衣、食、住、行方面的日常消费支出占整个消费支出的比例很大，人均每月最低支出 4 万至 5 万中非法郎。

根据加蓬经济部关于物价的市场调查，2021 年 5 月，加蓬的通货膨胀率为 1.55%，低于中部非洲经济与货币共同体 3% 的上限标准。据该调查，利伯维尔市消费品平均价格见表 6-1。

---

[①] 商务部国际贸易经济合作研究院等编《对外投资合作国别（地区）指南：加蓬》，中华人民共和国商务部网站，http://www.mofcom.gov.cn/dl/gbdqzn/unload/jiapeng.pdf。

表6-1　2021年利伯维尔市消费品平均价格

| 品名 | 袋装进口香米 | 散装其他大米 | 法国长棍面包 | 花生油 | 盐 | 糖 | 新鲜海鱼 | 海虾 | 鸡蛋 | 西红柿 | 洋葱 |
|---|---|---|---|---|---|---|---|---|---|---|---|
| 价格 | 3900中非法郎/10磅* | 599中非法郎/公斤 | 125中非法郎/根（政府补贴定价） | 2000中非法郎/升 | 590中非法郎/500克 | 800中非法郎/公斤 | 4500中非法郎/公斤 | 12000中非法郎/公斤 | 3350中非法郎/30个 | 1310中非法郎/公斤 | 1407中非法郎/公斤 |
| 品名 | 苹果 | 鸡腿肉 | 带骨鲜牛肉 | 去骨鲜牛肉 | 排骨 | 新鲜猪肉里脊 | 矿泉水 | 无铅汽油 | 柴油 | 12.5公斤罐装液化气 | |
| 价格 | 2990中非法郎/公斤 | 1138中非法郎/公斤 | 4056中非法郎/公斤 | 4467中非法郎/公斤 | 4000中非法郎/公斤 | 6000中非法郎/公斤 | 490中非法郎/1.5升 | 605中非法郎/升 | 585中非法郎/升 | 5482中非法郎/罐（政府补贴定价） | |

＊10磅约合4.5公斤。

**（三）住房**

加蓬人均住房面积为8~12平方米。首都利伯维尔的房价多为2万中非法郎/平方米至15万中非法郎/平方米，租房价格多为6000中非法郎/平方米至9000中非法郎/平方米。

## 三　社会保障

加蓬每周工作时间为40小时，本国人每月各种补贴合计约为2万中非法郎。

独立后，加蓬新生政府十分重视改善人民的生活条件，将社会保障制度建设作为社会经济发展战略的一项重要内容。邦戈政府提出"民主协商进步主义"，其核心就是建立一个更公正、更人道的社会，使全体人民都从国家经济发展中受益。邦戈在加蓬民主党第二次特别代表大会开幕词中明确指出："'民主协商进步主义'就是指发展经济优先于提高增长率，发展经济尤其要考虑促进加蓬各阶层人民的进步和扩大其福利；社会进步优先于消费，国民收入再分配优先于财富的个人积累。"凭借出口石油带来的丰厚效益，加蓬实行高福利政策。从社会保障制度的性质看，加蓬属于全民福利型国家，社会保障惠泽全体公民。①

### （一）养老、残疾人的社会保障制度

早在 1963 年加蓬就实行了老年人、残疾人社会保障方面的立法。现行立法始于 1975 年，加蓬采用了社会保险的形式，将雇主和雇员缴纳的保险费作为资金来源，政府不参加投保。

#### 1. 养老保险

加蓬养老保险的对象包括所有雇员，公共雇员、自雇者和国家合同制工人另有单行制度。现行立法规定，领取养老金的必备条件是：年满 55 周岁（特殊情况下可提前至 50 周岁）；投保 20 年且最近 20 年缴费满 120 个月；从有报酬的工作岗位上退休。国家规定的养老金金额为投保人最后 3 年或 5 年平均收入的 40%（以较高者为准）；国家对缴费超过 240 个月的投保人，每 12 个月增发其收入的 1%。同时规定最低养老金的金额为最低工资最高值的 80%。对于不符合养老金领取条件的人员，其每缴纳 6 个月，国家一次支付相当于其每月平均收入 50%的安家费用。养老金的资金来源是受保人收入的 2.5%和雇主工薪总额的 5%。

#### 2. 残疾保险

残疾保险主要是支付给大部分失去工作能力（丧失 2/3 谋生能力）的人，享受这种保险的职工必须在最近 5 年内缴付 30 个月的保险费。残疾抚恤金的内容为：如果员工年满 55 周岁，支付养老金的 60%，最低抚恤金为最低工资最高值的 60%。

#### 3. 遗属补助

遗属补助是支付给死亡工人家属的一种保险。其支付前提是，死者已

---

① 以下社会保障内容均出自 US Social Security Bereau，*Social Security Programs Throughout the World*，1999。

缴费 120 个月，符合养老保险的缴费条件，或本人死亡时为养老金领取者；只有在互惠协定的情况下，才支付给在境外的人员；对永久性离开本国的外国员工，可偿还其所缴的保险费。遗属补助的分配标准为受保人恤金的 50%，如果有多个遗属，则平分受保人恤金的 50%；每个孤儿领取受保人恤金的 20%，父母双亡的孤儿或者母亲无资格领取遗孀恤金的孤儿，则可以领取 35%。同时规定遗属补助的最高限额为受保人恤金的 85%。如有人符合遗属补助的领取条件，则其每缴费 6 个月，国家一次支付相当于受保人每月正常养老金的 100%。

**（二）患病、医疗和生育的社会保障制度**

加蓬分别于 1975 年和 1976 年出台了生育法和药品法。规定受雇妇女享受生育待遇，受雇者及其受供养者享受医疗待遇，而自雇者、国家合同制工人和贫穷者另有单行制度。受保人不需缴纳保险基金，雇主需为雇员缴纳各种费用，具体为：药品费用为工薪总额的 2%，住院费用为工薪总额的 1.5%，体检费用为工薪总额的 0.6%。

从事受保职业至少 4 个月的妇女可享受生育补助，医疗补助无最低合格期限规定。

患病和生育福利待遇是，加蓬不提供疾病补助保险（1962 年劳工法要求雇主提供带薪病假工资）；生育补助的标准为收入的 50%。同时，生育保险免费，具体期限为产前支付 6 周，产后支付 8 周（如患产后综合征，可延长至 11 周）。员工医疗待遇是，由全国社会保障基金及其他参与的机构所经营的医院和药房提供医疗服务，医疗补助包括住院、门诊和住院病人的治疗，以及药品费用。

**（三）工伤社会保障制度**

早在 1935 年，工伤保险就成为加蓬立法最早的保险项目。在长期实施过程中屡经修改，现行的工伤保险法规是于 1975 年颁布的。覆盖范围包括合作社社员、学徒和学生，也包括个别的自雇者。国家对自雇者和国家合同制工人实行特别制度。受保人不用缴纳工伤保险费，由雇主按雇员工薪总额的 3% 缴纳。工伤补助无最低合格期限规定。

工伤补助按照伤残程度的轻重发放。临时伤残待遇：事故前 30 天内受保人所得收入的 100%，从工伤次日起发放，直至痊愈或证明其为永久残疾。永久残疾待遇：完全残疾的员工，可得到永久残疾抚恤金，标准为平均收入的 100%；部分残疾的员工，发放的补助金额为平均收入乘以残疾程度的 1/2（残疾程度为 10%~50%）以及平均收入乘以残疾程度在50% 以上部分的 1.5 倍；如果残疾程度为 10% 及以下，一次性发放；日常补助为恤金的 40%。员工医疗待遇：一般医疗、牙科和外科治疗；住院、药品、器械、化验服务、X 光、康复与交通费用。遗属待遇：其标准与遗属补助相同。

**（四）家庭津贴制度**

加蓬政府对有子女的家庭发放津贴，1956 年为首次立法，1975 年为现行立法颁布时间。覆盖范围包括有 1 个或者 1 个以上子女的受雇者以及照顾退休前出生子女的年金领取者，公共雇员有特别制度，自雇者、国家合同制工人和贫困者另有单行制度。由雇主按工薪总额的 8% 出资。

家庭津贴享受条件：子女年龄必须在 16 岁以下（学徒为 17 岁，学生或残疾者为 20 岁）；父母必须连续就业 4 个月，而且现在每月工作至少20 天（或本人为受益人的遗孀）。产前津贴享受条件：必须按法律规定进行定期医疗检查。

家庭津贴内容如下。①儿童的抚养津贴。每个子女每月可得到 3000中非法郎的补助。②产前津贴。总额为 13500 中非法郎，分两次支付。③出生补助。每次生育，国家一次性支付 8000 中非法郎和 45000 中非法郎的婴儿全套用品。④学校津贴。受供养的小学、中学和技术学校学生每年 10000 中非法郎。也提供一些妇婴健康和福利服务。

经过几十年的发展，加蓬的社会保障制度取得了很大的进步。残疾人、病人、老人、孤儿等社会弱势群体的基本生活得到了保障，加蓬实行的社会保障制度兼顾公平与效益，有利于社会稳定与进步。家庭津贴制度使儿童在抚养和学费方面得到一定资助，使穷人家庭的子女也能接受初等、中等教育，有利于提高居民素质。虽然加蓬的高福利政策为公民提供了较优越的生存和发展环境，但是这也易使一部分加蓬人产生惰性和依赖心理，弱化了他们的自强、自立精神，这也是许多实行高福利国家的通病。

## 四 移民

### （一）居留

加蓬居留政策严格，工作周期长。居留证件分为居留签证和居留证两种。居留签证一般用于短期居留或在居留证下发前临时使用，有效期为一个月，最多可延期 3 次。居留证有效期一般为两年。一般来加蓬的务工人员须持有劳动部颁发的劳动许可证和移民局颁发的入境许可证，由用工公司统一申请两年期居留证。个体经商人员在申请两年期居留证时一般须有已经取得加蓬居留证的亲属担保。居留证由加蓬移民局下发。申请者在申请居留证时需提供有效护照、劳动许可证、公司营业执照、缴税证明、经公证的住房证明原件和复印件，并填表。个体人员还须出具经国内公证处公证、外交部领事司认证，并由加蓬驻华使馆再次认证的能够反映与合法居留人员亲属关系的相关证明（如结婚证、出生证明等）。如在加蓬驻华使馆办理再认证时遇到问题，可赴中国驻加蓬使馆办理经外交部领事司认证后的公证书的复印件与原件相符公证。

### （二）入籍

在加蓬合法居留 15 年以上者有权向移民局申请加入加蓬国籍。加蓬政府将视情况予以受理。此外，个人在与当地人在当地办理结婚手续，或被当地人收养等与当地人形成合法家庭关系的情况下可申请入籍。

# 第二节　医疗卫生

## 一 疾病困扰

加蓬位于赤道地区，属热带病易发国家。独立以来，加蓬人的营养状况虽有所改善，但仍有部分人处于营养不良状态。1998～2000 年，加蓬营养不良的人口占总人口的 8%。据非洲开发银行的统计，1970 年加蓬人均每天卡路里摄入量为 2183 大卡，1980 年为 2356 大卡，1999 年提高到 2487 大卡；同期，蛋白质日供应量分别为 61.4 克，65.3 克和 69.2 克。

与非洲平均水平相比，加蓬人均卡路里日摄入量与全非洲基本持平或略低，蛋白质日供应量则略高。加蓬政府医疗卫生保健支出也很有限，据联合国开发计划署的统计，2000 年卫生保健公共支出占国内生产总值的 2.1%，私人支出占国内生产总值的 1%。这些因素说明加蓬居民的健康水平较低，长期受疾病的威胁。

在 19 世纪中叶和 20 世纪初，分别在加蓬沿海和北部地区，曾因天花传染病的流行，发病区人口减少了 1/10。昏睡病和疟疾也是加蓬很多地区居民的常见病。2000 年，加蓬每 10 万人中就有 2148 人患有疟疾。2001 年，加蓬结核病的感染和发病率为 1.87‰。

疟疾目前是加蓬致死率第一的疾病，加蓬总体患病率为 25%，其中儿童和孕妇的患病率高于一般人群。疟疾的传播途径是蚊子叮咬，主要症状为发热、寒战、肌肉酸痛等，有时类似感冒症状。预防该病的重点是搞好环境卫生，做好防蚊灭蚊工作。出现有关症状时要注意及时就医，查血检验，以对症治疗。此外，该病的潜伏期一般约为 12 天，最长可达半年，建议来加人员带适量抗疟药以备不时之需。

加蓬有时会出现伤寒暴发的情况，病菌多存在于人畜粪便、被污染过的水源中，主要通过饮食传播。主要症状为发热、咳嗽、腹泻等不典型症状。对于该病，要重点做好预防工作，注意饮食卫生，使用肥皂和洗手液洗手。出现有关症状时要注意及时就医，查血检验，以对症治疗。

一种果蝇的卵在被人体接触后，会侵入人体皮下逐渐发育成幼虫蛆，给局部组织带来异体反应和感染，这种症状即蝇蛆病，表现为人体皮肤红肿热痛，红肿中心有一个虫卵钻入的痕迹，医护人员通过此处可以将活的果蝇幼虫取出。对于该病，要重点做好预防工作，最好仅在晴天大太阳下在外晾晒衣物，天黑后不要在外晾晒衣物，或者在晾晒后对衣物进行熨烫以杀死蝇卵。出现有关症状时要注意及时就医，确诊后采取清创、取虫、抗感染等治疗措施。

据加蓬艾滋病预防总局的估计，加蓬约有 4.8 万名艾滋病病毒携带者。艾滋病患病比例最高的省份为沃勒-恩特姆省，其次为中奥果韦省

（患病比重为 5.8%）。

根据世界卫生组织的统计数据，加蓬属于肝炎高发国家，乙肝患病率为 8%～12%，丙肝患病率为 8%～9%。

## 二 医疗体系

### （一）医院分级情况

根据 2017 年 2 月 27 日加蓬部长会议通过的医院改革法案，加蓬政府将（公立）医院分为三个等级：①初级医院，包括州级、区级和县级医院；②二级医院，包括地区级大学医院，这些医院与一家或多家医学院或研究机构签有合作协议；③三级医院，指国家级大学医院，这些医院与一家或多家医学院或研究机构签有合作协议。二级、三级医院具有法人资格，自主管理行政和财务。此外，加蓬还有相当数量的私营医院。

### （二）药品供应情况

加蓬实行医药分家制度，多数医院不出售药品，病人需凭处方去药店购买药品，药品主要从欧洲进口。由于加蓬民众的医保覆盖率由 2008 年的 32.6% 升至 2019 年的 50% 以上，加蓬公共卫生部门的药品采购金额近年呈上升趋势。

### （三）医疗保险情况

根据 2007 年 1 月 4 日的加蓬政府法令，国家疾病保险和社会保障局（CNAMGS）于 2007 年 1 月成立。至 2017 年，参保人数达 103.648 万人，其中贫困社保人员 57.2797 万人，公共部门社保人员 26.1702 万人，私营和事业部门社保人员 20.1981 万人。社保费用为工资的 6.6%，其中 1% 由个人承担，4.1% 由单位承担。对于贫困人口，社保基金每月提供 1000 中非法郎的补助，补助金额后来逐步提高至 7000 中非法郎。①

### （四）急救体系情况

加蓬现有两家可派遣救护车的急救单位：一是医疗急救处（Service

---

① 《加蓬就医参考指南》，中华人民共和国驻加蓬共和国大使馆网站，2019 年 6 月 3 日，http://ga.china-embassy.gov.cn/chn/lsfw/201906/t20190603_ 6828354.htm。

Médicale d'Urgence et de Réanimation，SMUR），急救电话为 1333/06604034；二是医疗救助急救处（Service d'Aide Médicale d'Urgence，SAMU Social），急救电话为 1300/1488/01760673。利伯维尔市有至少 3 个救助点，低收入者拨打电话号码 1488，即可获得相关救助，最长可在救助点获得 8 天免费救助。

### 三　医务人员培训与医学研究

加蓬内科医生和其他医学人才的培训均在奥马尔·邦戈大学进行。其中，很多学生在就学期间，均要到设在弗朗斯维尔的医学研究国际中心进行实习。该中心于 1979 年 12 月创立，由埃尔夫加蓬公司和加蓬政府提供资金支持。创立之初，该中心把不孕症作为主要研究课题，以弗朗斯维尔为研究地点，进行生理学、病理学、生命科学、性病、寄生虫病等方面的综合研究，并进行药物实验。自 20 世纪 90 年代以来，针对加蓬艾滋病患者增多的现状，该中心把预防和治疗艾滋病作为重点研究课题。

加蓬疾病痊愈自然秘密研究协会是专门从事非洲传统医学和非洲草药研究与开发的科研机构，成立于 1992 年。该协会已独家研制出一些草药，可抵抗淋球菌、肺炎双球菌和葡萄球菌等细菌的侵入，其还研制出治疗咳嗽和呼吸系统疾病的抗感染药。另外，该协会还研发了一些治疗其他疾病如痔疮、皮肤病与口腔病的疗法。2001 年 8 月，该协会在利伯维尔正式开通了自己的官网，旨在加强协会的对外交流与合作，更好地宣传和发扬光大非洲传统医学，为加蓬人民提供快捷的健康服务。

尽管加蓬政府努力改善国民的医疗卫生条件，但从一些医疗卫生指标来看，目前该国的生活质量仍令人担忧。婴儿从一出生就面临死亡的威胁，2000 年，加蓬婴儿的出生率为 37.7‰；婴儿的死亡率从 1970 年的 138‰降至 2000 年的 83.2‰。2000 年，加蓬每千人中就有 124 人在 5 岁以前不幸夭折。1995~2000 年，加蓬有 12% 的孕妇在熟练医护人员的护理下完成分娩；孕产妇死亡率为 6‰。另外，从居民日常生活的卫生环境和卫生保健来看，1999 年，能够获得卫生设施的人口仅占总人口的 21%，有 70% 的人口能够使用改善的水源，仅有 30% 的人口能够获得基本的药物。2001 年，加蓬接种卡介苗（结核病疫苗）、麻疹疫苗和白喉疫苗的 1 岁以下儿童分别占总人口的 89%、55% 和 10%。1995～2000 年，口服补液疗法的使用率为 39%。1995～2000 年，加蓬有 32% 的人口无法存活到 40 岁。

# 第七章

# 文　化

加蓬独立以来，教育、科学、文艺、卫生等各项事业均有不同程度的发展。2018 年，加蓬人类发展指数（HDI）为 0.702，居世界第 115 位，为高人类发展水平。[①]

## 第一节　教育

### 一　教育概况

加蓬科技教育相对落后，教育骨干师资和有限科研队伍主要依赖国外机构培训。独立前，加蓬无高等教育机构，加蓬人若想继续深造需前往法国。独立后，为了实现"人才加蓬化"的目标及提高国民文化素质，加蓬政府高度重视文化教育事业的发展和人力资源的开发。20 世纪 70 年代以来，政府每年都拨出大量资金用于发展教育。1985~1987 年，加蓬的公共教育支出占当年国内生产总值的 5.8%，占政府财政总支出的 9.4%。[②] 2010 年，加蓬的公共教育支出占当年国内生产总值的 3.1%，占政府财政总支出的 13.3%；2014 年，加蓬的公共教育支出占当年国内生产总值的 2.7%，占政府财政总支出的 11.2%。[③] 除了国家预算内的教育经费，政

---

[①]　联合国开发计划署：《2019 年人类发展报告摘要》，第 23 页，http：//hdr.undp.org/sites/default/files/hdr_2019_overview_-_chinese.pdf。

[②]　联合国开发计划署组织翻译《2001 年人类发展报告》，中国财政经济出版社，2001，第 170 页。

[③]　联合国教科文组织数据库，https：//zh.unesco.org/countries/jia-peng。

府还采取向社会和个人集资等方式筹集教育资金，并广泛争取国际援助。

经过加蓬政府的不懈努力，加蓬国民教育水平有了较大提升。但根据人口普查，在加蓬 15 岁以上人口中仍有 16.4 万名文盲。女性的识字率为89%，男性的识字率为 91%。15～49 岁人群中只有 4% 的女性和 7% 的男性未受过任何教育。但同时，只有 26% 的女性和 35% 的男性接受过中等以上教育。[①] 近年教师罢工现象时有发生。值得关注的是，加蓬与其他非洲国家一样也面临经济全球化带来的负面影响，每年有大量优秀的科技和管理人才去往欧洲或北美谋生，人才外流给加蓬的经济发展造成了严重影响。

## 二　教育行政机构和教育方针

### （一）教育行政机构

国民教育和培训部主管中、小学教育和成人基础教育，就业、公职、劳动、职业培训和社会对话部主管职业技能培训，高等教育、科研和技术转让部主管国家高等教育和科研事务。

### （二）教育方针

加蓬现行教育方针是使学生在德、智、体、公民责任感各方面得到全面发展，并以宪法形式将儿童受教育的权益确定下来。加蓬宪法规定，国家在儿童和成人教育、职业训练与文化生活方面保证给予所有公民平等待遇；国家有义务在免费和超越宗教的基础上创办公立教育机构；国家与公共团体负担国家所承认的具有公共利益的私立教育机构的经费，其条件由国家通过法律加以规定；公立教育机构中，在法令规定的条件下，依其父母的请求，可对学生免于进行宗教教育；等等。

## 三　教育体制

加蓬的教育系统主要围绕四个层次的教育进行构建：学前教育、初等

---

① 商务部国际贸易经济合作研究院等编《对外投资合作国别（地区）指南：加蓬》，中华人民共和国商务部网站，http://www.mofcom.gov.cn/dl/gbdqzn/unload/jiapeng.pdf。

教育、中等教育和高等教育。政府对 6～15 岁的学龄儿童提供 10 年普及义务教育。小学实行免费教育，中学、大学的全部学生享受国家助学金。加蓬的教育制度与法国相似，教学普遍使用法语。

### （一）学前教育

学前教育，亦称幼儿教育，针对人群是年龄在 2 岁零 6 个月以上而尚未接受小学教育的儿童（截至每年 9 月 30 日）。2011 年，加蓬学前教育入学率为 35.2%，其中男童入学率为 35.9%，女童入学率为 34.6%。[①] 加蓬学前教育尚不发达，幼儿园为数较少，发展亦很缓慢。

### （二）初等教育

加蓬为在入学第一年年满 6 岁且尚未接受中等教育的儿童提供连续 6 年的小学义务教育。加蓬小学的法定入学年龄为 6 岁，学制为 6 年，第一学年主要是强化法语，以适应教学需要。小学考虑到每个学生能力的多样性，除了推理能力和智力，还注重培养和发展每个人的观察力、实验能力、敏感度、运动技能和创造性想象力。在初等教育阶段结束时，学生已经逐步掌握了成功接受学校教育所必需的技能、知识、价值观和态度。

初等教育机构有公立小学和私立小学。公立小学实行免费教育，私立小学由教会管理，政府给予资助。加蓬属于低龄人口国家，2019 年的人口构成中，15 岁以下儿童占总人口的 36.5%。[②] 随着人口逐年增长，小学入学人数也呈上升趋势。加蓬小学教师大多由本国人担任，也有一些法国教师在加蓬小学任教。完成 6 年学业者，可获小学毕业证书；但即使未能取得小学毕业证，学生也可报考中学。2014 年，加蓬全国约有小学 1200 所，教师 4600 余人，学生 25 万人。

### （三）中等教育

中学教育分为普通中等教育和中等技术教育（包括中等师范教

---

[①] 联合国教科文组织数据库，http：//uis. unesco. org/en/country/ga？theme＝education－and－literacy。

[②] CIA，World Factbook 2019－Gabon，https：//www. cia. gov/library/publications/the－world－factbook/geos/gb. html。

育），学制为 7 年。普通中等教育分成两个阶段。第一阶段为义务教育
阶段，学制为 4 年，经过 4 年的学习，学生可获得初中毕业证。第二阶
段的学制为 3 年，考试合格者可获得业士学位，有资格上大学。持有业
士学位证书的学生，毕业后可应聘小学和中学初中部教师、国家行政机
关中低级职员，以及护士、会计和林业技术人员等专业人员的助手。而
未通过考试的学生，只能取得高中毕业证，一年后可继续参加业士学位
会考。中等技术教育主要开设工程技术相关课程，学生毕业后获得中等
技术学位。2014 年，加蓬全国有中学近 100 所，教师 2100 多人，学生
8.3 万余人。

**（四）高等教育**

加蓬高等教育始于 20 世纪 70 年代，现有两所综合性大学：奥马尔·
邦戈大学和马苏库科技大学。高等教育归高等教育、科研和技术转让部主
管，实行大学校长负责制。高等教育资金全部来源于国家公共支出。教学
语言为法语。

奥马尔·邦戈大学成立于 1970 年 8 月。目前，该大学下辖科学学院、
文学和人文学院、法学院、医学院、经济学院、管理学院、高等师范学
校、高等技术师范学校、高等秘书学校、国立水文森林学校和国立行政学
校等多所院校。马苏库科技大学成立于 1987 年，位于弗朗斯维尔。该校
医学学科较为有名，设有医学博士点。

加蓬著名私立大学如圣-埃克苏佩里大学，主要培养金融、贸易、环
保、石油等专业的人才。为拓宽学生的知识领域，使学生广泛接触多元文
化，提高个人就业能力，学校适时开设了中文课程。目前，加蓬已有 3 所
大学开设中文课程，分别为利伯维尔非洲管理大学、法美管理学院和圣-
埃克苏佩里大学。

**（五）成人和职业教育**

成人和职业教育的主要对象是 18 岁以上的国民。为给失业人员提供
更多就业机会和提高其工作能力，加蓬成立了国家就业信息指导中心，失
业人员在此可接受继续教育。

### 四 国际教育交流与合作

加蓬在国际教育和文化合作领域相当活跃，其对外合作方式包括官方提供助学金，互换留学生、进修生、专家和研究人员，以及相互承认学历文凭等。由于历史原因，加蓬与法国在文化教育领域保持着特殊关系。法国是接纳加蓬留学生最多的国家，摩洛哥、意大利、美国、加拿大和中国也是加蓬学生重要的留学目标国。

武汉大学于1987年开始招收加蓬留学生，加蓬是留学生人数在武大最多的国家之一，至2018年武大已有足足100名加蓬籍留学生。2018年，武汉大学校长窦贤康授予阿里·邦戈武汉大学法学名誉博士学位。授予仪式为新时代中国和加蓬的校际合作，尤其是加蓬高校与武大的交往注入新活力。2018年底，中国在加首座孔子学院正式开课，这一举措为传播中国文化、加强两国友谊提供了新的途径。

## 第二节 科学技术

自20世纪70年代以来，加蓬政府通过建立各领域、各学科的科学研究机构，推动自然科学和社会科学的发展。

### 一 生物和环境科学领域

加蓬农艺和林业研究所农艺中心于1977年成立，位于利伯维尔。主要从事土壤物理化学、植物生理学、植物病理学、农业机械化等研究。

加蓬农艺和林业研究所植物技术中心的研究领域包括森林生态学、林木遗传学、植物地理学、育林学、树木测量学、植物病理学、木材工艺学等。

### 二 经济和工程技术领域

加蓬农艺和林业研究所农业经济中心位于利伯维尔。其主要从事农、林、渔业产品市场研究，也培训农技师。

1976 年，加蓬政府创建了第一所科研机构——国立科学和技术研究中心。其宗旨是：从事境内资源开发利用研究，促进科学技术在生产中的应用，研究并制定生产技术标准，开展工程项目的可行性研究，引进外国技术，促进劳动者技能培训，等等。研究中心包括三个实验室：原油产品实验室、木材化学实验室和食品保鲜储存实验室。根据加蓬国内生产需求的变化，蔬菜生物技术和微生物学也成为该中心的研究课题。

近年来，为适应信息时代的发展要求，加蓬还在利伯维尔建立了信息研究所。

# 第三节 文学艺术

## 一 文艺工作方针和政策

加蓬政府在独立后的一段时期内，对文化艺术基本上采取任其自由发展的方针政策，对外来文化在政策导向上更多体现包容性，而缺乏足够的内护性。自 20 世纪 70 年代起，加蓬政府认识到文化工作对社会发展与进步的重要性，开始加强文化领域的建设，提出"继承和发扬民族文化遗产""肯定和发展民族文化一致性""文艺要真正反映加蓬民族真实性"等口号，强调培养文化艺术干部，充分利用各种宣传手段，推动社会交流，促进民族文化事业的发展。负责文化艺术工作的文化和艺术部提出其工作重心是发掘、继承和发展民族文学、艺术及创办民族电影事业等。

## 二 文学

加蓬文学分为传统文学和现代文学。传统文学又称口头文学，无文字记载，是以口传语言为核心的口传文化，包括传说故事、神话、史诗、寓言、谚语、谜语等文学形式，其内容涉及加蓬的政治、经济、宗教、艺术、技术、自然等历史文化信息。进入 21 世纪以来，文化教育（法语读写能力）在加蓬渐渐普及，在此之前，加蓬一直保持着口头文学的传统。

加蓬有着丰富的民间传说和神话故事，现在正致力于保护传统文化的工作。例如，芳人的姆维特（mvett），其指一种竖琴，由一根管状的棕榈树枝或竹子组成，长度为 1~2 米，通常有三个葫芦谐振器。个人在演奏时需将该乐器水平固定在胸前，通过移动手臂来关闭或打开谐振器。其可用于单独演奏，也可用于歌曲或诗歌的伴奏。姆维特也指一位名叫 Mbom Mvett（姆维特演奏者/说书人）的吟游诗人所述的英雄故事。姆维特艺术出现在芳人迁徙到中非的过程中，原本是为了保存和传承世系记忆而诞生的。在远征期间，这些歌曲和故事被传诵，给予战士勇气，向他们灌输一种战无不胜的意识。除了与战争有关系，姆维特艺术还包含了许多芳族文化的内容：诗歌、哲学、科学知识和精神信仰等。出版过许多关于姆维特的书的作者菲利普·恩东·恩图图姆将姆维特称为一种"总的艺术"。①

加蓬的现代文学以反映现实社会生活的内容为主，包括评论、戏剧、诗歌、小说和电影等。

## 三 戏 剧、影 视

### （一）戏剧

戏剧是加蓬最早的现代文化生活形式，其将话剧、歌唱、舞蹈融为一体，为广大群众所喜爱。文森特·德保罗·尼翁达（Vincent de Paul Nyonda）是独立后加蓬较有影响力的政治活动家和剧作家，创作了英雄史诗《居卡夫之死》（La Mort de Guykafi），该剧目在达喀尔举行的世界尼格罗艺术节上受到热烈欢迎。

加蓬艺术学校是培训演员的主要基地。现有一些国营和私营的"民族剧团"和地方剧团，它们在重大节日时在中小学进行演出，其中有一些节目在非洲艺术节或会演上获奖。

### （二）电影与电视剧

早在 1936 年，法国公司就在加蓬制作电影，主要是制作纪录片。独立后，菲利普·莫里成为加蓬第一位接受专业训练的电影演员及电影艺术家。1962 年，他组建了加蓬影业公司，并与法国合拍了名为《鸟笼》（La

---

① 参见维基百科，https：//fr.wikipedia.org/wiki/Mvett。

Cage）的电影，1963 年在戛纳国际电影节上获奖。此后，加蓬又有莫里·皮埃尔-玛丽·恩东（Mory Pierre-Marie Ndong）、路易斯·梅巴莱（Louis Mébalé）和西蒙·奥热（Simon Augé）私人投资影视业。1969 年，恩东拍摄了在加蓬颇具影响力的电视剧《自鸣得意的人》（*Carrefour Humain*）。1975 年，加蓬国家电影中心成立，菲利普·莫里任该中心主任。2000 年，加蓬导演伊蒙加·伊万加执导的影片《多勒》获第 18 届迦太基国际电影节长片"塔尼特"金奖。

近年来，加中两国的影视交流合作取得重大突破。2012 年，第 15 届上海国际电影节上映了加蓬电影《国王的项链》。2014 年，中国第一部法语版电视连续剧《媳妇的美好时代》在加蓬国家电视台黄金时段播出，获得巨大成功，在加蓬观众中引起强烈共鸣，为加蓬普通观众打开了了解中国文化的窗口。2015 年，加蓬国家电视台播出了第二部法语配音的中国电视剧《金太狼的幸福生活》，进一步丰富了当地百姓的文化娱乐生活，增进了两国人民的相互了解，为双边友好交往再添一抹亮色。2016 年，加蓬电影《钥匙》登陆第 21 届中国法语文化活动节，展现了非洲电影的创造力和活力。2017 年，由加蓬、比利时、法国 3 个国家联合制作的纪录片《想飞的非洲人》登陆第 22 届中国法语活动节，在北京法国文化中心上演。这部影片讲述了非洲青年吕克·本扎来中国学习武术的传奇经历。其是一名推广中国武术和文化的使者，他的故事成为中国文化"走出去、引进来"的一个样本。

四　音乐、舞蹈

音乐和舞蹈作为一个密不可分的动态体系，成为加蓬精神生活、社会和经济生活的重要组成部分，具有大众性和社会性。

**（一）乐器**

加蓬民族传统乐器主要有 4 种。①鼓：是非洲大陆最具特色的打击乐器，用手用力敲击时，可发出强烈的节奏声，鼓声可以传到热带森林深处，传递信息，并且鼓声深邃悠远而有震撼力。②木笛。③木琴。④弹拨乐器：其中以巴克勒人的八弦琴最为有名。

手风琴也是加蓬人喜闻乐见的乐器。相传在 20 世纪初，手风琴和六角手风琴由水手引入加蓬。

**（二）歌曲**

加蓬以其大量的民族歌手而自豪，如加蓬著名歌手佩兴斯·达巴尼和奥利维尔·戈马、知名现场表演艺术家安妮·弗洛尔·巴切莉、吉他演奏者乔治·奥兹·拉·罗斯·巴多和西万·阿瓦拉。加蓬歌唱艺术与其口传文化相联系，加蓬各民族采用即席演奏或说唱的艺术形式，进行情感交流、宗教祭祀，举行庆典仪式和其他重大社会活动。其优美的曲调与韵律，使欣赏者得到独特的艺术感受，这是与现代西方歌曲不同的艺术表现形式。如加蓬的土风歌，高昂激越，表现了热带异域的风情。

从美国和英国传入的摇滚乐和希普霍普（由快板歌、涂墙艺术、霹雳舞等构成的亚文化）在加蓬同样流行，如伦巴、马库萨和苏库斯。

**（三）舞蹈**

民族传统歌舞为广大群众所喜爱。加蓬的民族舞蹈有 50 多种，表现为不同的形式和内容。如埃克万舞表现《圣经》中的福音书的内容；恩干恩贡舞反映人类始祖的活动；恩普卢舞表现战争场面；阿克瓦舞是表现铁匠生活的一种舞蹈，内容十分丰富而生动。加蓬舞蹈节奏性强，风格粗犷豪放，表现了其顽强的生命力。

**五 手工艺**

加蓬手工艺以雕刻为主，有木刻、石刻和象牙雕刻。此外，还有纺织、陶瓷画等。手工艺品作为一种物化的符号语言，蕴含着丰富的文化信息，是各民族在宗教和社会生活中的情感和审美观的反映。

加蓬的面具艺术在国际上非常知名，其在芳族、姆庞圭族、巴科塔族及毗邻奥果韦河流域的一些民族中间广为流行，每个族群都有自己的一套面具并将之用于不同的场合。面具主要用当地稀少的木材和一些珍贵的材料制作；面具的涂饰是多彩涂饰。雕刻面具主要用于宗教仪典、祭祀仪式、节日庆典和娱乐活动等场合，雕像则用于装饰祖先坟墓。值得一提的是，加蓬重大典礼活动多用姆庞圭人的彩绘软木面具、芳人的黑漆硬木和金属雕像、巴科塔人的镶有青铜和黄铜的木制雕刻面具。此外，维利人的艺术品也用于正式仪式活动和日常生活中。这些手工艺品都是很有价值的艺术珍品，体现了其独特的雕刻艺术风格。

加蓬最著名的手工艺品是"鼻骨画"和木制邮票。"鼻骨画"是用鼻骨地区生产的一种鼻骨石做成的。先把鼻骨石雕刻成人物头像，将其染上各种颜色，再把人物头像镶嵌在镜框内。"鼻骨画"的人物表情生动，画面色彩斑斓，是家庭装饰的绝佳纪念品。据说，鼻骨石是世界上最软的石头，用手指头轻轻一抠就能抠下石末。木制邮票就是将邮票图案印在薄薄的木片上，然后摆放到邮册里，这是加蓬独特的纪念品。

## 六　文化设施

### （一）博物馆

加蓬现有两座博物馆，均建在利伯维尔。加蓬国家艺术与传统博物馆是一家人种学博物馆。该博物馆收藏了加蓬各民族传统风俗的有关文物，包括藤条编制、狩猎和渔业、日常生活等 9 个展台，其中部族传统面具和宗教圣物是最为珍贵的馆藏文物。

加蓬国家博物馆则主要陈列加蓬从史前到当代的各类文物。

### （二）图书馆

加蓬国家图书馆始建于 1967 年。1969 年，加蓬国家档案馆在利伯维尔成立，设有图书馆部门，作用类似于国家图书馆。1972 年成为官方加蓬文献保存本库，同时接收国内的学位论文。1978 年阿穆格·姆巴·皮埃尔作为该国首位受过高等教育的图书馆员从海外归来，他建立国家图书馆，并对国家图书馆馆藏进行了编目，由于对公众服务的增加，馆舍不敷使用。1980 年，文献中心成立。1982 年政府决定设立一个班图文明国际机构，阿穆格为顾问委员会成员。

另外，奥马尔·邦戈大学和信息研究所各拥有一个图书馆；在利伯维尔也建有美国和法国文化中心，并有一定数量的藏书。

## 七 文化交流

加蓬自 1997 年起每年举办一次文化节，旨在弘扬和发展民族传统文化，促进并加强国际文化交流。首届文化节由时任利伯维尔市市长阿贝索罗于 1997 年举办。当时文化节的影响范围仅限于利伯维尔市内，奥丁巴市长上任后，文化节成为全国性的节日。

2009 年，因组织原因，在加蓬具有广泛群众性的文化节一度中断，2017 年才恢复。2017 年，第 13 届加蓬文化节在首都利伯维尔、阿坎达和奥文多等地举办，主题是"不同文化与民族凝聚力"。来自摩洛哥的十几位艺术家组成的代表团进行了表演。传统的数字游戏、音乐、舞蹈、诗歌、哲学和科学知识等充分展示了加蓬多元文化的风采。恢复后的加蓬文化节更新了形式，向国内的外籍团体开放，让加蓬人、其他非洲人和欧洲人一起展示丰富的文化财富。同时，这使首都利伯维尔成为文化中心。

加蓬政府愿意不断发展与世界其他国家的文化关系。加蓬现与联合国教科文组织、法语国家组织文化和技术合作署、班图文化国际中心和非洲文化研究所 4 个国际文化组织建立了关系，与约 30 个国家签订了文化协定。为加强对外文化交流，加蓬一方面邀请国际文化组织到加蓬举行会议，参加双边和多边文化交流；另一方面，也派代表团出席国际文化会议，或参加别国举办的国际文化节，通过歌唱、舞蹈、画展、工艺品展销会等进行文化交流。2008 年，由时任副总理兼文化部长率领的加蓬政府文化代表团以及加蓬艺术团出席了在深圳举办的"2008 非洲文化聚焦"大型中非文化交流活动。2014 年 4 月，中国云南舞蹈杂技团赴加蓬访演，庆祝中加建交 40 周年；6 月，中国驻加蓬大使夫人杨宝珍在让蒂尔港第一届文化节期间举行中国文化报告会，向到场的 150 余名听众介绍了中国的传统和现代文化，以及文化的进步对经济发展产生的重大影响，希望通过文化交流，推动中加友谊和经贸合作关系的进一步发展。2014 年 12 月，联合国教科文组织与加蓬教科文全国委员会共同主办"泛非青年和平文化"论坛，目的在于在非洲青年中宣传包容、互鉴、友好、和平的理念，呼吁摒弃暴力、避免冲突，实现互利共赢和经济发展。联合国教科文组织总干事伊琳娜·博科娃女士、加蓬政府高级官员和来自世界许多国家的青年代表都参加了该论坛。2016 年 7 月,加蓬派青年代表参加了于北京举办的首届亚非青年联欢节。2017 年,加蓬举办了非洲大陆首届南非"文化季"。来自加蓬的周埃乐登上了 2018 年中国中央广播电视总台春节联欢晚会,与其他演员共同表演小品《同喜同乐》;2018 年 2 月,河南文化艺术团赴加蓬进行"欢乐春节非洲行"演出活动。2019 年 10 月,中国驻加蓬大使馆在加蓬首都利伯维尔体育馆成功举办庆祝新中国成立 70 周年暨中加建交 45 周年文艺演出,来访的杭州市文艺团为当地观众呈现了两场中国文化艺术盛宴。中加歌手还同台献技,合唱了加蓬经典歌曲 *Je t'invite*(《加蓬欢迎你》),赢得观众阵阵喝彩。

## 第四节 体育

### 一 体育运动

足球运动是加蓬最受广大群众喜爱的体育运动项目,每个城市都有足球场地。除了参加非洲国家杯足球赛,加蓬自 1968 年起,在利伯维尔或让蒂尔港每年都举行一次加蓬杯足球赛,至 2019 年底,加蓬共举行了 52 届该项比赛。

加蓬足球协会成立于 1962 年,并于翌年加入国际足联,是专门管辖加蓬足球事务的组织。此外,它也是非洲足协和中非洲足球总会联会的成员。加蓬国家足球队是加蓬的国家足球代表队,由加蓬足球协会管理。加蓬曾经 7 次参加非洲国家杯决赛周比赛,但至今仍未参加过世界杯决赛周比赛。2012 年,加蓬与赤道几内亚共同举办非洲国家杯。2017 年,第 31 届非洲国家杯在加蓬首都利伯维尔的中加友谊体育场举行。此届非洲国家杯原定举办国为利比亚,利比亚后因国内局势动荡放弃。2015 年 4 月,非洲足联宣布由加蓬代替利比亚举办比赛。

加蓬国家足球队队长皮埃尔-埃默里克·奥巴梅扬(Pierre-Emerick Aubameyang)是队史上进球数最多的球员(25 球),为前加蓬国脚兼队长老皮埃尔之子。出道于 AC 米兰，曾效力于多特蒙德俱乐部，现效力于英超切尔西俱乐部。2016 年，奥巴梅扬当选 2015 年度非洲足球先生，成为首位赢得此奖项的加蓬人。2022 年 5 月，奥巴梅扬宣布退出加蓬国家足球队。

除风靡非洲国家的足球外，一些其他运动项目也在加蓬获得迅速发展，如篮球、排球、手球等。手球这项运动源于欧洲，于 1898 年由丹麦人创立，在非洲一些国家和地区，手球是除足球之外最受欢迎的球类运动之一。2018 年，加蓬在首都利伯维尔的利伯维尔体育馆内举办了第 23 届手球非洲杯。

由于在 2007 年短短一年间有 3 名球员命丧球场，加蓬政府此后开始重视对运动员身体状况的监护问题，要求所有单项运动协会都必须给运动员上人身保险；各体育俱乐部必须招募队医，以保障运动员的健康，并且只有在对队员进行严格体检之后才能获得比赛许可证。此外，所有比赛现场必须配备救护人员和急救车。

## 二 体育设施

加蓬共有 4 座体育场，其中 3 座由中国援建，总额为 1.85 亿美元。[①]

加蓬国家体育场——"中加友谊体育场"位于加蓬首都利伯维尔。承建方是上海建工集团，体育场造价为 300 亿中非法郎，约合 5500 万美元，能容纳 4 万名观众，是中非友谊的见证。

位于加蓬奥耶姆的奥耶姆体育场，能容纳 2 万名观众。这座球场于 2015 年 9 月开始修建，2016 年底正式竣工，其设计、承建方也是上海建工集团，造价约为 363 亿中非法郎，约合 6000 万美元。

让蒂尔港体育场也是中国援建的工程，2015 年 7 月开工，2016 年 11 月完工。这座体育场的设计和施工方是中国建筑工程总公司，造价为 427 亿中非法郎，约合 7000 万美元。

邦戈总统体育场是加蓬国内容量最大的一座球场，以奥马尔·邦戈的名字命名，由加蓬人民自己建设，没有中国政府的赞助。原本预计承办 2017 年非洲国家杯赛事，因条件未达标未能举办。

---

① 以下数据均来自体育场网站数据库，http://stadiumdb.com/。

### 三 国际体育交流

加蓬参加了全非大学生运动会。1974 年 12 月，非洲大学生体育联合会主办了首届运动会，加蓬成为首批 13 个成员国之一。加蓬还是世界空手道联合会会员国之一。2019 年，加蓬参加了于摩洛哥拉巴特举办的第12 届非洲运动会，获得 2 枚金牌和 4 枚铜牌。

近年来，中国武术热在加蓬悄然兴起。1992 年，加蓬武术协会成立，其是当地传播中华文化、弘扬武术精神的中坚力量。2012 年 5 月，中国武术代表团来到加蓬国家中学，与加蓬武术协会成员进行技术交流。2015 年 5 月，由加蓬青年和体育部举办的第 24 届加蓬"武术之夜"活动在利伯维尔工兵学校体育馆内隆重举行。来自加蓬官方、民间以及其他国家的十余个演出团体表演了中华武术、柔道、空手道、跆拳道、柔术、非洲传统武术、宪兵自卫术以及警棍术、拳击等精彩节目。中华武术博大精深，加蓬人民有爱好武术、习武健身的传统，两国民间的武术交流已成为中加文化交往中的一道亮丽风景。

## 第五节 新闻出版

全国新闻委员会负责指导加蓬的新闻工作。首都利伯维尔是加蓬新闻、通信、广播、电视等各类媒体的信息中心。这些新闻信息传播手段对加蓬政治、经济和文化等领域的全面发展起到了重要作用。加蓬的新闻媒体主要使用法语，也使用少量地方语言。

### 一 报刊与新闻通讯社

#### （一）报刊

加蓬国内共出版两种日报。加蓬政府发行的《团结报》（*L'Union*）是加蓬最主要的官方报纸。加蓬政府拥有其 75% 的股份，报社设在利伯维尔，每期的发行量约为 2 万份，在加蓬各大城市及部分中、西非国家销售。加蓬政府对该报比较重视，董事长、社长、总编辑均由总统任命，该报反映加蓬官方观点，是政府的喉舌，是加蓬最有影响力的报纸。

加蓬各党派包括民主党派均有自己的机关刊物，如加蓬民主党的《对话》、保卫加蓬联盟的《消息报》、加蓬进步党的《进步者报》等。此外，私人报刊如《加蓬农工商会月刊》《加蓬战略月刊》《加蓬经济》《今日加蓬》《自由加蓬》《蝉鸣报》《九月》《加蓬公报》等，均用法文出版。网络媒体有 Gaboneco、Gabonreview、aLibreville 等。

法国对加蓬等非洲国家的影响也表现在媒体宣传领域。在加蓬，可以买到当天从巴黎空运来的法国《世界报》《解放报》《费加罗报》《队报》，以及时事、文化、影视、体育、园艺等各类杂志。每周四出版的《青年非洲》虽在巴黎出版，但在加蓬也可买到当天的期刊。

### （二）新闻通讯社

加蓬主要有 3 个新闻通讯社。创建于 1966 年 11 月的加蓬新闻社是官方通讯社。加蓬文传社专业协会（APPEG）的办公地点设在利伯维尔。BERP 国际社创建于 1995 年。另外，法国新闻社（AFP）也在加蓬从事新闻报道工作。

## 二 广播、电视和图书

### （一）广播电台

广播是加蓬最普遍的大众新闻传播手段，遍及全国的"复兴之声"和各省地方广播网络，每天 24 小时用法语和当地语言播音。国营加蓬广播电台"革新之声"建于 1959 年，拥有中、短波和调频发射台，全天用法语及当地语言播音。第二广播电台于 1973 年建立，仅有调频发射台。另有数十家私营电台，其中莫亚比短波电台（非洲一台）建于 1981 年，发射台设在离弗朗斯维尔 40 公里左右的莫亚比，为加法合营，加蓬政府持有 65% 的股份。该电台在上奥果韦省的莫亚比设有 5 个功率为 500 千瓦的发射中继站，这是非洲功率最大的广播发射台。它的广播受众面包括 14 个法语非洲国家，每天播音时间为 12 小时，用法语播音。加蓬和法国政府已签订了由法、加共同使用并由法国国际广播电台租用发射台转播该台节目的协定。至今，"非洲一台"仍以传播法国文化为主。

在加蓬，不用短波就可以在调频波段收听法国国际广播电台 24 小时连续播送的即时新闻和其他节目。

**（二）电视**

加蓬广播电视台（RTG）是加蓬最早的电视传媒机构。电视网在全国分布不均，原来主要集中在首都利伯维尔、让蒂尔港和弗朗斯维尔等大城市。目前，加蓬电视事业发展较快，莫安达、兰巴雷内、穆伊拉等地也设有电视转播站。加蓬电视一台为国营电视台，播出的电视节目内容包括：有关国家的大政方针及总统和政府领导成员的活动等的国内外重要新闻，加蓬历史、地理知识，加蓬各民族的舞蹈、音乐等民族文化，党日、国庆日、青年节等专题节目，等等。加蓬电视二台设在总统府内，仅覆盖首都利伯维尔市。新闻内容与电视一台基本相同，但有的新闻比一台及时；其余时间主要播映外国电影。

1987 年和 1988 年，加蓬政府允许私人开办电视台。非洲电视台（电视三台）建于 1988 年，每天 24 小时不间断用法语播报，其中两次转播法国电视台节目。"闭路电视台"（电视四台）和"电视加号台"也是私营有线电视台。在加蓬，还能收到法国的"电视五台""欧洲新闻电视台""地平线台"等的节目。

1992 年，加蓬开通卫星电视。在加蓬能够通过购买卫星电视套餐收看到欧洲、亚洲等地的电视节目。当地主流媒体的对华态度总体友好，但关于中资企业或个人非法开采木材、购买野生动物制品等违法行为的负面报道也时有出现。

**（三）图书**

加蓬图书出版机构主要有 3 个，办公地点均设在利伯维尔：加蓬印刷厂和加蓬多媒体创办于 1973 年，新闻出版国家集团则于 1975 年正式运作。

三　广告

加蓬的广告媒体发展极为有限，哈瓦斯-加蓬公司是最主要的广告业务代理机构。

# 第八章

# 外　交

## 第一节　外交方针政策

2009 年阿里·邦戈总统上台之后，重视对外关系，积极参与重大国际活动，提升了加蓬的国际影响力，例如，上任之初就访问了美国、法国、英国，维持和改善了加蓬与西方大国的关系。加蓬积极加强和重视与联合国的关系。2011 年联合国在加蓬首都利伯维尔设立驻中部非洲地区办事处。2011 年 6 月，加蓬担任联合国安理会轮值主席国，邦戈总统赴纽约主持安理会第 6457 次会议，审议并通过关于艾滋病对国际和平与安全的影响的决议，即 1983 号决议。2011 年 9 月，邦戈总统赴纽约出席第 66 届联合国大会。2011 年 10 月，邦戈总统赴巴黎出席联合国教科文组织第 36 届全会。加蓬是 2013 年至 2015 年联合国人权理事会成员。同时，加蓬也重视对华关系，2016 年和 2018 年阿里·邦戈总统两次访问中国。

### 一　外交政策

莱昂·姆巴统治时期，加蓬实行追随法国的外交政策。奥马尔·邦戈上任后，重新审视加蓬与世界其他国家的关系，开始实行全方位的外交政策。2009 年阿里·邦戈总统上台之后，重视对外关系，制定了为"新兴加蓬计划"服务的新外交政策。迄今，加蓬已同 101 个国家建立了外交关系。

　　加蓬外交政策的制定遵循独立自主、国家利益优先、务实，以及对话、宽容与和平的原则。在以上原则的指导下，加蓬奉行开放、不结盟、国际合作和睦邻友好政策，强调外交为国内经济服务，呼吁促进非洲团结，推动地区合作，主张通过对话、和解、协商的方式解决世界和地区冲突。

　　加蓬严格遵守其外交政策的基本原则，自独立以来一直致力于符合其和平、正义、博爱、团结和人民进步价值观的事业。加蓬希望看到仍在殖民主义控制下的非洲其他国家加入主权国家的行列。1963 年 5 月 23 日，莱昂·姆巴总统在非洲统一组织的演讲中要求"彻底解放"非洲，谴责奴役，呼吁尊重非洲人民的尊严。① 他的继任者奥马尔·邦戈总统以同样的决心继续执行同样的政策，把这项事业视为整个非洲的事业。促进与其他国家的友好合作关系、促进和平与安全，以及预防和解决冲突的行动在加蓬的外交政策中占有重要地位。② 加蓬的外交帮助促进了非洲政治危机的解决。加蓬的和平外交真正开始于 1975～1976 年，当时加蓬在安哥拉独立时四分五裂的民族主义运动之间发挥了作用。③

　　相较于过去，当前加蓬的外交政策更多的是其全面发展动态的一部分。④ 加蓬的新外交政策根据其前身的规定、《联合国宪章》以及《非洲联盟组织法》围绕以下原则制定。

　　①调动现有的外部资源，特别是吸引外国投资。

　　②维护领土完整。

　　③让外界听到加蓬的声音，即在国际上保持存在感、可听性和可信度（话语权、投票权和联盟的凝聚力与相关性）。

---

① 加蓬外交、合作、法语国家、区域一体化和海外部网站，http：//www. diplomatie. gouv. ga/accueil。

② 加蓬外交、合作、法语国家、区域一体化和海外部网站，http：//www. diplomatie. gouv. ga/accueil。

③ 加蓬外交、合作、法语国家、区域一体化和海外部网站，http：//www. diplomatie. gouv. ga/accueil。

④ 加蓬外交、合作、法语国家、区域一体化和海外部网站，http：//www. diplomatie. gouv. ga/accueil。

④在国际商业中心和主要的全球决策中心中保持积极性和反应能力
（外交地图的机会性重新部署）。为了加强加蓬在国际舞台上的存在，加
蓬外交将致力于扩大其影响范围，特别是通过使经济层面的伙伴关系多元
化的方式。①

基于以上四个原则，加蓬所制定的新外交政策遵循不干涉别国内
政的原则。加蓬尊重国家主权，与世界其他国家一道，致力于建立一
个更加公正的世界秩序，减少国家间的不平等，促进国家主权和领土
完整，促进尊重各国人民的主权平等和国际体系的民主化，维护世界
的和平与安全。②

## 二 国际上的加蓬

加蓬主张加强联合国作用，强化联合国安理会职能。加蓬主张安理会
的扩大应充分体现"地域代表性"原则，认为非洲应有安理会常任理事
国席位；主张政党通过国际合作制定打击任何形式恐怖主义的普遍公约；
力主通过对话方式协商解决非洲冲突，认为中部非洲在预防和处理冲突方
面取得一定进展，但仍需要加强非洲预防冲突机制和紧急人道主义干预机
制，在联合国监督下与发达国家建立相应的伙伴关系以增强维和及后勤保
障能力；主张政党应通过民主选举执政，反对通过军事政变上台；力促次
地区经济合作，支持并推动地区一体化进程；认为贫困是一切武装冲突的
根源，消除贫困必须寻求行之有效的途径；呼吁发达国家大幅增加对非援
助，减免包括加蓬在内的非洲国家的债务；主张根据联合国安理会第242
号和第338号决议解决阿以冲突和巴勒斯坦问题等。

加蓬认为经济全球化扩大了富国和穷国间的鸿沟，主张加强南南合
作，积极进行南北对话。加蓬一贯主张加强所有第三世界国家之间的合
作。对加蓬来说，至关重要的是促进发展中国家之间的团结，使相关国家

---

① 加蓬外交、合作、法语国家、区域一体化和海外部网站，http：//www.diplomatie.gouv.
   ga/accueil。
② 加蓬外交、合作、法语国家、区域一体化和海外部网站，http：//www.diplomatie.gouv.
   ga/accueil。

能够受益于其他发展中国家的经验和专门知识。自 1970 年以来，加蓬与其他南方国家的合作有了很大发展。其与各大洲的发展中国家签署了若干合作协议，并在合作框架内启动了许多发展项目和方案。对加蓬来说，由于发展中国家仍有共同的需求，南南合作更具有现实意义和有效性。因此，南南合作并非一种选择，而是势在必行。加蓬一贯主张建立鼓励加强南南合作的集团，如 1964 年成立的七十七国集团、1989 年成立的南南磋商与合作首脑级集团（15 国集团）和亚非论坛，这些搭建了发展中国家之间就合作政策进行对话的框架。

　　加蓬鼓励建立一个多极国际社会，以保证国际稳定和安全所需的力量平衡。其表示反对任何单方面地界定国际关系框架和规则的企图。加蓬认为，国际社会必须建立在所有国家都接受的规则之上，任何与此相反的建设都注定会因紧张和冲突而崩溃。加蓬相信，只有对话、谈判和共识才能帮助国家和人民在信任和相互尊重的基础上建立健康和牢固的关系。这就是为什么它不遗余力地将其政策建立在这一方法的基础上，并与其他寻求和平的国家一起确定一个有利于协商的框架。在其双边关系中，加蓬一直努力给予对话以特殊的地位。

　　在国际和平与安全方面，加蓬谴责一切形式的恐怖主义和对和平的任何其他威胁（无论其宣称的目标和意识形态如何）。不仅如此，加蓬还鼓励所有国家放弃将暴力作为国际政策的工具。在这方面，它特别谴责任何有计划地侵略、干预、威胁和施压的行为。加蓬一贯主张在联合国框架内采取集体措施，以找到应对全球威胁的共同对策。如今加蓬正在努力在国际法和《联合国宪章》的基础上促成制定一项集体行动的全球战略，以应对新的威胁。

　　自独立以来至 2020 年底，加蓬共参加数十个国际机制，主要有不结盟运动（NAM），二十四国集团（G24），法郎区（FZ），非洲、加勒比和太平洋国家集团（ACP），非洲联盟（AU），非洲开发银行（ADB），科托努协定（CA），联合国（UN），欧佩克国际开发基金（OPEC Fund），七十七国集团（G77），石油输出国组织（OPEC），中非国家银行（BEAC），中非国家联盟（UEAC），中非合作论坛（FOCAC），中部非洲国家经济共同体（CEEAC），中部非洲经济与货币共同体（CEMAC）。

## 第二节  同法国的关系

加蓬原是法属赤道非洲的领地之一，同法国一直保持特殊的关系。姆巴政府时期，实行亲法的外交政策，与法国签订了 15 个不平等条约，包括外交、国防、教育、文化、经济、科技等方面。这些条约使加蓬置于法国的"保护"之下，严重侵害了加蓬的主权。奥马尔·邦戈继任后，一方面努力扩大与其他国家的交往，另一方面出于经济原因，继续保持与法国的密切关系。从 1968 年起，邦戈外交战略重新定位。1973 年，加蓬不断扩大外交空间，坚持独立自主的外交原则，逐渐减少对法国的依赖。阿里·邦戈执政后，重视对外关系，努力维持和改善同法国的传统关系。

无论从历史渊源还是从现实情况来看，法国和加蓬在外交关系上互有需要。一方面，加蓬是非洲第二大法国侨民居住国（仅次于科特迪瓦），法国在加蓬有重大的政治、经济及战略利益。法国一贯高度支持加蓬政府、维持加蓬政治经济格局的稳定，主要目的是谋求法国在非洲国家的持续稳定的既得利益。法国对加蓬等前殖民地国家的政策重点包括：在经济上，控制加蓬等国家的自然资源以为法国提供原材料，保障法国企业在非洲的投资和垄断性的市场地位；在外交上，通过拉拢法语国家以维护法国在多边组织的国际地位等。另一方面，加蓬 70% 的海外投资来自法国，对法债务占其总外债的 50%。法国是加蓬的最大援助国。加蓬在 2015 年共获得 9880 万美元官方发展援助，其中法国是最大出资方，援助额为 9409 万美元。法国在非洲的传统政治影响力及在经济实力上的优势，使加蓬愿意与法国保持特殊关系。

加蓬与法国几十年来一直保持密切的政治往来。两国领导人互访频繁，法国戴高乐之后的历任总统均曾访问加蓬。已故奥马尔·邦戈总统和前总统阿里·邦戈多次访法，萨科齐总统分别于 2007 年 7 月、2009 年 6 月、2010 年 2 月三次访问加蓬。2010 年，两国签署新的防务协定。2012 年 7 月，邦戈总统对法国进行工作访问，与法国总统奥朗德举行会谈，双方表达了加强合作的共同意愿。2014 年 1 月，邦戈总统会见法国国防部长；4月，邦戈总统访法，与法国总统奥朗德会晤。2015年1月，邦戈总统赴法参加反恐大游行，并会见法国总统奥朗德；11月，邦戈总统赴法出席联合国气候变化大会。2017年12月，邦戈总统出席在法国巴黎举行的"同一个星球"气候行动融资峰会。2018年11月，外交国务部长伊蒙戈代表邦戈总统出席在法国巴黎举行的一战停战一百周年纪念活动，并出席巴黎和平论坛开幕式。2019年9月，加蓬参议院议长米勒布与总统府秘书长蒂尔代表邦戈总统出席法国前总统希拉克的葬礼。

加蓬与法国在经济领域的合作从未间断过。法国深度参与加蓬的主要经济来源——自然资源开采与销售。在法国的帮助下，20世纪70~80年代，加蓬石油业带动了加蓬经济的快速发展，法国企业在加蓬也涉足众多经济领域和上下游产业链。加蓬石油开采由以法国道达尔和佩伦科为首的欧美企业主导；作为加蓬经济支柱之一的锰矿开采与加工业，其最大企业奥果韦矿业公司由法加两国共同组建，其中法方股份占65%，锰矿的销售权则由法国埃赫曼集团把控。[1] 此外，加蓬国内市场与投资也由法国企业主导。法国对加蓬的投资主要集中在石油、木材和矿产领域。法国是加蓬的最大进口来源国。法国主要向加蓬出口机械设备、工业和农副产品，主要从加蓬进口原材料和初级产品。目前，法国在加蓬有200多名顾问、1.2万名侨民，在加法企达120多家，加法合资、合营企业达200多家，涉足加蓬所有经济领域，参与从水电等基础设施到农业、银行业、制造业等部门的经济活动，[2] 控制加蓬50%的出口。在加蓬最大的10家企业中，有6家为法资企业。[3] 2011年底，法国对加蓬的直接投资存量为5100亿中非法郎（7.76亿欧元），占加蓬外国直接投资总存量的39.5%。2017年，法国产品在加蓬的市场份额达到23%，排名第一，显示出法国对加

---

[1] 安春英：《国别报告——加蓬》，中国社会科学院西亚非洲研究所，2010。

[2] "France and Gabon: Presentation," France Diplomatie, https://www.diplomatie.gouv.fr/en/country-files/gabon/france-and-gabon/.

[3] 中华人民共和国外交部网站，https://www.mfa.gov.cn/web/gjhdq_676201/gj_676203/fz_677316/1206_677800/1206x0_677802/。

蓬的影响力。①

在援外培训方面，法国增强对加蓬政府部门的干预能力，为其培训干部及提高他们对教育、卫生、城市治理等社会部门问题的认知和解决问题的能力。法国援助加蓬的培训主要集中在高等教育、技术教育、中等教育、环境保护等领域。1959～1971年，法国通过在法属赤道非洲建立"中部非洲高等教育基金"（FESAC），使4国学生接受高等教育。1971年，"中部非洲高等教育基金"被加蓬和其他国家的高等教育机构所替代。在70年代上半期，法国与加蓬达成教育合作协议。由于历史、语言等因素，法国目前仍是加蓬海外留学的最主要的国家。法国每年根据加蓬有关方面提出的要求、项目的性质以及援助方的意见，制定与加蓬的技术合作计划。法国政府对加蓬的技术援助的涉及面很广，形式较多，但近几年技术援助在逐步减少，法国加强了与项目有关的就地培训，培训通常在非洲地区的学术机构内或在法国进行。目前法国更多的是提供旨在加强专业技术或进修的短期培训，而初始培训或专业培训的长期奖学金在逐步减少。另外，法国开发署开设了一个培训中心，主要培训经济、财政、银行等方面的专业人才。培训对象主要为行政干部，分为两种类型的培训班，一种为专业培训班，期限为一年，加蓬每年派遣3~5名外交干部参加培训；另一种为短期研修班（1~3周）。

在军事领域，法加始终保持密切关系。法国在利伯维尔设有军事基地，驻有第六海外步兵营，常驻官兵约450人。② 加蓬武器装备的80%来自法国，根据法国国防部的报告，加蓬是法国在撒哈拉以南非洲地区的第二大、中部非洲第一大的武器进口国。2014年10月，加蓬政府与法国Nexter集团签署了12辆Aravis装甲车的购买合同，这批装甲车将用于加蓬陆军在中非共和国的维和行动。另外，法国也派军官对加蓬相关人员进行军事训练。2000年1月，法国与加蓬联合举办了"加蓬2000

---

① Observatory of Economic Complexity，https：//atlas. media. mit. edu/en/profile/country/gab/.
② 中华人民共和国外交部网站，https：//www. mfa. gov. cn/web/gjhdq_676201/gj_676203/fz_677316/1206_677800/1206x0_677802/。

年"军事演习。2008 年 7 月,加蓬与法国在加蓬举行联合军事救护演习。法国持续在加蓬保留军事基地和军事人员是法国为加蓬政府保驾护航的具体表现。1964 年 2 月加蓬发生军事政变,2019 年 1 月,士兵占领加蓬国家电视台,呼吁民众走出家门一同推翻统治加蓬半世纪之久的"邦戈体制",两次政变均在法国的军事干预下失败。2023 年 8 月总统选举后,加蓬发生军事政变。与以往不同的是,此次政变发生在非洲国家反法情绪高涨的背景之下,法国并未采用直接干预手段,马克龙在社交媒体 X(原推特)上仅发表声明,强烈谴责加蓬军方的非法行为,表示法国将与非盟、联合国等国际组织密切合作,为加蓬的和平稳定提供支持和协助。

## 第三节 同其他西欧国家的关系

西欧是世界上发达国家最为集中的地区,西欧各国拥有雄厚的经济实力。在加蓬独立以后,西欧国家通过援助、贷款、投资等方式,与加蓬保持了较密切的经济关系。西欧与加蓬的合作主要体现在文化、公共卫生、学校教育、森林、水资源保护和开发、农村小水电、矿业、野生动物保护、公路桥梁建设等领域。自 20 世纪 70 年代以来,欧洲经济共同体/欧盟通过欧洲发展银行给加蓬提供了源源不断的经济援助。加蓬将欧共体/欧盟提供的贷款,用于在利伯维尔和让蒂尔港改善交通设施、公用水系统,建造横贯加蓬铁路,以及在奥文多建造新港口。

欧洲投资银行是欧盟的长期贷款机构,于 1958 年根据《罗马条约》成立。该机构为欧盟大型项目的实施出资,旨在加强同与欧盟有合作协议的第三国的合作。欧洲投资银行与加蓬的合作由来已久,始于 1968 年,其投资涉及加蓬多个领域。2003 ~ 2004 年,欧洲投资银行向加蓬贷款1050 万欧元,用于外省机场航空安全设施的改善;贷款 2200 万欧元给加蓬电信,用于加蓬与欧亚两洲之间的光纤电缆连接。2004 年 10 月,欧洲投资银行与加蓬发展银行和加蓬法国国际银行签署协议,向两家银行分别贷款 350 万欧元和 650 万欧元,旨在帮助上述银行平衡资产负债,促进加蓬私人投资，从而推动就业和加蓬社会经济持续发展。2009 年 8 月，欧洲投资银行宣布向中部非洲国家开发银行提供 164 亿中非法郎的贷款。这笔贷款将重点促进农业、渔业、工业、建筑业、旅游业和教育方面的个人投资，主要面向中部非洲经济与货币共同体的六个成员国，其中包括加蓬。

在西欧地区，德国①是在法国之后为加蓬提供外来援助的主要国家。德国资本不仅用于横贯加蓬铁路的建造，而且在加蓬发展银行中，德国资本占 10%。德国公司在奇班加和穆伊拉承接了桥梁建设工程。德国工程师参与铺设了沃勒-恩特姆省的奥耶姆市的广播设施。

2020 年 5 月，加蓬对德国出口值为 22.95 万欧元，相较于 4 月的 22.38 万欧元出口值有所增长。2000~2020 年，加蓬对德国出口月平均值为 130.4 万欧元，其中 2009 年 6 月的出口值最高，达 439 万欧元，历史最低值则出现于 2014 年 10 月，仅为 10 万欧元。② 德国也是加蓬在欧洲的主要进口国之一。2020 年 5 月，德国对加蓬出口值为 182.6 万欧元，相较于 4 月的 132.8 万欧元出口值有所增长。2000~2020 年，德国对加蓬出口月平均值为 356.3 万欧元，其中 2011 年 12 月出口值最高，达 1353.4 万欧元，历史最低值则出现于 2004 年 9 月，仅为 103.1 万欧元。③

德国与加蓬在经济领域的合作仍然较少。为加强德加双边关系，2013 年 2 月，德国议会外事委员会委员哈特维格·费舍尔（Hartwig Fischer）率领德国议会代表团访问加蓬，与加蓬总理雷蒙·恩东·希马在总理府举行会谈。德方表示愿意支持加方为成为新兴国家做出的努力，并在住房、新能源和水资源方面进行投资。2014 年 1 月，加蓬农业部长于连·恩科格·贝加雷与德国驻加蓬大使史蒂芬·格拉夫举行会谈，探讨从德国引进农业管理技术、建立双赢的农业合作机制等。由于加蓬是中等收入国家，加蓬不再被列入德国传统合作范围内，在

---

① 1990 年德国统一前，指联邦德国。
② 数据来源于 Federal Statistics Office of Germany。
③ 数据来源于 Federal Statistics Office of Germany。

援加蓬的培训方面，德国每年只开办一些研讨会、培训班等，如根据加蓬国家劳动力市场及森林管理的需求，为加蓬环境和资源的保护培训当地专家。

英国、意大利、西班牙、荷兰、比利时和葡萄牙等国与加蓬有较密切的经济联系。英国和意大利是加蓬重要的合作伙伴，与加蓬的合作主要体现在资本和技术方面。意大利通过购买方式取得了部分加蓬铀矿资源的开采权，为横贯加蓬铁路的配套设备提供了资金支持。意大利 ENI 公司目前在加蓬拥有 4 个油气区块的勘探许可证，分别是近海 D3、D4 区块和陆地 E2、F3 区块。2014 年，ENI 公司在利伯维尔北部约 50 公里的恩永尼埃（Nyonié）发现了一处贮藏量约为 5 亿桶油气当量的天然气田。

英国与加蓬的经济合作历史悠久，早在 19 世纪，英国的豪顿公司和库克森公司就在加蓬从事纺织品等各类产品贸易。英国与加蓬签订了有关开发加蓬矿产资源的技术合作协议。目前在加蓬的主要石油公司有英荷壳牌石油公司，以及塔洛（Tullow）石油公司。2014 年，加蓬石油部拒绝为英国塔洛石油公司更新 Onal 油田开采许可，并计划以逃税为由对英荷壳牌石油公司处以数千万美元的巨额罚款。2015 年，英国首相卡梅伦就英石油公司与加蓬政府的纠纷一事致信加蓬总统阿里·邦戈，强调英加关系的重要性，希望加蓬政府妥善解决纠纷，并承诺向加方提供在反偷猎领域的帮助。2016 年 10 月，阿里·邦戈总统赴伦敦出席气候变化与可持续发展会议。

在撒哈拉沙漠以南的非洲国家中，加蓬不属于西班牙优先考虑的援助对象。但 2000 年，西班牙帮助加蓬在利伯维尔恢复了一个渔业养殖培训中心，帮助加蓬进行养殖培训。此外，西班牙主要是向加蓬提供奖学金和人员培训等，如向奥马尔·邦戈大学和利伯维尔高等师范学校派驻西班牙语教学人员，提供正规高等教育奖学金，为加蓬的西班牙语学生、语言文学教授提供类别不同的奖学金等。2004 年，西班牙政府还为加蓬开办了高级研修班，涉及公共卫生、渔业、水净化、规划治理等方面。

## 第四节　同东欧国家的关系

在经济多元化、为石油后时代做准备的经济战略的指导下，加蓬和东欧国家的双边关系得到进一步发展。在尊重各国不同的政治信仰、遵循务实原则的外交政策的指导下，自20世纪70年代后，加蓬希望获得罗马尼亚、捷克斯洛伐克、南斯拉夫等东欧国家的经济建设经验，得到资金和技术支持。1979年，加蓬与罗马尼亚签订了友好条约，据此，罗马尼亚为加蓬购置铁路机车提供资金，并帮助加蓬建立铁路设备配件厂。南斯拉夫的企业承揽了加蓬的利伯维尔和让蒂尔港的铺路工程；1977年，非洲统一组织在利伯维尔举行首脑会议的会议中心也是由南斯拉夫援建的。

白俄罗斯对加蓬丰富的矿产资源很感兴趣，并愿意向加蓬提供必要的经验和帮助。2013年11月，加蓬外交部长伊索泽-恩贡戴与率团访加的白俄罗斯外交部副部长瓦伦丁·雷巴科夫（Valentin Rybakov）签署双边合作协议。协议主要涉及经贸领域，旨在加强两国双边经贸往来。

近年来，俄罗斯也展现出对参与非洲区域运输网络的兴趣。2014年6月，加蓬外长伊索泽-恩贡戴与俄罗斯副外长米卡艾尔·博格德夫在加蓬外交部举行了第10届加俄外交咨询会。会上双方就双边、地区和国际合作进行了讨论，并就马里和中非的紧张局势交换了看法。加方希望俄罗斯能为维护地区稳定、促进当地发展方面做出努力，并在石油、矿业和木材业领域增加投资。2019年10月，加蓬总理恩科格率团参加在索契召开的首届俄非峰会并出席俄非经济论坛。

## 第五节　同东亚国家的关系

加蓬除与中国保持良好的政治经济关系以外，还同其他东亚国家发展友好往来与合作，如日本和韩国。目前，日本、韩国公司在政府的支持下正在增加在加蓬的活动。加蓬在亚洲的机电产品进口国主要为日本、韩国、中国。其中，日本为加蓬在亚洲的第一大机电产品进口国，主要进口产品为汽车、电器、电子产品等。日本在加蓬最引人注目的合作领域是汽车装配与销售。日本车在加蓬最畅销，占据加蓬汽车销售市场的75%。其中，丰田汽车占30%，三菱汽车占20%，五十铃汽车占8%。

由于加蓬人均国内生产总值较高，其被日本排除在官方发展援助名单之外。日本除了与加蓬开展经济技术领域的合作，还对加蓬开展了援助培训。一方面，日本派遣技术人员（主要是手工捕鱼专家）赴加蓬进行培训工作；另一方面，在日本培训加蓬学员，培训内容涉及渔业、环保、医疗卫生、基础教育等。2013年11月，日本援加蓬扫盲中心完成移交手续，该扫盲中心位于恩冈伯市（Nkembo），耗资3300万非郎，建有一栋两层楼房，设3间教室、1个卫生间和1个多功能厅。2019年8月，加蓬外交部长比利率团出席第七届东京非洲发展国际会议（TICAD）。

同日本一样，韩国的现代汽车也已在加蓬汽车销售市场占有一席之地。韩国虽不属于工业化国家，但近年来其活跃的经济发展态势，使加蓬与韩国日益接近。加韩两国的经济有很大的互补性，两国经贸合作的前景十分广阔。韩国经济的发展需要加蓬丰富的自然资源。同时，加蓬也正在借鉴韩国的发展经验，利用韩国的投资来发展本国经济。

2012年3月，邦戈总统赴韩国出席核安全峰会。2013年8月，加蓬外交部与韩国产业经济和贸易研究院进行了为期3天的经验交流会。此次经验交流会是两国于2011年发起的"经验交流计划"的组成部分，主要议题是农业、旅游、中小企业和信息技术的发展问题。韩方代表表示，他们将会积极促进产业经济和贸易研究院及韩国企业与加蓬政府及企业的交流，促进加蓬产业多元化的进程。同年10月，加蓬与韩国两国政府共同举办了投资促进研讨会。加方代表在会上介绍了加蓬的产业政策、资源优势和投资吸引力，并就韩方关心的在加创办企业和雇工的问题做了具体讲解。

## 第六节　同中东国家的关系

已故加蓬总统邦戈原信天主教，名为阿尔贝-贝尔纳·邦戈，1973

年 9 月，改信伊斯兰教，宣布改为现名，即哈吉·奥马尔·邦戈·翁丁巴。许多政治观察家认为，这是加蓬向阿拉伯国家抛出的示好的橄榄枝，欲与这些国家进一步发展友好关系。因为横贯加蓬铁路耗资巨大，而大多数阿拉伯国家因丰富的石油资源而财力充足，加蓬欲吸引阿拉伯国家的资本，帮助加蓬进行经济建设。2006 年，在科威特举行第 31 届年会期间，伊斯兰发展银行与加蓬签署协议，向加蓬贷款 230 亿中非法郎，用于修建库玛玛麦永—欧旺段公路，支持加蓬基础设施建设。该行此前曾出资 110 亿中非法郎用于修复勒高尼—卡巴拉路段，还为拉拉腊—库玛麦永和恩代恩代—库拉穆图路段的考察和设计提供过 7 亿中非法郎的资助。

加蓬与伊斯兰国家最亲密的接触是其加入了欧佩克。虽然加蓬不是欧佩克主要的石油生产国，但它与其他欧佩克成员国在石油价格上发出同一声音。作为欧佩克成员国，加蓬也得到了来自欧佩克国家的财政援助。阿拉伯国家对横贯加蓬铁路的资金支持，使得加蓬与以色列的双边关系发生变化。加蓬与以色列自 1962 年开始经济往来，1965 年加蓬在耶路撒冷设大使馆。1973 年以前，加蓬与以色列在林业和农业等领域曾签订了几份技术援助协议。随着巴以战争的爆发，加蓬按照非洲统一组织 1973 年通过的决定，同以色列断交。加蓬充分利用阿拉伯国家联盟的整合力，反对以色列侵占巴勒斯坦领土。

目前，以色列是加蓬的主要出口目的地之一，两国经济合作良好。以色列公司 TELEMENIA 承建了加蓬阿雷纳基里火电站工程。该火电站于 2012 年在让蒂尔港开工，2013 年落成。装机总量为 70 兆瓦，可满足利伯维尔市 1/3 的用电需求，大大缓解了利伯维尔和奥文多地区供电紧张的情况。2013 年，为增加综合农场的数量，加蓬同一家以色列农业公司签署了六家农场的建设协议。总投资达 95 亿中非法郎，农场采用现代化的综合农业技术，由以色列专家提供技术和指导，可同时进行蔬果种植、鱼类养殖、家禽饲养等。距离首都利伯维尔约 40 公里的恩图姆（Ntoum）农场便是加蓬采用"以色列模式"建设的六大农场之一。

　　加蓬与阿联酋之间的双边关系良好。2018 年 4 月，加蓬外交部长诺埃尔·纳尔逊·梅索尼（Noël Nelson Messone）应阿联酋外交和国际合作部长谢赫·阿卜杜拉·本·扎耶赫·阿勒纳哈扬（Cheikh Abdullah Bin Zayed Al Nahyan）的邀请，访问阿布扎比。这期间双方签署了此前经两国专家协商的航空服务协议，谈及加强两国之间经济关系的可能性。诺埃尔·纳尔逊·梅索尼向阿方强调了加蓬对阿联酋投资者的优势，以及两国通过其私人部门发展伙伴关系的机会。在此次访问期间，加蓬外长还会见了对加蓬感兴趣的商人，尤其是阿联酋 STREAM 集团代表。

　　2004 年 5 月，沙特阿拉伯阿瓦利德王子（Al-Walid Bin Talal）到访加蓬，表达了沙特阿拉伯投资开发加蓬矿业和旅游业的愿望，表示要加强与加蓬在多个领域的合作。2013 年 4 月，首届法国与阿联酋业务论坛在巴黎举行，旨在大力发展法国与阿联酋的双边经济关系，建立全面共赢合作伙伴关系。加蓬是两国的优先经济伙伴，因此加蓬经济俱乐部（GEC）代表加蓬参加了论坛。2013 年 11 月，加蓬总统阿里·邦戈应邀前往科威特，参加于 18～20 日在首都科威特城举行的第 3 届非阿峰会，此届峰会的主题是"投资伙伴，携手发展"。在会议上，阿里·邦戈总统呼吁阿拉伯国家加大对非洲国家的投资力度。阿里·邦戈指出，非洲和阿拉伯国家已经建立了在农业、食品安全、经济和贸易领域的战略合作伙伴关系，但是 2011～2016 年合作计划的实施进程明显滞后。邦戈呼吁阿拉伯国家迅速建立融资机制，加大对非洲的投资力度，参与非洲的发展进程，而非洲丰富的资源和巨大的发展潜力将会为投资者提供丰厚的回报。结束科威特行程后，阿里·邦戈总统抵达阿布扎比对阿联酋进行工作访问，会见阿联酋总统哈利法·本·扎耶德·阿勒纳哈扬，就加强两国双边合作进行会谈。2015 年 6 月，阿里·邦戈总统访问沙特阿拉伯，与沙特国王萨尔曼进行了会谈，双方就打击极端势力、加强两国经济合作等议题交换了意见。2017 年 5 月，邦戈总统赴沙特出席阿拉伯伊斯兰国家-美国峰会。2018 年 10 月，邦戈总统赴沙特阿拉伯出席未来投资倡议大会。

# 第七节 同美洲国家的关系

## 一 同美国的关系

加蓬与美国于 1960 年建立外交关系。1962 年，两国签署投资保护协定。加蓬主要向美国出口石油。在欲推翻莱昂·姆巴政权的 1964 年"二月政变"中，美国中央情报局参与其中。1968 年，邦戈总统下令驱逐与政变相关的美籍人员。在"对话、宽容与和平"的外交原则的指导下，加蓬积极发展与世界其他国家的友好往来，尤其是希望得到发达国家的经济技术援助和外国投资。自 70 年代始，加蓬与美国的关系改善，其契机就是横贯加蓬铁路的建造，加蓬急需大量资金，而美国适时参与了加蓬的经济发展计划。

加蓬高层领导人与美国高层领导人有多次互访，并出席了一系列国际会议。2011 年 6 月，邦戈总统访美，与奥巴马总统会晤。2014 年 8 月，邦戈总统赴美出席美非峰会，并会见美国环境部长和能源部长。2014 年 9 月，邦戈总统赴美出席纽约论坛。2016 年 3 月，邦戈总统赴美国华盛顿出席第四届核安全峰会。2016 年 4 月，邦戈总统赴美国纽约出席联合国大会实现可持续发展目标高级别主题辩论。2017 年 6 月，邦戈总统赴纽约出席联合国海洋大会。

1972 年以后，美国尼克松和福特总统努力改善与非洲独立国家的关系，加强对非洲的经济渗透，在这一时期美国主要从加蓬进口原材料。80年代，美国与加蓬的经济关系发展迅速，美国成为加蓬重要的出口市场。近年来，美国已成为加蓬日益重要的商业伙伴。2013 年，美国从加蓬进口了 11 亿美元（合 9.597 亿欧元）的商品。然而，根据联合国贸易和发展会议的统计数据，此后此数字降至 2014 年的 7.606 亿美元（合 6.845亿欧元）和 2015 年的 2.978 亿美元（合 2.677 亿欧元），这表明需求至少在短期内有所下降。[①] 美国与加蓬的经济合作主要聚焦于加蓬的矿产和原

---

[①] Oxford Business Group, *The Report：Gabon 2016*, London, 2016.

油开发领域。

目前，美国每年向加蓬派遣和平队。和平队是美国政府为在发展中国家推行其外交政策而组建的组织，由具有专业技能的志愿者组成，1961年根据肯尼迪总统的建议和国会通过的《和平队法》建立。其基本目标是促进世界和平和友谊，帮助所在国满足对专业人才的需要，促进当地人民对美国人民的了解以及美国人民对所在国人民的了解。志愿者中有相当一批大学生。他们要接受 10~14 周的训练，特别是外语训练，然后到一个发展中国家或地区服务两年。第一批和平队于 1963 年抵达加蓬，有60~70 名志愿者，其主要职能是在加蓬内陆地区教授数学、英语和科学技术，推进健康计划和农林渔业项目，建造农村学校。另外，美国也为加蓬提供军事教育和军事训练。2002 年 2 月，美国在利伯维尔国际机场附近建成了"人道主义援助中转和军事训练中心"。2010 年初，美非洲司令部在加蓬与非洲 30 国举行联合军演。2012 年 3 月，两国在加蓬举行联合军事演习。

## 二 同加拿大的关系

加蓬与加拿大于 1963 年建立外交关系。自 2005 年以来，加拿大在加蓬的代表是驻喀麦隆雅温得的加拿大高级专员。加拿大在加蓬首都利伯维尔也设有名誉领事馆。加蓬自 1971 年以来一直由驻渥太华大使馆代表驻加拿大，并在蒙特雷亚尔有一名名誉领事。两国在多边层面一直通过法语国家组织和联合国等国际组织保持紧密联系。

加蓬和加拿大之间的双边贸易关系良好。两国于 2002 年 11 月 14 日签署了《避免双重征税协定》，该协定于 2009 年 1 月 1 日生效。2018 年，双边商品贸易总额为 1540 万美元，其中加拿大向加蓬出口近 1470 万美元，从加蓬进口 70 多万美元。① 近年来，两国在资源开发领域进一步加深了合作。2010 年，加拿大矿业勘探开采公司 Allante Resources 公司进

① 加拿大外交、贸易和发展部网站，https：//www.canadainternational.gc.ca/cameroon - cameroun/bilateral_ relations_ bilaterales/canada_ gabon.aspx？lang＝eng。

266

驻加蓬，其在加蓬主要拥有两片矿区，分别位于 Malinga（315.8 平方公里）以及 Ndangui（157.56 平方公里）。位于 Malinga 的矿区以铂金矿和钯矿为主，Ndangui 矿区以金矿为主。2014 年 3 月，Allante Resources 公司总裁韦德·道（Wade K. Dawe）抵加，与加蓬总理翁多进行了会谈，双方就该公司在加蓬的经营活动和将来双方有可能的合作领域进行了深入探讨。

2017~2018 年，加拿大向加蓬提供了总计 60 万美元的发展和人道主义援助。[①] 加拿大通过加拿大法语国家奖学金项目支持加蓬。自 1987 年以来，这一项目已帮助 72 名加蓬人接受了公共和学校管理等领域的大学教育。加拿大继续支持区域和泛非组织在加蓬开展活动。例如，加拿大为联合国非洲经济委员会的非洲贸易政策中心提供资金，该中心通过提供技术咨询服务来支持加蓬等国家增加与其他非洲国家的贸易往来。

### 三 同拉美国家的关系

在对外关系上，加蓬实行外交伙伴多元化政策。因此，加蓬积极与拉美国家发展友好关系。在经济领域，加蓬和巴西有商品贸易往来，加蓬还曾从巴西公司购买军用物资，装备共和国卫队。此外，加蓬与墨西哥和阿根廷也有经济合作。

## 第八节 同非洲国家的关系

加蓬无论从地域面积还是从人口规模来看，都无法称得上是地区大国。但是，加蓬活跃的外交活动，使之在地区外交舞台上具有举足轻重的地位。无论是前总统奥马尔·邦戈还是前总统阿里·邦戈，均作为积极的国际活动家活跃于地区外交舞台上，在促进地区和平和一体化进程中发挥着重要作用。

---

① 加拿大外交、贸易和发展部网站，https://www.canadainternational.gc.ca/cameroon - cameroun/bilateral_ relations_ bilaterales/canada_ gabon.aspx? lang=eng.

## 一 参与的地区组织

### (一) 非洲开发银行

非洲开发银行是在联合国非洲经济委员会支持下由非洲国家合办的互助性、区域性国际金融机构，成立于 1964 年 9 月，1966 年 7 月开始营业。非洲开发银行是非洲最大的地区性政府间开发金融机构，其宗旨是促进非洲地区成员的经济发展与社会进步。截至 2023 年 6 月，其成员国共 81 个，包括非洲全部 54 个国家以及包括中国在内的区外成员 27 个。加蓬从 1974 年开始与非洲开发银行进行合作，合作领域包括运输（30%）、公共装备（4%）、农业（24%）、工业和支持发展银行（4%）、社会发展（17%）等经济部门。借助非洲开发银行贷款，加蓬完成了若干国内重大工程项目，如利伯维尔电网扩建、让蒂尔港引水工程、铁路信号装置、滨海奥果韦省学校建设等。2013 年，非洲开发银行代表团到访加蓬，与加蓬经济、就业和可持续发展部长吕克·欧尤比（Luc Oyoubi）举行会谈。会谈的主要目的是确保加蓬 2011～2015 年国家战略方案（DSP）的正确实施。2011～2015 年国家战略方案是"新兴加蓬计划"的一部分，加蓬制定了一系列国家重点发展目标。非洲开发银行将对 2011～2013 年国家战略方案执行的情况、加蓬政府部门的表现以及国家战略方案的中期成果做出评估，并根据 2013～2015 年的政策和形势的变化，对国家战略方案做出一定调整。2017 年，为支持推进加蓬政府提出的经济和金融改革计划，调整其过度依赖石油的经济结构，非洲开发银行宣布将向加蓬政府提供 2 亿欧元贷款。这仅是 2016～2017 年非洲开发银行对加蓬财政援助计划的第一步。2022 年 7 月，非洲开发银行宣布已为加蓬 21 个项目提供融资 14.6 亿欧元，其中 10 个在建项目融资金额 6.71 亿欧元，涉及农业、卫生、民生等领域。[①]

### (二) 中非国家银行

中非国家银行是中部非洲六个不同国家的中央银行，简称 BEAC，成

---

[①] 中华人民共和国驻加蓬共和国大使馆经济商务处网站，http://ga.mofcom.gov.cn/article/jmxw/202207/20220703335349.shtml。

立于 1972 年，总部设在喀麦隆的首都雅温得。中非国家银行作为中部非洲经济与货币共同体的中央银行，服务国家包括下列六国：加蓬、喀麦隆、刚果共和国、乍得、中非共和国和赤道几内亚。中非金融合作法郎为其共同货币。

1901 年，继塞内加尔银行之后，西非银行被授权发行西非法郎。1920 年，西非银行的货币发行权扩展到法属赤道非洲。1959 年，赤道非洲和喀麦隆国家银行成立，简称 BCEAC。1972 年 11 月 22 日，中非国家银行正式成立于法国巴黎。1977 年，总部由巴黎迁移到雅温得。1978 年，首次由非洲人任总裁及副总裁。该行的注册资金为 50 亿中非法郎，其中加蓬发展银行占资金总额的 7.3%。

### （三）中部非洲经济与货币共同体

1994 年 3 月 16 日，中部非洲关税和经济联盟 6 个成员国元首在乍得首都恩贾梅纳签署了建立中部非洲经济与货币共同体的条约。1998 年 2 月 5 日，联盟第 33 次首脑会议决定正式成立中部非洲经济与货币共同体。1999 年 6 月 25 日，中部非洲经济与货币共同体第一次首脑会议通过《马拉博宣言》和共同体章程，共同体正式启动。中非国家银行是共同体的中央银行，总部设在喀麦隆首都雅温得，发行中非金融合作法郎。

共同体的成立宗旨是：建立日益紧密的联盟，加强成员国在人力和自然资源方面的合作；协调成员国政策法规，促进一体化进程；通过多边监测机制保证各国经济政策协调一致；消除贸易壁垒，促进共同发展。现有 6 个成员国，分别为赤道几内亚、刚果（布）、加蓬、喀麦隆、乍得、中非共和国。共同体由 4 部分组成。①中部非洲经济联盟，负责协调成员国的经济、预算政策以及行业发展政策，逐步建立次区域共同市场，提高经济竞争力。②中部非洲货币联盟，负责制定共同体的货币政策、发行货币，下设中非国家银行、中部非洲银行委员会（COBAC）、证券交易所、中部非洲反洗钱行动小组等专业机构。③共同体议会，现尚未成立，暂由成员国立法机构各推选 5 名议员组成的议会间委员会代行其职，负责对共同体的决策机构进行民主监督。委员会有权审阅执行秘书提交的年度报告及要求质询部长理事会主席、部长委员会主席、共同体委员会主席及中非国家银行行长。④共同体法院，由 13 名法官组成，分司法和审计两院，负责共同体各决策机构预算执行情况的司法监督。

迄今共同体已召开了 14 次首脑会议：1999 年 6 月马拉博峰会、2000 年 2 月恩贾梅纳峰会、2001 年 12 月雅温得峰会、2003 年 1 月利伯维尔峰会、2004 年 1 月布拉柴维尔峰会、2005 年 2 月利伯维尔峰会、2006 年 3 月巴塔峰会、2007 年 4 月恩贾梅纳峰会、2008 年 6 月雅温得峰会、2010 年 1 月班吉峰会、2012 年 7 月布拉柴维尔峰会、2015 年 5 月利伯维尔峰会、2017 年 2 月吉布劳峰会、2019 年 3 月恩贾梅纳峰会。

2013 年 5 月，在利伯维尔召开的中部非洲地区工作会议上通过了中部非洲国家共同农业政策。中部非洲国家共同农业政策规定，各国应把农业作为经济发展的重要动力，保证每年最少 10% 的国家预算用于农业领域，确保农业年均达到 6% 的增长率，并加大对小农业者和妇女农业者的支持力度。同年 6 月，共同体特别峰会在加蓬首都利伯维尔举行。各成员国就中非形势、地区一体化和促进青年就业等交换了意见，并就 2014 年 1 月起实现中部非洲经济与货币共同体成员国人员自由往来达成一致。2014 年 3 月，共同体轮值主席阿里·邦戈在纪念建立共同体条约签署 20 周年之际发表讲话，建议通过关税联盟、财政协调等方式使共同体内部管理更加平衡。阿里·邦戈还宣布共同体向中非共和国提供 1 亿中非法郎援款的决定，用以支持中非为维护和平、稳定所做出的努力。2015 年 5 月，共同体第 12 次首脑会议在加蓬首都利伯维尔举行，加蓬、刚果（布）、乍得、赤道几内亚总统和中非总理及喀麦隆经社文理事会主席与会，赤道几内亚总统奥比昂接任共同体轮值主席。各成员国还就中非安全形势、促进共同体成员国人员自由往来、成员国经济形势及前景和埃博拉疫情等交换了意见。2017 年 10 月，在利伯维尔举行了中部非洲经济与货币共同体特别外长会议。会议由加蓬外长主持，议程的重点一方面是审查中非共和国的政治、安全和人道主义局势，另一方面是审查中部非洲经济与货币共同体体制改革进程的执行情况。

**（四）中部非洲国家经济共同体**

1983 年 10 月 18 日，中部非洲国家元首和政府首脑在加蓬首都利伯维尔签署成立"中部非洲国家经济共同体"条约。该共同体的成立旨在促进和加强成员国间的协调、合作与均衡发展，提高在经济和社会各领域的自主能力，提高人民生活水平，保持经济稳定发展，巩固和平，为非洲的进步与发展做贡献。主要目标是：取消成员国之间的关税和各种贸易壁垒，制定共同的对外贸易政策，建立共同的对外贸易关税率；协调各成员国的国内政策，逐步取消在人员、财产、劳务、资金等方面的自由流动的障碍，建立合作和发展基金，促进内陆、小岛和半岛欠发达国家的发展。共有 11 个成员国：安哥拉、布隆迪、喀麦隆、中非、乍得、刚果（布）、刚果（金）、加蓬、赤道几内亚、圣多美和普林西比、卢旺达。委员会（前身为总秘书处）设在加蓬首都利伯维尔。

截至 2022 年 1 月，中部非洲国家经济共同体共召开了 20 次例行峰会，前 16 次峰会的地点和时间分别是：布拉柴维尔（1984 年 12 月）、雅温得（1986 年 1 月）、利伯维尔（1987 年 8 月）、金沙萨（1988 年 2 月）、班吉（1989 年 3 月）、基加利（1990 年 1 月）、利伯维尔（1991 年 1 月）、布琼布拉（1992 年 5 月）、马拉博（1999 年 6 月）、马拉博（2002 年 6 月）、布拉柴维尔（2004 年 1 月）、布拉柴维尔（2005 年 6 月）、布拉柴维尔（2007 年 10 月）、金沙萨（2009 年 10 月）、恩贾梅纳（2012 年 1 月）、恩贾梅纳（2015 年 5 月）。

2009 年 10 月，中部非洲国家经济共同体第 14 次峰会宣布调整中非维和特派团部署，授权加蓬总统阿里·邦戈领导特派团工作，并决定在加蓬修建中部非洲国家经济共同体会议中心。2013 年 1 月和 4 月，中部非洲国家经济共同体先后两次在加蓬首都利伯维尔和乍得首都恩贾梅纳举行特别峰会，讨论中非局势。会议制定了中非危机解决方案，通过《利伯维尔协议》、《恩贾梅纳宣言》和《关于全国过渡委员会组成和运转的路线图》。根据上述方案，中非将成立全国过渡委员会，并进入为期 18 个月的过渡期。2015 年 5 月，中部非洲国家经济共同体第 16 次峰会在乍得首都恩贾梅纳举行，重点讨论中非局势、布隆迪局势和中部非洲国家经济共同体成员国一体化进程等问题。加蓬总统邦戈接任中部非洲国家经济共同体轮值主席。2016 年 11 月，中部非洲国家经济共同体在加蓬首都利伯维尔召开特别峰会，会议围绕中部非洲地区国家政治安全形势和大选进程等议题，重点就喀麦隆和乍得打击"博科圣地"，布隆迪、中非、刚果（布）、乍得、加蓬的选后形势及刚果（金）大选筹备情况等进行了讨论。2017 年 10 月，中部非洲国家经济共同体中非问题特别外长会议在加蓬首都利伯维尔举行，会议主要讨论了中非政治、安全和人道主义形势。会议认为，中非政治形势进展积极，支持中非政府在全国范围内加快巩固政权。中非安全形势不容乐观，武装冲突、针对平民和维和部队的袭击有所增加，人道主义形势依然严峻。2019 年 7 月，中部非洲国家经济共同体机构改革部长级会议在加蓬首都利伯维尔举行。会议根据 2019 年 6 月中部非洲国家经济共同体机构改革第一次部长级会议通过的《中部非洲国家经济共同体条约修订案》及出台的改革路线图，审议并通过《中部非洲国家经济共同体机构组织办法草案》等 4 份文件，待下次中部非洲国家经济共同体峰会批准。2019 年 12 月，中部非洲国家经济共同体国家元首和政府首脑特别峰会在利伯维尔召开，峰会审议通过中部非洲国家经济共同体机制性改革的 5 份基本文件，包括中部非洲国家经济共同体创立条约修正案、中部非洲和平与安全理事会议定书草案、资金安排草案、组织框架草案以及中部非洲国家经济共同体人员身份草案。2020 年 7 月，中部非洲国家经济共同体第 17 次峰会以视频形式举行。2021 年 7 月，中部非洲国家经济共同体轮值主席、刚果（布）总统萨苏主持召开中部非洲国家经济共同体国家领导人视频会议，各方就加快区域一体化进程和地区政治安全形势交换意见。2022 年 1 月，中部非洲国家经济共同体第 20 次国家元首和政府首脑会议在刚果（布）举行。

### （五）非洲联盟

非洲联盟的前身是成立于 1963 年 5 月 25 日的非洲统一组织（简称"非统"）。1999 年 9 月 9 日，非统第四届特别首脑会议通过《锡尔特宣言》，决定成立非洲联盟（简称"非盟"）。2002 年 7 月，非盟正式取代非统。

《非盟章程》所确定的目标是：实现非洲国家和人民间更广泛的团结和统一；维护成员国主权、领土完整和独立；促进和平、安全和稳定；加快政治、社会和经济一体化进程；促进民主原则、大众参与和良政；促进和保护人权；推动非洲经济、社会、文化的可持续发展；推动在各领域的泛非合作，提高人民生活水平；协调和统一次区域经济体当前和未来政策；维护非洲共同立场和利益；加强国际合作，创造条件使非洲在全球事务中发挥应有作用。

非盟共有 55 个成员国，其中包括加蓬。非盟有 9 个组织机构。①首脑会议。其为非盟最高权力机构。原每年召开两次例会，从 2019 年起仅在年初举行，年中首脑会议改为非盟与次区域经济体协调会。若某国提出要求并经 2/3 成员国同意，可召开特别首脑会议。②执行理事会。③非盟委员会。其为非盟常设行政机构，负责处理非盟日常事务。其领导机构由主席、副主席及 6 名委员共 8 人组成，任期 4 年，至多可连任一次。④泛非议会。非盟的立法与监督机构。目前只具有咨询、建议和预算监督职能。由非盟成员国各选出 5 名代表组成，设 1 位议长和 4 位副议长，其根据地域平衡原则分别来自非洲五个次区域。每年召开两次例会。⑤和平与安全理事会。⑥非洲发展新伙伴计划（NEPAD）。⑦经济、社会和文化理事会。⑧非洲法院。⑨金融机构。包括非洲中央银行、非洲货币基金、非洲投资银行三个机构，均尚未建立。

### （六） 非洲木材组织

1976 年 6 月，在邦戈总统的倡议与推动下，在利伯维尔举行的非洲木材生产和出口国部长会议宣布成立非洲木材组织。该组织的宗旨主要包括：研究和协调成员国发展林业和木材生产的最佳方法和措施；保证成员国间的信息交流；在林业管理、木材销售和工业化政策方面互相支持，协调成员国的商业政策，尤其是价格政策；开展技术和工业研究，尤其是对还不了解的树种的研究；对非洲木材市场进行调查；推动内陆和沿海国家在运输方面的合理化。其组织机构是部长会议。用英文和法文定期出版《信息公报》。

### （七） 中部非洲安全问题常设咨询委员会

根据中部非洲国家经济共同体成员国建议，联合国第 46 届大会于 1991 年 12 月 6 日一致通过了关于加强地区信任措施的决议。1992 年 5 月 8 日，联合国秘书长加利宣布成立中部非洲安全问题常设咨询委员会，目的在于促进中部非洲次区域的军备限制、裁军、武器不扩散，加强中部非洲国家经济共同体成员国之间的信任、和平与团结，以便在中部非洲地区建立"和平、安全、合作与发展区"。目前，有 11 个国家加入了该委员会，分别是喀麦隆、布隆迪、加蓬、刚果（布）、赤道几内亚、卢旺达、圣多美和普林西比、刚果（金）、乍得、中非共和国和安哥拉。组织机构为咨询委员会执行局。喀麦隆、布隆迪、加蓬、刚果（布）先后被选为执行局主席，任期均为半年。

常设咨询委员会日益重视人的安全问题，如贩运人口特别是妇女和儿童的问题，认为这是次区域和平、安全和预防冲突的一项重要考虑因素。常设咨询委员会为消除中部非洲的跨界安全威胁做出了努力，这些跨界安全威胁包括乌干达"圣灵抵抗军"的叛乱、几内亚湾海盗和海上武装抢劫行为以及利比亚局势的后果和马里危机。2009 年 5 月，常设咨询委员会通过了《关于联合国中部非洲安全问题常设咨询委员会信托基金的宣言》，即《利伯维尔宣言》。2011 年 12 月，常设咨询委员会成员国在班吉举行第 33 次部长级会议，通过了关于中部非洲打击恐怖主义和武器不扩散路线图的宣言。常设咨询委员会成员国于 2013 年 8 月在基加利举行的第 36 次部长级会议期间通过了《基加利宣言》。2014 年 1 月，在利伯维尔举行了警务与安全问题研讨会。

### （八）非洲石油生产国协会

非洲石油生产国协会于 1987 年 1 月 27 日在尼日利亚首都拉各斯成立。其是一个政府间合作组织，仿效"石油输出国组织"，号称"非洲的OPEC"。目前，该组织共有 18 个成员国：阿尔及利亚、安哥拉、贝宁、喀麦隆、刚果（布）、刚果（金）、科特迪瓦、埃及、加蓬、加纳、赤道几内亚、利比亚、尼日尔、乍得、南非、苏丹、毛里塔尼亚、尼日利亚。这 18 个国家拥有非洲大陆几乎全部的油气资源，其共同目标是打造非洲大陆产油国之间的合作、协商和交流经验的平台，落实非洲产油国之间的共同倡议。部长理事会是其最高决策机构。2013 年 1 月，该组织发表了非洲石油生产国协会的政策和战略：搜集市场数据，制定市场战略；确定非洲产油国之间油品商业化的条件，创造非洲本土市场条件；拟创建一个石油定价基金；梳理和整理非洲各产油国在石油方面的国内法律法规。同年 3 月，非洲石油生产国协会于利伯维尔召开了第 30 届例会，邀请了 18 个成员国的石油部长参会，共同讨论目前非洲产油国所面临问题的解决方案。会议主要内容包括修订协会章程，制定 2013～2014 年行动计划及预算，协调活动经费来源，对成员国沉积盆地进行统一命名等。

**（九）班图文化国际中心**

班图人是非洲最大的族群，存在于非洲很多国家中，班图文化是非洲文化的重要组成部分。班图文化国际中心是应加蓬总统奥马尔·邦戈倡议，于 1983 年 1 月 8 日成立的机构，旨在收集和保护班图文化遗产，推广和普及班图文化，展示班图人的劳动、宗教、风俗、生活、历史传统，让非洲班图人寻根溯源。现有 11 个成员国，分别是加蓬、刚果（金）、刚果（布）、赤道几内亚、卢旺达、安哥拉、赞比亚、科摩罗、圣多美和普林西比、中非和喀麦隆。该中心总部设在利伯维尔，占地 30 公顷，有会议厅、图书馆、剧场、博物馆、工艺品商店。法语、英语、西班牙语和葡萄牙语是工作语言。该中心的建立有两个目的：一是推进有关班图文明与文化的研究；二是建立有关班图文明与文化的信息资料库。目前，其研究领域包括有关班图文明的考古学、历史学、语言学、音乐、人类学、法律、哲学、宗教、社会习俗等。该中心的启动资金为 75 亿中非法郎，每年追加投资 10 亿中非法郎，其中 65% 的资金由加蓬政府提供。班图文化国际中心的建立，不仅使作为世界文明宝库的班图文化重现光彩，为保护和弘扬班图文化做出了积极贡献，而且促进了班图文化与世界文化的交流。

## 二 同赤道几内亚的关系

加蓬与赤道几内亚有领土和领海纠纷。1985 年 11 月和 1993 年 1 月，"加蓬和赤道几内亚边界特设委员会"曾开会讨论双方的边界纠纷。后又多次举行边界问题谈判，至今尚未完全解决问题。但双方均表示，承认殖民地时期划定的边界，遵守《联合国海洋法公约》及联合国关于尊重各国主权和领土完整的宣言。

由于赤道几内亚政局不稳，赤道几内亚难民流入加蓬境内，给加蓬带来了一些社会问题。1968~1979 年，约有 6 万名赤道几内亚难民滞留在加蓬。在联合国难民署的帮助下，加蓬妥善解决了赤道几内亚的难民问题。加蓬曾于 2012 年与赤道几内亚联合举办第 28 届非洲国家杯。2013 年 10 月，加蓬总统阿里·邦戈前往赤道几内亚首都马拉博，参加赤道几内亚 45 周年国庆典礼。2014 年 2 月，加蓬总统阿里·邦戈接见了赤道几内亚总统特使、外交部长阿加皮托·姆巴·莫库伊（Agapito Mba Mokuy），双方就双边关系和中非共和国局势交换了意见。2016 年 7 月，赤道几内亚总统奥比昂访加。同年 11 月，邦戈总统赴赤道几内亚马拉博出席第 4 届非洲-阿拉伯国家峰会。邦戈总统分别于 2018 年 2 月和 8 月两次对赤道几内亚进行工作访问。2019 年 7 月，赤道几内亚总统奥比昂对加蓬进行工作访问。目前，中部非洲国家经济共同体正在积极推动加蓬和赤道几内亚两国之间实现电力联通。2018 年 9 月，中部非洲国家经济共同体委员会主席奥纳·翁多和加蓬水能部长帕特里克·埃约戈·埃德赞格在利伯维尔举行会谈，商讨在加蓬和赤道几内亚两国之间建立电力能源输送通道的计划。赤道几内亚过剩的电能可用于供应加蓬北部地区，加方希望分期推动项目的实施，首先推动一期蒙戈莫—梅德森线路的建设，再逐步推动梅德森—奥耶姆线路，以及奥耶姆至加蓬其他地区线路的建设。

## 三　同刚果（布）的关系

尽管加蓬与刚果（布）在沿海地区锰、铀矿开发及铁路领地等方面存在异议，但双方基本保持良好的双边关系。

1995 年 6 月，加蓬议员谴责刚果（布）吞并加蓬东南部宽 30 公里、长数百公里地带的领土，加外长同刚果（布）外长为此进行多次会晤。1997 年刚果（布）爆发内战后，大批难民涌入加蓬境内，给加蓬带来沉重负担，加蓬一方面与刚果（布）共同遣返难民，一方面积极促进刚果（布）国内和解。2001 年 8 月 1 日，加蓬和刚果（布）两国政府代表团在利伯维尔商定，在难民"自愿回国的基础上"，逐步遣返滞留在加蓬的刚果（布）难民。2011 年，加蓬同联合国难民署签署协议，遣返

9000 名刚果（布）难民。该协议是对 2001 年利伯维尔协议的补充。2014 年，加蓬-刚果（布）光纤骨干网连接工程开始启动。加蓬境内段由中国通信服务（香港）有限公司承建，刚果（布）境内段由华为技术有限公司承建，工期为 16 个月。2016 年 4 月，邦戈总统赴刚果（布）出席萨苏总统就职仪式。2018 年 2 月，邦戈总统访问刚果（布）。

### 四 同刚果（金）的关系

加蓬对刚果（金）冲突较为关注，担忧刚果（金）冲突对中部非洲地区的稳定造成威胁。同时，加蓬支持刚果（金）政府要求乌干达和卢旺达撤军的立场，积极推动刚果（金）国内进行政治对话。2018 年 2 月，邦戈总统访问刚果（金）。2019 年 1 月，加蓬总理恩科格代表邦戈总统赴刚果（金）出席齐赛克迪总统就职典礼。2019 年 6 月，刚果（金）总统齐赛克迪访问加蓬。2019 年以后，埃博拉疫情再度席卷刚果（金），死亡人数已达 700 多人。加蓬密切关注刚果（金）埃博拉疫情，卫生部门加紧制定预防措施。

### 五 同乍得的关系

前任总统奥马尔·邦戈曾作为乍得冲突的协调人，积极参与调解乍得的内部冲突。1983 年，在奥马尔·邦戈的协调下，乍得冲突双方代表在利伯维尔举行会谈，直到 1985 年 11 月，谈判虽未取得预期结果，但双方就 11 条基本建议达成一致。1986 年 2 月，乍得政府同民主革命委员会行动和协调委员会、乍得民主阵线及南线突击队等反对派在利伯维尔签署协议，在最低限度的基础上实现和解。1986 年，奥马尔·邦戈因为解决乍得与利比亚边界冲突所做的努力在斯里兰卡获哈马舍尔德基金会和平、合作、团结奖。2008 年 2 月初乍得发生武装冲突事件后，加蓬谴责利用武力及其他非宪法手段夺权的行径，谴责一切破坏乍得民主体制稳定的行为；对乍得现政府和人民表示支持，呼吁所有国家放弃一切可能破坏乍得宪法秩序及乍得安全和领土完整的企图，呼吁冲突各方履行之前签署的和平协议；鼓励乍得政府加强国家法治建设，建立持久最终和平；呼吁国际社会向乍得提供各类援助。

2016年10月，乍得总统代比访问加蓬。2018年2月，阿里·邦戈总统访问乍得。2019年6月，乍得总统代比再次访问加蓬。2019年3月，加蓬总理恩科格代表邦戈总统出席在乍得首都恩贾梅纳举行的中部非洲经济与货币共同体第14次首脑会议。

六　同中非共和国的关系

加蓬积极促进中部非洲的地区和平，在解决中非共和国危机中发挥了重要作用，如中非内战、兵变以及乍得与中非的边境冲突问题。1997年1月，总统奥马尔·邦戈赴中非首都班吉出席中非冲突双方关于结束冲突协议的签字仪式，并派遣50名士兵前往中非执行维和任务。2001年1月，中非共和国发生未遂政变后，国内形势持续动荡，加蓬积极进行斡旋和调解。同年12月，奥马尔·邦戈主持召开了中部非洲国家经济共同体中非问题特别首脑会议，并担任中非问题专门委员会主席。2002年8月6日和10日，乍得和中非边境地区发生严重冲突，造成人员伤亡和重大的财产损失。8月22日，时任加蓬国务部长兼外交、合作和法语国家事务部长让·平率冲突调解代表团分别与中非共和国总统帕塔塞和乍得总统代比就解决双方冲突问题进行了会谈。各方就两国通过谈判来解决相互之间的边境冲突问题取得共识。2012年，中非反政府武装联盟"塞雷卡"（Séléka）发动军事行动，控制了该国大部分地区并逼近首都班吉，引发了国际社会的强烈关注。2013年1月1日，应中非共和国政府要求，加蓬向中非首都班吉派出120名士兵进行维和行动。这次加蓬派出维和士兵的行动是在"中部非洲和平巩固行动"框架内进行的，其于2008年由中部非洲国家经济共同体在中非共和国设立，目的在于维护该国的和平与稳定。在加蓬政府的协调下，中非共和国政府代表与反政府武装联盟"塞雷卡"代表于2013年1月8日在加蓬首都利伯维尔开始进行为期两天的谈判，讨论中非共和国武装冲突的解决方案。2013年1月10日，"塞雷卡"在利伯维尔宣布停火7天，以便总统弗朗索瓦·博齐泽解散增援其的外国士兵，并让位于中部非洲多国部队。"塞雷卡"要求在政府停战期间释放政治犯，并任命反对派提名的新总理。另外，"塞雷卡"还要求修改宪法中总统有权任命和解除总理职务的条文。11 日，"塞雷卡"与政府代表在利伯维尔签署协议，同意停火，组建联合过渡政府，并在一年内举行议会选举。根据该协议，博齐泽将继续担任中非共和国总统一职，直至 2016 年其任期结束。此外，中非共和国将成立联合过渡政府，其总理来自反对派，成员包括反政府武装联盟"塞雷卡"、政治反对派和市民社会的成员。过渡期内，总统无权解散政府，且过渡政府成员必须放弃参加下一届议会选举。在安全方面，协议决定将来自中部非洲国家经济共同体区域以外的部队撤出中非。中部非洲国家经济共同体派出的"巩固中非和平部队"将负责监督此协议的执行。3 月 21 日，"塞雷卡"以政府未能履行停火协议为由，重新发起军事行动，迅速占领多座城市，并突破中部非洲国家经济共同体在首都班吉以北约 70 公里处设立的防线。3 月 25 日，"塞雷卡"领导人多托贾在首都班吉宣布自己担任国家"新总统"。联合国安理会发布声明，表示《利伯维尔协议》是中非共和国政治过渡的框架与和平解决方案的基础，呼吁恢复中非的法治和宪政秩序，落实《利伯维尔协议》。9 月，在出席第 68 届联合国大会期间，加蓬总统阿里·邦戈对中非共和国境内的非人道主义行为表示强烈担忧，加蓬将继续支持中非共和国的过渡过程，并愿意继续和联合国、非盟和欧盟等各方一道，帮助中非共和国尽快恢复和平与稳定。2018 年 3 月和 6 月，中非总统图瓦德拉先后两次访问加蓬。2019 年 2 月 6 日，中非共和国政府和该国 14 个武装组织在首都班吉的总统府正式签署和平协议。

## 七 同北非国家的关系

20 世纪 70 年代初，加蓬努力发展与阿拉伯国家的关系。1973 年，邦戈总统以旅行之名到利比亚访问。利比亚总统卡扎菲鉴于对加蓬经济潜力的乐观估计，也愿意与加蓬建立更为密切的关系，于是双方签订了援助协定。一年后，该协定被废止。加蓬与利比亚的援助协定虽未能持续，但双方的频繁接触增进了相互之间的了解与信任，所以邦戈总统后来成为利比亚与乍得冲突的调解人。

在加蓬进行外交游说的阿拉伯国家中，摩洛哥是最有成效的国家。20世纪80年代以来，摩洛哥加大了对加蓬的技术援助力度，在军事合作领域尤为引人注目。摩洛哥通过加蓬银行及其他金融机构，为加蓬电信业、旅游业和房地产业提供财政和技术援助。利伯维尔的清真寺也是摩洛哥政府出资援建的。

摩洛哥是加蓬在非洲的主要贸易伙伴之一。2014年3月，摩洛哥国王穆罕默德六世对加蓬进行友好访问，与加方重点讨论双边经贸合作议题，签署多项合作协议。访问期间，加蓬-摩洛哥经济论坛在利伯维尔召开，有400名摩洛哥企业家出席。同年9月，摩洛哥电力代表团到访加蓬，在利伯维尔与加方代表签署了两项能源领域合作协议。这两项协议分别由加蓬工商会与摩洛哥出口促进署、加蓬水电企业集团与摩洛哥国家电力电气联合会签订，旨在促进两国能源企业间经贸合作的交流和发展。2016年11月，摩洛哥国王穆罕默德六世访问加蓬。同月，邦戈总统赴摩洛哥马拉喀什出席第22届联合国气候变化大会。

加蓬与阿尔及利亚、突尼斯和埃及也保持了良好的外交关系。2014年，加蓬与摩洛哥、突尼斯签订了非洲发展新伙伴计划（NEPAD）、经济伙伴关系协定（APE）等多项协定。2019年12月，恩科格总理代表邦戈总统出席埃及阿斯旺可持续发展和平与发展论坛。

阿尔及利亚是第一个支持加蓬建造横贯加蓬铁路的非洲国家，并提供了资金援助，帮助其调制了铁路设备的信号。2018年，阿尔及利亚航空公司加大中部非洲市场开拓力度，于12月2日开通了阿尔及尔—利伯维尔航线，每周开通三个往返航班，建立起与加蓬的直航线路。

加蓬和突尼斯曾在1986年签署了《避免双重征税协定》。2012年加蓬对突尼斯出口总额为近50亿中非法郎（主要为锯材及非食品类商品），从突尼斯进口总额为63亿中非法郎（主要为食品、纸巾、奶油、建材等），在突尼斯全球贸易伙伴中分别居第84位和第37位。2014年5月，为寻找木材、石油、矿产等方面的投资合作机会，由中东和非洲出口商协会（MAEX）组织的突尼斯企业家代表团访问加蓬。在中东和非洲出口商协会、加蓬工商会和加蓬联合银行三方的联合组织下，加蓬和突尼斯商人在加蓬工商会大楼内召开了合作讨论会。17 家突尼斯企业参与了此次会议，双方探讨的合作领域涉及农业食品加工、产品包装、房地产和医疗援助等。同年 6 月，应加蓬总统阿里·邦戈的邀请，突尼斯总统蒙塞夫·马尔祖基对加蓬进行正式访问。此次访问是马尔祖基就任突尼斯总统以来首次到访加蓬，对加突双方多领域合作，尤其是教育和农业方面的合作起到了积极的促进作用。为增进交流，加突两国将进一步扩大合作规模，优先发展经贸和工业领域，鼓励创办企业。同时，突尼斯贸易促进中心在加蓬设立代表处，重新认可两国在 1986 年签署的《避免双重征税协定》，在年底开通两国直航线路等计划均在筹备当中。

## 八 同其他非洲国家的关系

加蓬积极参与调解地区内部冲突，促进地区和平与一体化进程。早在 20 世纪 80 年代，加蓬反对南非种族主义制度，支持南部非洲国家为寻求解放与和平而进行的斗争。2012 年底至 2013 年初的中非政局动荡后，阿里·邦戈总统积极斡旋，多次组织召开或参与中部非洲国家经济共同体峰会。2015 年布隆迪发生政治危机后，邦戈总统以中部非洲国家经济共同体轮值主席的身份参与斡旋。

近年来，加蓬高层与其他非洲国家的高层互访频繁，并出席了一系列国际会议。2016 年 5 月，邦戈总统赴卢旺达出席世界经济论坛非洲峰会，并赴尼日利亚出席乍得湖地区安全峰会。7 月，邦戈总统赴卢旺达基加利出席非盟首脑会议。11 月，邦戈总统赴马达加斯加塔那那利佛出席第 16 届法语国家组织峰会。同年，一些非洲国家总统也相继访问加蓬，如 3 月，科特迪瓦总统瓦塔拉访加；10 月，卢旺达总统卡加梅访加。

2017 年 1 月，邦戈总统赴加纳出席阿库福－阿多总统的就职仪式，赴马里出席第 27 届法非峰会。6 月，邦戈总统赴乌干达出席难民问题团结峰会。7 月，邦戈总统赴多哥访问。9 月，邦戈总统赴安哥拉出席洛伦索总统的就职仪式。

2018 年 1 月，邦戈总统赴利比里亚出席新总统乔治·维阿的就职典礼，并出席在埃塞俄比亚首都亚的斯亚贝巴举行的第 30 届非盟首脑会议。2 月，邦戈总统访问卢旺达及安哥拉，并出席了在尼日利亚首都阿布贾举行的乍得湖国际会议高级别政治磋商。3 月，邦戈总统访问了圣多美和普林西比，并出席在卢旺达基加利举行的非盟特别首脑会议。4 月，邦戈总统对布隆迪进行工作访问，并出席在布拉柴维尔举行的首届刚果盆地周边国家元首和政府首脑会暨刚果盆地蓝色基金峰会。5 月，多哥总统福雷对加蓬进行工作访问。同月，加蓬外长访问多哥，两国外长在多哥洛美举行了会议，签署了关于定期外交磋商的谅解备忘录。7 月，邦戈总统出席在毛里塔尼亚首都努瓦克肖特举行的非盟首脑会议，并出席在南非约翰内斯堡举行的"金砖+"领导人对话会，以及在多哥首都洛美举行的中部非洲国家经济共同体和西非国家经济共同体联合峰会。8 月，邦戈总统赴安哥拉首都罗安达出席中部与南部非洲和平安全峰会。11 月，加蓬外交国务部长伊蒙戈代表邦戈总统出席在埃塞俄比亚首都亚的斯亚贝巴举行的非盟特别首脑会议。

　　2019 年 4 月，加蓬总理恩科格代表邦戈总统赴达喀尔参加塞内加尔总统萨勒的就职仪式。7 月，加蓬外长比利代表邦戈总统出席在尼日尔首都尼亚美举行的第 12 届非盟特别首脑会议。11 月，比利外长代表邦戈总统出席达喀尔非洲和平与安全国际论坛。同年，一些非洲国家总统也相继访问加蓬，如塞内加尔总统萨勒、科特迪瓦总统瓦塔拉、卢旺达总统卡加梅、多哥总统福雷、尼日尔总统伊素福以及利比里亚总统维阿。

## 第九节　同中国的关系

　　建交 50 年来，中加关系健康顺利发展。双方真诚友好、平等相待，在涉及彼此核心利益和重大关切问题上一贯相互理解和支持。双方政治互信不断增强，各领域互利合作成果丰硕，给两国人民带来了实实在在的利益。

## 一 历史关系

中国和加蓬于 1974 年 4 月 20 日建交。建交以来，两国友好合作关系发展顺利，双方在政治、经贸、军事、文教、司法、科技和医药卫生等领域的交流与合作不断扩大和深化，双边关系开始形成多层次、全方位发展的格局并呈现出良好的发展势头，两国建立了相互信赖、真诚相待的深厚友谊。

1974 年 4 月 20 日，中加签订的《关于中华人民共和国和加蓬共和国建立外交关系的联合公报》指出：中华人民共和国政府和加蓬共和国政府，根据它们的相互利益和两国各自的愿望，通过友好协商，一致决定建立大使级外交关系并互派大使。加蓬共和国政府承认中华人民共和国政府是代表全中国人民的唯一合法政府。两国政府同意在互相尊重主权和国家领土完整、互不侵犯、互不干涉内政、平等互利、和平共处的原则基础上发展两国之间的友好和合作关系。

1974 年 10 月，两国签订《中华人民共和国政府和加蓬共和国政府经济技术和贸易协定》。其主要内容为：在资金方面，中方向加方提供贷款；在农业方面，中方派遣农业技术人员向当地农民传授种植技术；在卫生医疗方面，在弗朗斯维尔和利伯维尔各建设一座治疗和预防兼用的卫生中心，并派遣医疗队赴加。

1982 年 12 月，中加建立经贸混委会机制，第四次会议于 2016 年 1 月在利伯维尔召开。

1997 年 5 月，两国签订了《中华人民共和国政府和加蓬共和国政府关于促进和相互保护投资协定》。其主要内容为：在促进投资方面，缔约一方投资者在缔约另一方领土内进行的投资，应受到缔约另一方公平和公正的待遇、保护以及充分和全面的安全保障；在投资待遇方面，缔约各方应保证对缔约另一方在其领土内的投资给予公平和公正的待遇，根据其法律法规给予不低于其国民的投资的待遇或者给予最惠国待遇。另外，在征收与补偿、损害补偿、利润汇出、争端解决等方面均有明确约定。

2004 年 1 月，在中加双方领导人的积极推动下，加蓬-中国友好协会宣告成立。该协会是非官方、非营利性组织，旨在进一步发展两国间日益紧密的双边经贸合作关系。

2004 年 2 月，在中国国家主席胡锦涛访问加蓬之际，中国和加蓬发表联合公报。双方决定继续保持高层政治往来，深化在各个领域的合作，加强在国际和非洲事务中的磋商。

2006 年 8 月，中加两国重签贸易协定。

2013 年 12 月，中国驻加蓬大使馆临时代办潘昱旻与加蓬外交、非洲发展新伙伴计划和地区一体化部部长级代表多米尼克·恩基耶诺代表各自政府，在利伯维尔签署了两国政府经济技术合作协定。

2015 年 12 月，中加两国签订《中华人民共和国政府和加蓬共和国政府关于互免持外交、公务护照人员签证的协定》，该协定已于 2016 年 2 月 5 日生效。根据协定，两国持有效外交、公务（含公务普通）护照的公民，在缔约另一国入境、出境或者过境时，自入境之日起停留不超过 30 日，免办签证；若停留逾 30 日或在缔约另一国工作、学习、定居、从事新闻报道等活动，须征得缔约另一国主管部门事先批准，并在入境缔约另一国前申请签证。

2016 年 12 月，阿里·邦戈访问中国，这是他在竞选连任后的首次国事访问。中国国家主席习近平在人民大会堂同邦戈总统举行会谈。两国元首决定将中加关系提升为全面合作伙伴关系，以落实中非合作论坛约翰内斯堡峰会成果为抓手，对接两国发展战略，全面规划好两国各领域友好互利合作，实现共同发展。习近平提出，中方愿同加方筑牢政治互信基础，密切高层往来，扩大政府部门、执政党、议会、地方政府等各层次交流，将政治互信转化为推进合作发展的动力。双方要对接彼此发展战略。中方支持加方加快推进工业化进程，把资源优势转化为发展成果，愿继续推进有关在建合作项目，鼓励中国企业积极参与双方基础设施建设合作。中方愿同加方探讨建立农业合作机制，支持加方发展旅游、金融、电信等产业。双方要加强安全合作，中方愿帮助加方加强维稳、执法能力建设，双方要在文化、教育、卫生、人力资源开发、青年、妇女、媒体、智库等领域开展多样人文交流，落实好两国政府文化合作协定 2016 年至 2020 年执行计划。双方要密切国际事务协作，在应对气候变化、非洲和平安全等彼此重大关切问题上加强沟通和协调，维护好发展中国家的共同利益。会谈后，两国元首共同见证了经济技术、文化、基础设施建设等双边合作文件的签署。① 这次会谈开启了两国关系的新时代，双方全面合作面临新机遇。

2018 年 9 月，中非合作论坛北京峰会举行，此次峰会是中国根据中非合作论坛非方成员的愿望，着眼于中非关系发展的现实需要而决定召开的峰会，以"合作共赢，携手构建更加紧密的中非命运共同体"为主题。中国国家主席习近平在人民大会堂会见加蓬总统邦戈，提出双方要扩大政府、政党、议会交往，加强治国理政经验交流。中方坚定支持加方走自主选择的发展道路，反对外来干涉。中方欢迎加方积极参与共建"一带一路"，愿深化两国在基础设施建设、能矿、农业等领域互利合作，助力加方早日实现"新兴加蓬"的目标。邦戈表示，习近平主席提出的共建"一带一路"倡议为非洲实现互联互通提供了新的重要机遇，加蓬愿积极参与，扩大同中国在基础设施、卫生、人力资源等领域的合作。② 会见后，两国签署了共建"一带一路"谅解备忘录，签订了《避免双重征税协定》等双边合作协议，为两国互利友好合作提供新机遇。

另外，加方坚持一个中国政策，在涉及中国重大关切问题上坚定支持中方，致力于密切同中方在国际事务中协调配合。

## 二 政治往来

中加关系的一个显著特点是，双方政治交往频繁，保持高层互访，这为两国发展长期友好合作打下了坚实的基础。

重要往访：国家主席胡锦涛（2004 年 2 月）、中共中央政治局常委吴

---

① 《习近平同加蓬总统邦戈举行会谈 两国元首决定建立中加全面合作伙伴关系》，新华网，2016 年 12 月 7 日，http://www.xinhuanct.com/politics/2016-12/07/c_ 1120075038.htm。
② 中国外交部网站，https://www.mfa.gov.cn/web/gjhdq_676201/gj_676203/fz_677316/1206_677800/xgxw_677806/201809/t20180901_9312953.shtml。

官正（2006 年 9 月）、全国人大常委会委员长吴邦国（2008 年 11 月）、国务院副总理张德江（2009 年 6 月作为胡锦涛主席特使出席奥马尔·邦戈总统葬礼）、教育部长袁贵仁（2010 年 8 月作为胡锦涛主席特使出席加蓬独立 50 周年庆典）、外交部长杨洁篪（2011 年 2 月）、全国政协主席俞正声（2016 年 4 月）、全国人大常委会副委员长吉炳轩（2017 年 5 月）、外交部长王毅（2018 年 1 月）、国务委员兼国防部长常万全（2018 年 2 月）、全国政协副主席邵鸿（2019 年 12 月）等。

重要来访：总统奥马尔·邦戈（11 次来华，其中 2006 年 11 月和 2008 年 8 月分别来华出席中非合作论坛北京峰会和北京奥运会开幕式）、副总理兼文化部长保罗·姆巴·阿贝索罗（2008 年 10 月）、总统阿里·邦戈（2010 年 5 月出席上海世博会开幕式、2016 年 12 月来华国事访问、2018 年 8 月至 9 月出席中非合作论坛北京峰会）、总理姆巴（2010 年 7 月出席上海世博会加蓬国家馆日活动）、民主党总书记布库比（2012 年 4 月）、总统事务兼国防部长马萨尔（2017 年 12 月）、参议长米勒布（2018 年 1 月）、外交部长比利（2019 年 6 月来华出席中非合作论坛北京峰会成果落实协调人会议）等。

## 三　经济关系

中国与加蓬建交后，双边经贸关系和经济技术合作日益活跃。中国连续多年保持加蓬第一大贸易伙伴地位。2023 年中国与加蓬的贸易额达到 37.9 亿美元。①

20 世纪 90 年代以来，随着中国政府加大在经济领域对加蓬的援助力度，双边经贸关系不断深化。近年来，两国在基础设施建设、能源矿产开发、木材深加工、渔业等领域开展了富有成效的合作，经贸合作成果显著。中方正在同加方着眼于发展经济、改善民生、提高可持续发展能力，推动更好对接发展战略，按照市场原则加强能源资源开发、基础设施建

---

① 中华人民共和国外交部网站，https://www.mfa.gov.cn/web/gjhdq_676201/gj_676203/fz_677316/1206_677800/sbgx_677804/。

设、农林渔业及产品深加工等方面的合作。2015 年 3 月，中国驻加蓬大使孙继文与加蓬经济、促进投资和社会展望部长雷吉斯·伊蒙戈·塔塔加尼在利伯维尔签署了中加经济技术合作协定。2015 年 8 月，中非发展基金①与加蓬国家林业基金签署了合作框架协议。2016 年邦戈总统访华时表示，加蓬正处于经济转型升级的重要时期，希望在基础设施开发、农林矿业深加工及民用航空等广泛领域深化对华合作，欢迎中国企业赴加蓬投资兴业，共同开拓发展新机遇。中方援加的项目主要有国民议会大厦、参议院大厦、中加友谊体育场等。由中方提供优惠性质贷款实施的项目有木材加工厂、制药厂等，正在进行的项目有国民议会大厦修缮重建、职业教育中心等。2019 年中国与加蓬的双边贸易额为 50.2 亿美元，同比增长49.1%，其中，中方进口额为 46.4 亿美元，同比增长 55.7%，出口额为3.8 亿美元，同比下降 2.2%。2020 年和 2021 年，在新冠疫情的强力冲击之下，中国虽继续保持加蓬第一大贸易伙伴地位，但双边贸易额较前有所下降。2020 年中国与加蓬双边贸易额为 36.4 亿美元，同比下降 27.7%。2021 年，中加双边贸易额为 30.2 亿美元，同比下降 17.5%。其中，中方进口额 25.8 亿美元，同比下降 20.4%，出口额为 4.4 亿美元，同比增长5%。② 中方主要进口石油、锰矿砂、木材等，主要出口机电产品、钢材和水泥等。

中加经济互补性强，发展战略契合，合作前景广阔。中非"十大合作计划"的逐步落实为中加全面合作注入强劲动力。中国已成为加蓬的最大贸易伙伴、重要投资方。当前，加蓬正致力于实施"新兴加蓬"发展战略，加快经济多元化，鼓励本地深加工，计划在 2025 年建成新兴国家，绿色产业、工业、服务业、农业是其重点发展领域，这

---

① 中非发展基金成立于 2007 年 6 月，是为支持中国企业开展对非合作、开拓非洲市场而设立的股权投资基金。该基金遵循互利共赢的原则，按照国际股权投资基金的操作模式，结合中国、非洲经济发展和产业调整方向，通过投资和咨询服务等方式引导和支持中国企业在非洲开展投资业务，以市场化的方式促进非洲经济发展、减少贫困、改善民生。

② 商务部国际贸易经济合作研究院等编《对外投资合作国别（地区）指南：加蓬》，中华人民共和国商务部网站，http://www.mofcom.gov.cn/dl/gbdqzn/upload/jiapeng.pdf。

同中非"十大合作计划"高度契合。加蓬视中国为"新兴加蓬"建设的重要战略伙伴,邦戈总统访华时出席"中非产能合作——加蓬推介会",热切欢迎中国企业踊跃赴加蓬投资兴业,欢迎更多中国游客赴加蓬观光游览,他还在中国农历鸡年春节之际,通过新浪微博向中国人民致以新春祝福。①双方正在抓住机遇对接彼此发展战略,携手推进加蓬工业化进程,把加蓬的资源优势转化为发展成果,力图实现两国经贸合作的转型升级。

## 四 人力资源开发合作

近年来,中国与加蓬在政治、经济、社会发展等领域的合作不断扩大、加强,其中,人力资源开发方面的合作发展稳定。中国高度重视同加蓬等非洲国家进行人力资源开发合作,这既是中非"十大合作计划"的重要内容,也是落实中加两国元首共识的具体举措之一。

中国与加蓬自20世纪后半期起开始了教育领域的互动交流。自1975年起,中国开始向加蓬提供政府奖学金。1997年5月,国家教委副主任韦钰访问加蓬,并与加蓬政府签署了中加教育合作协议和中国向加蓬派遣教师的合作议定书。1998年6月,加蓬教育代表团访问中国。近年来,中方持续增加对加奖学金和实习名额,并推动孔子学院在加落地,使双方的教育文化交流合作更好造福两国人民。2016年7月,加蓬法加大学与中国武汉大学开展学术交流活动。两校交流开了中加高校合作的先河,双方介绍了在学术交流、共建学科、联合培养等方面的设想,表示将积极探索中非学术交流新机制,大力挖掘教育合作资源,不懈促进中非人文交往。2017年10月,中方向加方提供价值80万元人民币的教育物资,旨在进一步改善两所中方援建学校的办学条件。2017年12月,加蓬奥马尔·邦戈大学孔子学院授牌。2018年12月,孔子学院举行揭幕仪式。2018年4月,中国驻加蓬大使胡长春代表中国驻加蓬大使馆向利伯维尔

---

① 《中国同加蓬全面合作驶入快车道(大使随笔)》,人民网,2017年3月23日,http://world.people.com.cn/n1/2017/0323/c1002-29162781.html。

中加示范小学捐赠电脑、电视、白板等教学设备和用品，勉励同学们勤奋学习，做"新兴加蓬"的建设者和中加友谊的传承人。

中加教育合作成果斐然，潜力巨大。中国共产党十八大后，中方致力于推动构建人类命运共同体，与世界各国分享发展经验、共享发展成果。中加两国在教育领域有着良好的合作基础和广阔的合作空间，随着两国全面合作伙伴关系的深入发展，越来越多的加蓬青年被中国的灿烂文化和经济发展成果所吸引。

随着中国与加蓬在政治和经济等领域的合作不断扩大，人力资源全方位开发合作成为双方合作的新亮点。

援外培训方面，近年来，中国与加蓬在经济管理官员研修班和多边技术培训方面合作较多。为加大对发展中国家经济管理人才的培训力度，中国设立了经济管理官员研修班。中国商务部每年都举办经济管理官员研修班，其中包括非洲官员研修班和发展中国家、拉美、东盟官员研修班，研修班为学员安排中国国情介绍、中国经济发展道路及经济体制改革、外经贸发展及政策、经济特区的建立与发展等各种专题讲座；举办"投资贸易介绍会"，安排学员赴东部沿海经济发达地区和中西部经济欠发达地区参观考察，并请地方企业代表及外经贸机构的主管官员与学员座谈交流，介绍各自的贸易和投资政策。加蓬的大部分学员都是在加蓬各部中有一定级别和资历的官员或技术骨干，从 2000 年至 2004 年，加蓬共派遣 26 名政府官员参加中国举办的研修班。多边技术培训方面，1997 年至 2004 年，加蓬共派遣 9 人参加多边技术培训。培训科目涉及农林、能源、气象、渔业、水利、计算机管理、广播技术等。这些培训将会进一步推动中加在各领域的友好合作。2020 年 5 月 18～21日，中共中央对外联络部为加蓬民主党干部举办网络研修班，加蓬民主党总书记布恩冈加率执行秘书处全体成员全程参加。研修期间，双方就发挥执政党领导作用以抗击疫情、统筹推进疫情防控和经济社会发展、开展疫情防控国际合作、脱贫攻坚以及巩固中非友谊等议题进行了深入交流。

五 其他往来与合作

中加建交以来，包括人文交流在内的各领域合作成果丰硕，两国全面合作伙伴关系的建立和"八大行动"的落实为中加全面合作带来新的机遇。中国和加蓬在文化、医疗卫生和军事等领域保持着良好的合作关系。

在文化交流方面，自中加两国 1974 年建交以来，中方曾多次派出文艺、体育团队访加，这些团队受到热情欢迎。1984 年 5 月，两国政府签订文化协定，双边文化、教育交流得到进一步发展。人员互访增加。中国杂技团、湖南歌舞团、河北京剧团、河南少林寺武僧团等曾赴加访演，中国武术协会连续多年派团出席加蓬"武术之夜"演出活动。加蓬舞蹈团曾来华访演。2011 年 2 月，上海艺术团赴加蓬参加中国"欢乐春节"演出活动。2012 年 5 月，中国武术代表团赴加蓬出席第 21 届加蓬"武术之夜"活动。2014 年 2 月，加蓬国家电视台与中国国际广播电台联合在加蓬推出电视剧《媳妇的美好时代》。4 月，中国云南舞蹈杂技团赴加蓬访演，庆祝中加建交 40 周年。2018 年 2 月，河南文化艺术团赴加蓬进行"欢乐春节非洲行"演出活动。2019 年 10 月，杭州市文艺代表团赴加蓬访演。

医疗卫生领域是中加合作的重点领域之一。在中非合作论坛北京峰会上，习近平主席提出实施中非合作"八大行动"，其中之一为实施健康卫生行动。1975 年 6 月，中加两国政府签订中国向加蓬派遣医疗队的议定书，中国自 1977 年起向加蓬派遣医疗队。中国医疗队除完成大量日常门诊工作外，还定期开展巡回义诊，为贫穷偏远地区送医送药，与当地医护人员开展学术和经验交流。截至 2020 年，中国天津市卫生局共派出 21 批医疗队，每批 26 人，分别在利伯维尔中加合作医院和弗朗斯维尔中加友谊医院工作。新冠疫情期间，中国援加医疗队也一直坚守岗位，在一线同加蓬医务人员并肩作战，为加蓬提供必要的技术支持和专业咨询。除向加蓬定期派遣医疗队外，中国还不断通过其他各种方式发展两国在卫生领域的友好合作关系。2009 年 6 月，以白求恩国际和平医院为主抽组、包括 66 名医疗防疫人员的参训分队来到加蓬奥果韦-伊温多省首府马科库参加为期 15 天的中加"和平天使–2009"人道主义医疗救援联合行动。2010年 3 月，由广州军区武汉总医院医护人员一行 9 人受命组成的中国援助非洲加蓬军医组，奔赴加蓬。2017 年 3 月，中国驻加蓬大使馆向中加合作医院援赠医疗物资和救护车，援赠的救护车由中国自主生产，设施齐备，性能优良，填补了当地公立医院急救运输工具的空白。同年 10 月，执行"和谐使命–2017"任务的中国海军和平方舟号医院船抵达利伯维尔奥文多港，开始对加蓬进行为期 8 天的友好访问并提供人道主义医疗服务。医院船访加是继 2009 年中加"和平天使–2009"人道主义医疗救援联合行动后，两国军事医学交流合作的又一重要实践。和平方舟号医院船利用主平台对前来就诊的患者进行医治，同时派出多支医疗分队分别赴加蓬三军总医院、老年病医院、巴哈卡军营、奥文多医院附近社区等开展医疗服务，设备维修分队赴加蓬医疗机构进行设备维修，健康服务与文化联谊分队赴加蓬巴哈卡军营、中加友好小学、国家听力缺陷儿童学校等开展活动。2018 年 4 月，中方向加蓬抗癌中心——艾丽丝之家捐赠了一批物资。艾丽丝之家为加蓬第一夫人西尔维娅所创办的"西尔维娅·邦戈·翁丁巴家庭帮扶基金会"开设的标志性公益慈善项目，旨在为加蓬偏远地区或低收入的癌症患者提供免费康复服务。2018 年 6 月，中国军事科学院王延军少将率领军事医学工作组访加，旨在落实中加两国防长达成的加强军事医学领域合作的共识，与加蓬相关部门就推进合作进行探讨研究。2019 年 7 月，中国驻加蓬大使胡长春在利伯维尔中加合作医院出席向加方援赠医疗物资交接仪式，同加蓬卫生部长利穆库共同签署关于派遣医疗队的议定书，并出席了第 20 批援加医疗队获奖典礼。中国政府为援助加蓬抗击新冠疫情提供了大批物资。2020 年 4 月，中国政府首批援助加蓬抗击新冠疫情物资运抵利伯维尔国际机场。6 月，由中共中央对外联络部提供的口罩、额温枪等抗疫物资成功运抵加蓬民主党党部，中国驻加蓬大使胡长春同加蓬民主党总书记布恩冈加签署交接证书。医疗卫生事业直接关系民生，是加蓬政府着力推进的重点工作，中方通过医务人员交流培训等多种方式，不断为加蓬医疗卫生和公益慈善事业做出积极贡献。

　　在军事交往方面，双方积极推进在反恐、反海盗、海上安全、警务培训等和平安全领域的合作，举行人道主义医疗救援联合演习。1979 年 3 月，中国人民解放军南京军区政委廖汉生率军事友好代表团访问加蓬。1992 年 10 月，加蓬武装部队总参谋长伊德里斯·恩加里上将访华，这是中加建交以来加蓬军队领导人首次访华。2009 年 6 月，中加两军在加蓬举行了人道主义医疗救援联合行动，这是中国军队首次成建制同非洲国家举行的双边军事行动。2017 年 10 月，中国海军和平方舟号医院船抵达利伯维尔奥文多港，对加蓬进行友好访问。这是中国海军舰艇首次访问加蓬。2018 年 6 月，中国海军第 28 批护航编队顺利抵达利伯维尔奥文多港，开始对加蓬进行为期 4 天的友好访问。中国驻加蓬大使胡长春陪同邦戈总统参观中国海军编队。加蓬国务部长兼防长马萨尔、总统府秘书长蒂尔、武装部队总参谋长奥拉姆、中国驻加蓬大使馆政务参赞佟心平和武官赵宏博等均陪同参观。编队指挥员介绍了编队的基本情况、护航任务以及在加蓬期间开展的主要活动。在加方的陪同下，编队指挥员检阅了加蓬海军仪仗队。这些访问均为落实两国元首共识的重要举措，体现出中加双方对加强全面合作伙伴关系的高度重视，进一步增进了两国、两军之间的友谊、信任与合作。

此外，中国与加蓬在其他方面也进行了友好交往。2014 年 12 月，中国驻加蓬大使馆向利伯维尔市政府捐赠了一批用于市政清洁的物资。2015 年 1 月，中国驻加蓬大使馆向加蓬外交部图书馆赠送了 20 套《习近平谈治国理政》及其他介绍中国政治、经济、社会发展的图书。2015 年 2 月，中国驻加蓬大使馆向加蓬政府交付两国林业合作物资。2015 年 3 月，中加司法合作项目物资在加蓬进行交接，该批物资将被用于利伯维尔市中心监狱及其他各省共 9 所监狱犯人服刑期间的技能培训工作，项目旨在帮助服刑人员在狱中通过学习掌握一技之长，以便刑满出狱后更好、更快地融入社会。此项司法合作项目的顺利实施是中加友好合作关系的又一例证，将为两国进一步开展司法领域合作注入新的活力。2017 年 11 月，中国全国人民代表大会援赠加蓬国民议会一批办公设备。2018 年 8 月，为提升加蓬外交部的行政效率，改善其办公条件，中方向加蓬外交部援助了一批信息化办公设备，中国驻加蓬大使胡长春出席了向加蓬外交部援赠物资交接仪式，并同加蓬外交国务部长伊蒙戈共同签署援赠交接证书。

中加传统友谊深厚，各领域合作成果丰硕。中方正在和加方携手努力，共同抓住"八大行动"与"一带一路"倡议带来的机遇，不断深化两国合作，为双方人民带来更多福祉。

# 大事纪年

| | |
|---|---|
| 远古时代 | 加蓬境内已有人类活动。 |
| 10 世纪 | 班图人已在加蓬境内定居。 |
| 15 世纪以前 | 在沿海地区和奥果韦河两岸形成了一些部落酋长国。居民从事耕作、采集和狩猎。 |
| 1472 年 | 葡萄牙殖民者来到加蓬海湾地区。这个海湾的地形很像当时葡萄牙水手穿的外套（caban），加蓬由此得名。继葡萄牙之后，荷兰、英国和法国殖民者接踵而至。 |
| 15 世纪末到 19 世纪 | 加蓬成为欧洲殖民者掠获黑奴的重要场所。1845 年从加蓬海湾运往古巴和巴西的奴隶达 1.8 万人。殖民者还从加蓬掠夺象牙、乌木等产品。 |
| 1839 年 | 法国海军军官布埃·维约美以欺骗方式同沿海酋长丹尼斯签订协定，取得了加蓬海湾南岸地区的主权。 |
| 1843 年 | 布埃·维约美又从另一个酋长路易斯手中取得海湾北岸地区的主权。法国人在北岸地区使用获释奴隶修筑堡垒，设立居民点。 |
| 1848 年 | 法国人将该地命名为利伯维尔，意即自由城。 |
| 1875 年和 1880 年 | 法国探险家布拉柴两度进入加蓬，极力扩展法国势力，后来法国占领了整个加蓬。 |
| 1881 年 | 利伯维尔成为法国在赤道地区的行政中心。 |

| | |
|---|---|
| 1882 年 | 法国政府颁布法令，设立包括加蓬和刚果在内的法属刚果殖民地。 |
| 1886 年 | 加蓬和刚果分为两个领地。 |
| 1910 年 1 月 | 加蓬、中央刚果、乌班吉-沙立和乍得 4 块殖民地合并为法属赤道非洲。 |
| | 法国殖民当局占领加蓬后，将加蓬的土地租让给特许公司。这些特许公司实行垄断贸易，强迫当地居民采集天然橡胶、象牙和乌木以供出口。此外，还强迫居民缴纳各种捐税。加蓬人民不断开展反抗法国殖民统治的斗争。 |
| 20 世纪初 | 科莫河和恩古涅河流域的芳人和米特索格人，曾多次举行起义，遭到殖民当局的镇压。 |
| 第二次世界大战后 | 加蓬人民在加蓬民主同盟等民族主义政党的领导下开展了争取民族独立的斗争。 |
| 1953 年 | 加蓬矿工和林业工人举行大罢工。 |
| 1956 年 | 加蓬爆发全国性的群众运动，要求加蓬独立。法国政府被迫改变其殖民统治政策。 |
| 1957 年 1 月 | 根据法国政府颁布的《海外领地根本法》，加蓬取得了半自治共和国的地位。 |
| 1958 年 11 月 | 根据戴高乐政府颁布的《第五共和国宪法》，加蓬成了法兰西共同体内的自治共和国。 |
| 1960 年 7 月 5 日 | 法国同加蓬签订了移交共同体权力的协定，同年 8 月 17 日加蓬宣布独立。 |
| 1961 年 2 月 | 加蓬举行总统和国民议会选举，加蓬民主同盟总书记姆巴当选为总统（1961~1967 年在任）。 |
| 1964 年 2 月 | 加蓬陆军发动政变，法国出兵干预，政变失败。 |
| 1967 年 11 月 | 姆巴总统病故，副总统邦戈接任总统。 |
| 1968 年 | 执政党加蓬民主同盟改名为加蓬民主党，邦戈任总书记。 |

| | |
|---|---|
| 1974 年 4 月 20 日 | 加蓬共和国同中国建立外交关系。 |
| 1979 年 | 邦戈连任总统。邦戈政府实行一党制,强调民族团结和国家统一,反对部族主义和地方主义。邦戈执政以来,政局比较稳定,经济发展较快。在经济上实行开放政策,大量吸收外国资本,促进经济发展。加蓬对外奉行不结盟和国际合作政策,反对帝国主义的侵略和干涉,支持南部非洲人民的解放斗争。主张通过对话和协商,谋求世界和平,实行睦邻友好政策。 |
| 1990 年 3 月 | 改行多党制,政局一度动荡,但奥马尔·邦戈和执政的加蓬民主党仍保持对政权的控制。 |
| 1998 年 | 奥马尔·邦戈蝉联总统。 |
| 2003 年 | 参众两院联席会议通过宪法修正案,取消对总统连任次数限制。 |
| 2005 年 | 加蓬举行总统选举,奥马尔·邦戈以 79.18% 的得票率蝉联总统。 |
| 2009 年 | 6 月,奥马尔·邦戈总统在西班牙病逝。8 月,加蓬举行新一届总统选举,奥马尔·邦戈总统之子阿里·邦戈当选总统,10 月就职。反对派质疑选举结果,在少数城市发动骚乱和暴力示威活动,被当局平息。 |
| 2011 年底 | 加蓬举行议会选举,阿里·邦戈领导的加蓬民主党获得国民议会 95% 的席位,2013 年 12 月又以较大优势赢得地方选举。 |
| 2014 年 6 月 | 阿里·邦戈总统同加反对党、总统多数派政党领导人以及 3 名独立人士签署了《社会契约宪章》,致力于改善民生、消除贫困和社会不平等。 |
| 2016 年 | 8 月,加蓬举行总统选举,阿里·邦戈胜选,反对派候选人、非盟委员会前主席让·平不服,首都等 |

地爆发骚乱，让·平将选举结果上诉至宪法法院。9月24日，宪法法院确认邦戈胜选。9月27日，邦戈宣誓就职。

| | |
|---|---|
| 2017年3月至5月 | 加蓬举行"全国包容性政治对话"，形成多项政治对话成果，包括将总统选举和议会选举改为两轮多数制、修改选举法等重要内容。 |
| 2018年4月 | 加蓬宪法法院决定解散国民议会，由参议院代行国民议会职能。新一届国民议会于2019年1月选举产生，共143个席位，其中加蓬民主党拥有96席。 |
| 2018年5月 | 加蓬总理伊索泽-恩贡戴递交政府辞呈，邦戈总统组成以伊索泽-恩贡戴为首的新政府。 |
| 2018年10月 | 加蓬议会选举顺利举行，执政党加蓬民主党以绝对优势胜选。10月下旬，邦戈总统在沙特阿拉伯出访时因病紧急就医，随后赴摩洛哥拉巴特休养。 |
| 2020年7月16日 | 加蓬总统府宣布，总统邦戈任命国防部长奥苏卡为新一届总理。奥苏卡成为加蓬首位女性总理。 |
| 2021年6月23日 | 加蓬国民议会审议通过2021年财政法修正法案。 |
| 2022年12月 | 加蓬与联合国签署《2023~2027年新合作框架协议》，该协议于2023年1月1日生效。 |
| 2023年11月29日 | 非洲开发银行宣布恢复对加蓬放款，并批准在当地开展新业务。 |
| 2024年1月24日至2月5日 | 国际货币基金组织代表团访问加蓬。 |

# 参考文献

## 一　中文文献

〔加蓬〕安德烈·拉蓬达·瓦尔克尔：《加蓬史略》，山东大学翻译组译，山东人民出版社，1975。

〔英〕巴兹尔·戴维逊：《现代非洲史：对一个新社会的探索》，舒展等译，中国社会科学出版社，1989。

陈宗德、吴兆契主编《撒哈拉以南非洲经济发展战略研究》，北京大学出版社，1987。

联合国开发计划署组织翻译《2001年人类发展报告》，中国财政经济出版社，2001。

〔苏〕斯·尤·阿勃拉莫娃：《非洲：四百年的奴隶贸易》，陈士林、马惠平合译，商务印书馆，1983。

宋则行、樊亢主编《世界经济史》上卷，经济科学出版社，1994。

王晓民主编《世界各国议会全书》，世界知识出版社，2001。

英国经济学家情报部：《国家概况——加蓬》，伦敦，1983年增刊。

中国现代国际关系研究所非洲经济编写组编《非洲国家经济发展与改革》，时事出版社，1992。

钟清清主编《世界政党大全》，贵州教育出版社，1994。

## 二　外文文献

A. Adu Boahen, ed., *General History of Africa*, Vol. VII, Paris:

UNESCO, 1990.

David E. Gardinier, *Gabon*, Oxford, England; Santa Barbara, Colfornia: Clio Press, 1992, p. xix.

David E. Gardinier, *Historical Dictionary of Gabon*, Second Edition, London: Scarecrow Press, 1994.

Dieter Nohlen, Michael Krennerich and Bernhard Thibaut, eds., *Elections in Africa : A Data Handbook*, Oxford: Oxford University Press, 1999.

Douglas A. Yates, *Historical Dictionary of Gabon*, Fourth Edition, London: Rowman & Littlefield Publishers, 2017.

EIU, *Country Profile : Gabon & Equatorial Guinea 2001*, London, 2001.

"Gabon," in OECD and African Development Bank, *African Economic Outlook 2002*, Paris: OECD Publishing, 2002.

Hugh Thomas, *The Slave Trade : The History of the Atlantic Slave Trade, 1440-1870*, New York: Picador, 1997.

IMF, "COVID-19: An Development Threat to Developement," in IMF, *Regional Economic Outlook Sub-Saharan Africa*, Washington, D. C. , 2020.

IMF, Gabon : *Request for a Purchase under the Rapid Financing Investment—Press Release*; *Staff Report*; *and Statement by the Executive Director for Gabon*, IMF Country Report No. 20/109, 2020.

James F. Barnes, *Gabon : Beyond the Colonial Legacy*, Colorado: Westview Press, 1992.

Marc Aicardi de Saint-Paul, *Gabon : The Development of a Nation*, London: Routledge, 1989.

OPEC, *Annual Report 2019*, Vienna: OPEC Public Relations and Information Department, 2020.

Oxford Business Group, *The Report : Gabon 2016*, London, 2016.

Plan Stratégique Gabon Emergent: Vision 2025 et orientations stratégiques 2011-2016, Liberville, Gabon, 2012.

The African Development Bank，*Gender，Poverty and Environment Indicators*，Tunisia，2022.

The World Bank，*African Development Indicators*，New York，1994—1997.

## 三　主要网站

中华人民共和国驻加蓬共和国经济商务处，http：//ga. mofcom. gov. cn

新华网，http：//www. xinhuanet. com

法国《解放报》，http：//www. liberation. fr

加蓬国民议会，http：//www. assemblee-nationale. ga

加蓬经济和社会委员会，http：//www. cesgabon. ga

Trading Economics，http：//www. tradingeconomics. com/gabon/indicateurs

美国中央情报局，http：//www. cia. gov

世界银行，http：//devdata. worldbank. org

国际货币基金组织，http：//www. imf. org

联合国粮农组织，http：//www. fao. org

法国道达尔加蓬公司，http：//www. total-gabon. com

石油输出国组织，http：//www. opec. com

法国埃赫曼集团官网，http：//www. eramet. com

联合国官网，http：//www. un. org

经济合作与发展组织，http：//www. oecdchina. org

美国驻加蓬大使馆，http：//ga. usembassy. com

联合国教科文组织，http：//uis. unesco. org

加拿大外交、贸易与和平发展部，http：//www. canadainternational. gc. ca

# 索　引

# 后　记

　　新版列国志《加蓬》一书的编写工作在经过四年多的努力后，终于接近尾声。作为主要作者之一，心中有很多感慨，总结为四个感谢！

　　第一，感谢南京大学非洲研究所张振克教授团队的支持和信任，正是这种支持和信任才让我有勇气接受如此艰巨的任务，并在4年多的时间里多次进行修改和统稿工作。在后期修改过程中，四川外国语大学世界法语区发展研究中心王世伟老师、研究生张光德也为本书付出了大量劳动，一并致谢！

　　第二，要感谢安春英编审，她在工作繁忙之余还再次审订全书，并对部分最新的内容进行了添加，对部分旧版内容进行了删减，付出了大量的劳动和心血。

　　第三，要感谢社会科学文献出版社对本书出版的大力支持，特别是高明秀、叶娟、邹丹妮编辑为本书的出版付出了专业且艰辛的努力！

　　第四，最后要感谢我的家人对我的支持和帮助，夫人和两个女儿一直是我努力工作的不竭动力。

　　谨以此书献给第九届中非合作论坛！

四川外国语大学　游滔

2024 年 3 月 31 日于重庆

新版《列国志》总书目

## 非洲

阿尔及利亚
埃及
埃塞俄比亚
安哥拉
贝宁
博茨瓦纳
布基纳法索
布隆迪
赤道几内亚
多哥
厄立特里亚
佛得角
冈比亚
刚果共和国
刚果民主共和国
吉布提
几内亚
几内亚比绍
加纳
加蓬
津巴布韦
喀麦隆
科摩罗
科特迪瓦
肯尼亚
莱索托
利比里亚
利比亚
卢旺达
马达加斯加

马拉维
马里
毛里求斯
毛里塔尼亚
摩洛哥
莫桑比克
纳米比亚
南非
南苏丹
尼日尔
尼日利亚
塞拉利昂
塞内加尔
塞舌尔
圣多美和普林西比
斯威士兰
苏丹
索马里
坦桑尼亚
突尼斯
乌干达
赞比亚
乍得
中非

## 欧洲

阿尔巴尼亚
爱尔兰
爱沙尼亚
安道尔
奥地利
白俄罗斯

保加利亚

北马其顿

比利时

冰岛

波兰

波斯尼亚和黑塞哥维那

丹麦

德国

俄罗斯

法国

梵蒂冈

芬兰

荷兰

黑山

捷克

克罗地亚

拉脱维亚

立陶宛

列支敦士登

卢森堡

罗马尼亚

马耳他

摩尔多瓦

摩纳哥

挪威

葡萄牙

瑞典

瑞士

塞尔维亚

塞浦路斯

圣马力诺

斯洛伐克

斯洛文尼亚

乌克兰

西班牙

希腊

匈牙利

意大利

英国

## 美洲

阿根廷

安提瓜和巴布达

巴巴多斯

巴哈马

巴拉圭

巴拿马

巴西

秘鲁

玻利维亚

伯利兹

多米尼加

多米尼克

厄瓜多尔

哥伦比亚

哥斯达黎加

格林纳达

古巴

圭亚那

海地

洪都拉斯

加拿大

美国

墨西哥

尼加拉瓜

萨尔瓦多

圣基茨和尼维斯    斐济

圣卢西亚     基里巴斯

圣文森特和格林纳丁斯  库克群岛

苏里南      马绍尔群岛

特立尼达和多巴哥   密克罗尼西亚

危地马拉     瑙鲁

委内瑞拉     纽埃

乌拉圭      帕劳

牙买加      萨摩亚

智利       所罗门群岛

        汤加

## 大洋洲

        图瓦卢

        瓦努阿图

澳大利亚     新西兰

巴布亚新几内亚

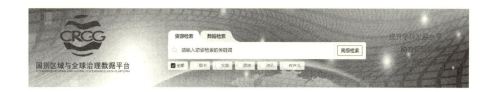

# 国别区域与全球治理数据平台

www.crggcn.com

"国别区域与全球治理数据平台"（Countries，Regions and Global Governance Data Platform，CRGG）是社会科学文献出版社重点打造的学术型数字产品，对接新一级交叉学科区域国别学，围绕国别研究、区域研究、国际组织研究、全球智库研究等领域，全方位整合一手数据、基础信息、科研成果，文献量达 30 余万篇。该产品已建设成为国别区域与全球治理数据资源与研究成果整合发布平台，可提供包括资源获取、科研技术服务、成果发布与传播等在内的多层次、全方位的学术服务。

从国别区域和全球治理研究角度出发，"国别区域与全球治理数据平台"下设国别研究数据库、区域研究数据库、国际组织数据库、全球智库数据库、学术专题数据库、学术资讯数据库和辅助资料数据库 7 个数据库。在资源类型方面，除专题图书、智库报告和学术论文外，平台还包括数据图表、档案文献和学术资讯。在文献检索方面，平台支持全文检索、高级检索，并可按照相关度和出版时间进行排序。

"国别区域与全球治理数据平台"应用广泛。针对高校及区域国别科研机构，平台可提供专业的知识服务，通过丰富的研究参考资料和学术服务推动区域国别研究的学科建设与发展，提升智库学术科研及政策建言能力；针对政府及外事机构，平台可提供咨政参考，为相关国际事务决策提供理论依据与资讯支持，切实服务国家对外战略。

## 数据库体验卡服务指南

※100 元数据库体验卡，可在"国别区域与全球治理数据平台"充值和使用

充值卡使用说明：
第 1 步　刮开附赠充值卡的涂层；
第 2 步　登录国别区域与全球治理数据平台（www.crggcn.com），注册账号；
第 3 步　登录并进入"会员中心"→"在线充值"→"充值卡充值"，充值成功后即可使用。

**声明**

最终解释权归社会科学文献出版社所有

客服电话：010-59367072
客服邮箱：crgg@ssap.cn

欢迎登录社会科学文献出版社官网（www.ssap.com.cn）和国别区域与全球治理数据平台（www.crggcn.com）了解更多信息

图书在版编目（CIP）数据

加蓬 / 游滔，安春英编著 . ‐‐北京：社会科学文
献出版社，2024.9
（列国志：新版）
ISBN 978‐7‐5228‐3048‐3

Ⅰ.①加… Ⅱ.①游… ②安… Ⅲ.①加蓬‐概况
Ⅳ.①K946.5

中国国家版本馆 CIP 数据核字（2024）第 019324 号

·列国志（新版）·

加蓬（Gabon）

编　　著 / 游　滔　安春英

出 版 人 / 冀祥德
组稿编辑 / 高明秀
责任编辑 / 叶　娟
文稿编辑 / 邹丹妮
责任印制 / 王京美

出　　版 / 社会科学文献出版社·区域国别学分社（010）59367078
　　　　　 地址：北京市北三环中路甲 29 号院华龙大厦　邮编：100029
　　　　　 网址：www.ssap.com.cn
发　　行 / 社会科学文献出版社（010）59367028
印　　装 / 三河市尚艺印装有限公司

规　　格 / 开本：787mm×1092mm　1/16
　　　　　 印张：21.25　插页：0.75　字数：318千字
版　　次 / 2024 年 9 月第 1 版　2024 年 9 月第 1 次印刷
书　　号 / ISBN 978‐7‐5228‐3048‐3
定　　价 / 89.00 元

读者服务电话：4008918866